西洋教育史

新訂版

**石橋哲成
佐久間裕之** 編著

玉川大学出版部

Jean-Jacques Rousseau
Immanuel Kant, 1724-
Johann Heinrich Pest
Friedrich Wilhelm Au
Robert Owen, 1771-
Johann Friedrich He
Friedrich Wilhelm N
Ellen Key, 1849-1926
John Dewey, 1859-
Cecil Reddie, 1858-
John Hade
Alexander S
Hermann Lietz, 1868-
Albrecht Le
Rudolf Stein
Edmond Demolins,
Célestin Freinet, 1896-
Helen Parkhurst, 1887-
William Heard Kilpat
Georg Kerschensteine
Theodor Litt, 1880-1962
Eduard Spranger, 1882-
Otto Friedrich Bollno
Martinus Jan Langeve

まえがき

　本書は，西洋における教育の歴史を概略的に学ぼうとする読者のために，執筆されたものである。よって，西洋教育史に関する研究論文集と違い，その時代の教育思想と教育実践とが大きくとらえられ，西洋教育史の大きな流れが分かりやすく述べられているはずである。

　ところで，私どもは何ゆえに「教育史」を学ぶのであろうか。それはまずは，過去における教育思想や教育の実際の歴史を，純粋に歴史的事実として知りたいという要求からであろう。だがさらには，現代を培ってきた長い歴史的な教育の展開を追ってみることによって，現在起こっている教育問題を解決したいと願ってのこともあるであろう。ドイツの哲学者ディルタイ（Wilhelm Dilthey, 1833-1911）がその著書『普遍妥当的教育学の可能性について』において，「人間の何たるかは，幾千年もの歴史における人間の発展の過程の内に窺い知る他はない」と言っているが，教育の何たるかも，その長い歴史的発展の過程のうちにおいてこそ知ることができるように思われるし，教育問題解決の手がかりもまた，そこに横たわっているようにも思われるのである。

　では，なぜに「西洋教育史」なのであろうか？　読者の中には，「教育史を学ぶことが必要なことは分かったが，私ども日本人にとっては，日本教育史を学べば十分であって，なぜ西洋の教育の歴史を学ぶ必要があるのか？」と問われる人がおられるかもしれない。そのように考える人に対しては，「そもそも純粋な，他国からの影響を受けない日本教育史が存在するのですか？」と問うてみたい。日本教育史は世界教育史の縮図といわれ，日本の古代，中世においては仏教思想が，近世においては儒教思想が，そして近代以降は西洋の思想が入ってきて，日本の教育に大きな影響を与えた。特に明治以降の日本の教育を考えるにあたっては，西洋教育思想，ないし西洋の教育実践を抜きにしては，正しく理解できないほどである。

　例えば幼児教育の実践にしても，日本に江戸時代まで全然なかったわけではないが，幼稚園教育思想そのものは，明治以降西洋から日本に入ってきた思想である。周知のように，世界で最初に「幼稚園」（Kindergarten）を創立したのはフレーベルであり，それは1840年にドイツにおいてのことであったが，日本で最初の幼稚園が創設されたのは1876（明治9）年，当時の東京女子師範学校付属幼稚園（現，お茶の水女子大学附属幼稚園）においてのことであった。そ

れから早や142年，フレーベルの幼稚園の創立からはすでに178年の時が経過した。今日の日本では幼稚園教育の問題もいろいろ出てきているが，そんな時，私どもは「そもそも幼稚園とは何だったのか？」とフレーベルに戻って考えてみるなかで，解決の糸口も見つけられるように思われる。

　次に，本書そのものについても書き加えておくことにしたい。本書は，東岸克好他『西洋教育史』（玉川大学出版部，1986）の改訂版として作業が始められたのであるが，これを機会に執筆陣も大きく一新され，あらためて目次も立て直された。書名は前回と同じように『西洋教育史』となっているが，原稿もほとんど書き改められたので，「新訂版」とした。取りあげた国々はイギリス，ドイツ，フランス，そしてアメリカが中心となっている。

　周知のように，これらの国々の教育史の始まりは，正確に言えば，西洋の「中世」であったと言えるであろう。そこで，本書の「第1章」は中世から書き始めることにした。ただし，古代ギリシャ，ローマの思想は，中世以降もヨーロッパ精神文化の根底に流れ続けている。そこで，古代ギリシャ，ローマの教育についても「序章　西洋教育史の温床」として取りあげた。しかし最低限度の内容だけに限った。

　その代わりというわけではないが，前回の書においては新教育運動をもって終了していたが，本書においては，第二次世界大戦後から今日に至る教育の状況についても，紙面の許す限りで載せることにした。

　本書の執筆にあたったのは，前回の執筆者であった東岸克好，金丸弘幸，三井善止，米山弘などの諸先生方から，玉川大学および同大学院で指導を受けた弟子たちである。少しでも先生方の学恩に報いることができていればいいが，と願っている。ただし，西洋の第二次世界大戦後および現在の教育については，元国立国会図書館専門調査員の木戸裕氏に助けをお願いした。お忙しいなかを執筆に協力してくださった木戸裕氏には，心より深謝したい。

　最後になったが，丁寧に本書の出版の相談に応じてくださった玉川大学出版部編集課の森貴志氏，直接に編集作業に携わってくださった相馬さやか氏，ならびに倉畑雄太氏に対し，執筆者を代表して心よりお礼申しあげたい。

2018年8月20日

　　　　　　　　　　　　　　　　　　　　　　　編著者　石橋　哲成
　　　　　　　　　　　　　　　　　　　　　　　　　　　佐久間裕之

目　次

まえがき　iii

序　章　西洋教育史の温床 …………………………………… 3
　第1節　ポリス時代の教育　3
　第2節　新アテナイにおける教育思想　6
　第3節　ローマの教育と教育思想　10

第1章　西洋中世の教育 ……………………………………… 16
　第1節　修道院学校と聖堂学校　16
　第2節　大学の誕生　19

第2章　ルネサンス・宗教改革と教育 ……………………… 25
　第1節　ルネサンスと教育　25
　第2節　宗教改革期の教育　29

第3章　リアリズム・啓蒙主義と教育 ……………………… 36
　第1節　リアリズムの教育　36
　第2節　啓蒙主義と教育　40
　第3節　ルソーの教育思想　42

第4章　新人文主義の教育 …………………………………… 46
　第1節　カントの教育思想　46
　第2節　ペスタロッチーの教育思想とその実践　52
　第3節　フレーベルの教育思想とその実践　58

第5章　産業革命と教育 ……………………………………… 64
　第1節　児童の労働と教育　64
　第2節　オーウェンの教育思想と実践　68

第6章 教育学の体系化，経験科学化 …………………………… 74
第1節　教育学の体系化——ヘルバルトの教育学　74
第2節　教育学の経験科学化　79

第7章 近代公教育の制度 ………………………………………… 83
第1節　学校の近代化への道　83
第2節　教育の機会均等と統一学校　87

第8章 個性的教育の思想 ………………………………………… 92
第1節　ニーチェの教育思想　92
第2節　エレン・ケイの教育思想　98

第9章 プラグマティズムの教育学 ……………………………… 103
第1節　アメリカの知的伝統　103
第2節　アメリカにおけるプラグマティズムの展開　105
第3節　デューイの教育思想　108

第10章 イギリスにおける新教育運動 ………………………… 115
第1節　レディの新教育思想とその実践　115
第2節　バドレーの新教育思想とその実践　119
第3節　ニイルの新教育思想とその実践　123

第11章 ドイツにおける新教育運動 …………………………… 128
第1節　リーツの田園教育塾の思想とその実践　128
第2節　メルツの新教育思想とその実践　131
第3節　シュタイナーの教育思想とその実践　135

第12章 フランスにおける新教育運動 ………………………… 141
第1節　ドモランの教育思想とその実践　141
第2節　フレネの教育思想とその実践　145

第13章　アメリカにおける新教育運動 …………………………… 151
第1節　進歩主義教育運動と新教育運動　151
第2節　パーカストの教育思想と実践　153
第3節　キルパトリックの教育思想と実践　158

第14章　文化教育学 ……………………………………………… 164
第1節　ケルシェンシュタイナーの教育思想　164
第2節　リットの教育思想　168
第3節　シュプランガーの教育思想　171

第15章　教育人間学の思想 ……………………………………… 176
第1節　ボルノーの教育思想　176
第2節　ランゲフェルトの教育思想　183

第16章　第二次世界大戦後の教育 ……………………………… 189
第1節　国際機関と教育　189
第2節　イギリスの教育　190
第3節　ドイツの教育　193
第4節　フランスの教育　195
第5節　アメリカの教育　198
第6節　EUの教育　200
第7節　ヨーロッパの大学とアメリカの大学　202

終　章　現在の西洋教育の潮流 ………………………………… 207
第1節　グローバル化する世界と教育の潮流　207
第2節　統合へ向けてのヨーロッパ教育の課題　211
第3節　多文化社会としてのヨーロッパ教育の課題　215

人物を中心としてみた西洋教育思想史年表　222
索引　227
図版出典一覧　237

西洋教育史 新訂版

序章　西洋教育史の温床

　西洋教育史の叙述は，古代ギリシャから説き起こされている場合が多い。確かに，イギリス，ドイツ，フランスを中心とする現在の西ヨーロッパの主要なる国々が，古代ギリシャの影響を受けていることは事実であり，決して無視することはできない。しかし，直接のつながりがあるかといえば，そうとは言い切れない。

　古代ギリシャが勢力を失ってローマの一属州となり，古代ローマがヨーロッパの表舞台に出てきたのは前146年であるが，さらにゲルマンがヨーロッパの表舞台に出てきたのは，西ローマ帝国が滅亡した476年以後のことであった。古代ギリシャ文化と西ヨーロッパ文化との間には，時間的にも約600年の断絶がある。

　本章においては，あくまでもイギリス，ドイツ，フランスを中心とする西洋教育史が始まる温床として，古代ギリシャおよびローマの教育（前8世紀−5世紀）について，必要不可欠と思われる事柄についてのみ概観しておくことにしたい。

キーワード
スパルタ　アテナイ　ソクラテス　プラトン　アリストテレス　クインティリアヌス

第1節　ポリス時代の教育

1．ポリス時代のスパルタとアテナイ

　古代ギリシャにおいて，具体的な形で教育の内容を取りあげることができるのは，ポリスの時代（前8世紀頃−）になって以降のことである。「ポリス」は，もともと「城壁」を意味する言葉であり，我々が現在考える都市とも国家とも違っていた。ポリスは原則的には，土地所有農民を基幹部分として商工業者とともに居住する，市民団の居住地といった意味での都市であったが，独立性が非常に強かった。であるから，ペルシャとの戦争（前500−前449）のように，異国と戦うときはポリス同士協力して敵と戦いながらも，平素はポリスが互いに相争い領土を奪い合っていた。このような意味合いもあって，ポリスは一般には「都市国家」と呼ばれている。平素はポリス同士が争っていたため，当然ながらどこのポリスにおいても軍国主義的傾向を有していた。ポリスは古代ギリシャ固有の国家形態であり，当時大小かなりの数のポリスが連立していたが，そのなかでも代表的なポリスはスパルタとアテナイであった。

2．スパルタの教育

　スパルタは，最盛期には約40万の人口をもち，市民権を有する自由人の階級に属する約3万人のスパルタ人，スパルタの周辺地帯に住み，重税を課せられた階級に属する約7万のペリオイコイ，スパルタ人に征服された先住民族の奴隷階級に属する約30万のヘイロータイの3者に分かれていた。圧倒的に多い人口をもつ他の二つの階級を支配するスパルタ人は，自らの国の治安を守り，外敵に対応できる自由人であるために，他のポリスに比して，特に軍事教育には力を注がねばならなかった。

　スパルタにおいては，子どもが生まれるとすぐに，「レスケー」と呼ばれる部族間の集会所で検査を受け，健康と体力に弱点や欠陥のある者はタイゲトス山麓の穴に捨てられた。その検査を無事通過した赤ん坊は，7歳までは母親の手で育てられるが，7歳を過ぎると国家の養育所に入れられ，共同生活のなかで，共通の訓練と教育を受けた。

　男子は強い兵士となるために，女子の場合には強健な子どもを産むために必要な，頑強な肉体をつくることが目的となっていた。強健な子どもを産むという任務をもっているゆえに，女子も社会的には，名誉ある地位を占めていた。だが，個人は自分のために教養を積むことはできず，個人の存在理由は，国家の成員として，国家の存続のために奉仕することであった。したがって，市民生活と教育はすべて国家の防衛という根本的使命を担っており，すべての価値は，それに従属するものであった。それゆえ，上下長幼の階級と秩序が厳守され，私的生活よりも公的生活が重視され，知育や美的教育よりも，他律的なニュアンスの強い徳育や，身体の鍛錬に重きを置いた体育が尊重された。

　具体的にいえば，最小限の読み書き以外には，リュクルゴスの憲法とホメロスの選文の暗誦，また，簡潔明瞭な答弁の訓練がなされるだけであった。楽器（竪琴や笛）の演奏，また，賛美歌や進軍歌は祭典や軍事上で重要なものに限られた。体育に関しては，児童期では競走，跳躍，相撲，槍投げ，軍事訓練，青年期では，以上の他に，剣術，水泳，狩猟，レスリングや拳闘などの格闘技，剣舞などが行われた。

　以上にみたように，ポリス自体が強大な教育の場であり，ポリスを守る強い兵隊をつくるために，武断主義という方法が採られたのであった。現在の日本においても「武断主義」を別名「スパルタ式」と呼ぶのは，このような史実があったればこそのことである。

3．アテナイの教育

ギリシャのポリスのなかで，最もギリシャ的精神を体現していたのはアテナイであった。国家主義的，統制的な教育の形態を採ったスパルタに対して，イオニア民族によって建てられたエーゲ海沿岸，およびエーゲ海諸島におけるイオニア都市は，自由主義的特色を強くもっていた。アテナイは，スパルタ的国家統制と，イオニア的な法治機構および個性の高揚とを巧みに結合していった。アテナイは，盛り上がる個人の力とこれを引き締める国家としての力とを平衡・調和させ，個人と国家的な要素とを調和させることによって，民主化への理想的形式を成立させ，最高のギリシャ文化を築き上げたのである。

では，スパルタに対して，アテナイではどのような教育が行われていたのであろうか。アテナイでは，スパルタにおけるような赤ん坊の時の身体検査はなく，子どもは6歳までは家庭において母親の監督のもとで，神々や英雄たちの話や寓話を聴きながら学んだ。また，いろいろな玩具を用いて楽しく遊ばせ，喜びを味わせることが，やがて成人になったのちに明朗な性質を養うのに必要であるとされた。母親は道徳的な教育に注意を払い，早くから羞恥心を教え，優雅な行儀のよい子どもに躾けることに努めた。男子の場合には特にその教育は厳しく，「打たれない人間は教育されない」といわれたほどであった。

子どもは7歳になると，母親や乳母の監督を離れて，通常，聡明で教養のある奴隷から選ばれた，「パイダゴーゴス」と呼ばれる家庭教師の手に委ねられた。パイダゴーゴスの主たる任務は，子どもに飲食，着衣，忍耐，その他一般の行為においてなすべきことを教え，欠陥を正すことであった。その一環として，パイダゴーゴスが子どもたちを私立の学校へ連れて行き，「ムシケー」（音楽を含む学芸）や「ギムナスティケー」（体育）の教育を受けさせた。このように，この年代ではパイダゴーゴスが教育において果たした役割はきわめて大きいものであった。

私立の学校といっても，現在のように大きな教育施設があったわけではなく，個人教授が中心であり，教師のいるところに学校があった。両親は教師を選び，パイダゴーゴスが子どもを，親の選んだ教師のもとに連れて行ったのである。スパルタでは，集団で，特に身体を訓練する「体育」に偏重していたといえるが，アテナイでは，身体の教育としての「体育」だけではなく，心の教育として「学芸」（音楽を含む）の授業があったことに注目してよいであろう。

このことに関連して，もう少し具体的にみていくことにしよう。「ギムナス

ティケー」といわれる「体育」部門においては，身体的な発達，肉体的な強さや持久力，動きが滑らかで優雅であること，表現上の技巧の熟達などが目的であった。「パレストラ」と呼ばれる体操練習場ではこの目的にふさわしい設備を次第に整え，年齢に応じて，走ることや跳ぶことから始まって，いわゆる「5種競技」といわれるレスリング，ボクシング，円盤投げ，槍投げ，パンクラティウム（ボクシングとレスリングを兼ねた古代ギリシャの力技），さらに水泳も行われた。

「ムシケー」と呼ばれる「学芸」部門においては，読み書きから始まって，会話の仕方，ホメロスなどの叙事詩の暗唱が行われた。叙事詩の暗唱は，特に記憶力の修練と道徳心の育成のために必要とされた。また音楽の教育では，リュラ（七絃琴の1種）を演奏しながら，詩を吟じることが教えられた。子どもたちはこれによって正しい節度と美しい調和を学び，同時に言語も熟達した。さらに音楽は，宗教的，市民的祭典と結びついて，音楽教育は社会からも高い評価を受けていた。言うまでもなく，音楽教育は技術的な習得が追求されるというより，基本的に人格を形成するものとして重視された。このような教育は，だいたい15歳くらいまで続けられた。

4．「全人的陶冶」の理想を目指したアテナイの教育

以上にみてきたように，この時期のアテナイの教育は，スパルタのそれに比べて，個人の発達を重視したものであり，身体各部の調和的発達だけでなく，身体と精神との両面の発達を目指したものであった。したがって，健全で美しい肉体的基礎のうえに，善良で聡明な精神的教養を加え，いわゆる「美にして善なる人」といわれる「善美」（カロカガティア）の理想的人格，すなわち，美と善とがどちらも完全に一致した人格が追求されたのである。まさにアテナイにおいては，「全人的陶冶」の理想を目指したのであった。1921（大正10）年8月，日本において初めて「全人教育」を提唱した小原國芳（1887-1977）も，ここに全人教育の原型があるとみたのであった。

第2節　新アテナイにおける教育思想

1．全人的陶冶の衰退と知的教育の隆盛

第一次ペルシャ戦争（前492）に勝利を得て，アテナイはポリス間において

も指導的役割と力をもつことになり，民主主義はさらに発展し，経済的な富裕さももたらされた。そして，さらに個人的な興味にウエイトを置いた個人主義思想が非常に強くなっていった。その結果，皮肉なことにアテナイでは，教育の面で体育や（音楽を含む）学芸の両面からなされていた全人的陶冶は影を潜め，知的教育の重視へと移行していった。

ペルシャ戦争以前の「古アテナイ」に代わり，ここに「新アテナイ」が始まった。新アテナイの青年，市民たちの個人的な要求に応じて，彼らにいろいろな知識を教えたのがソフィストたちであった。彼らは自らを「知者」と称し，教養および徳の職業的教師として公然と多額の報酬を取って，青年たちに雄弁術や自然学，歴史などの知識を教えていた。ソフィストたちも初めの頃は時代に即応した活躍をし，かなりの影響を与えたが，次第に懐疑主義へと進み，学問的認識に対して破壊的な態度をとるようになり，論争術，反駁術をもてあそんで，いわゆる詭弁者として汚名を後世に残すようになった。新アテナイのこのような精神的な危機的状況に対して，その救済的な役割を担って登場した思想家がソクラテスであり，プラトンであり，アリストテレスであった。

2．ソクラテスにおける「真知」の獲得と「産婆術」（対話法）

ソクラテス（Sokrates, 前470/69-前399）は，石工ソフロニスコスと助産師（産婆）ファイナレテの間に，アテナイの町で生まれた。教師としてのソクラテスの活躍は凄まじいものがあったが，ソクラテスの具体的な教育活動やその思想については，そのほとんどの内容が弟子であるプラトンによる著述，例えば『ソクラテスの弁明』や『パイドン』などを通して知られるにすぎない。

ソクラテスによれば，知識には大きく二つの質的違いがあるという。その一つは，人間のエロス的な働き（真の知識を求めて上昇する魂の働き）と密接に関連している本来的な意味での知識であり，他の一つは，そこから派生する部分的な知識であった。ソフィストたちが求めた知識は後者であり，ソクラテスが求めたものこそ，前者の本来の知識であった。これに応じて，教育にも2通りの方法があった。前者は，真知を「自ら把握するようにさせる」「とらえさせる」教育であり，後者は，派生的知識を単に「教える」あるいは「与える」といった意味での教育であった。

ソクラテスによれば，真の知識（エピステーメー）は善であり，美なるものであった。これらのものを青年に自分自身で見いださせることこそ，彼の使命であり，そのために用いた方法こそが，エロスに基づく対話だったのである。

この教育の方法こそ「対話法」(ディアレクティケー)または「産婆術」(マイエウティケー)と呼ばれるものである。ソクラテスは,青年との対話を通して,当人が自ら真理を見いだすことを意図したのであった。それはまさに妊婦が自ら赤ん坊を産むのを助ける助産師の姿なのである。その意味では,彼の教育方法は,知識をただ青年に注ぎ込む「注入主義」ではなく,自ら真知を生み出すように導く「開発主義」ともいえるものであった。

3．プラトンにおけるイデアと教育

プラトン(Platon,前427-前347)は,アテナイの名門の子として生まれたが,20歳の時にソクラテスのもとに弟子入りし,その思想と教育方法を学んだといわれている。師ソクラテスの死に対して,プラトンはかなりの精神的衝撃を受けるが,その精神的衝撃も収まったところで,アテナイの郊外にアカデメイア学園を開き,青年の教育に携わりながら著述活動を続けた。

プラトンは,多くの哲学的問題を展開したが,教育的な問題に限っていえば,徳とは何か,善さとは何かといった問題から出発し,我が子を善くする教育の可能性について言及したことが挙げられる。プラトンによれば,教育の可能性の根拠としてあるのが「エロス」であった。このエロスについては,先にソクラテスについての記述の際も触れたが,ここで少し詳しくみていくことにしよう。

プラトンがその著書『酒宴』(シンポジオン)で述べたところによれば,エロスは富裕の神ポロスと貧窮の女神ペニアの間に生まれた子で,父と母の両方の性格をもち,現実の貧窮から理念である富裕への不断の憧憬のもとに生きるものであった。エロスは知については,無知から知を求める愛知の精神であり,さらに美と善を求めるものであった。よって,プラトンによれば人間はエロス的存在として自らの形成を常に希求する者であった。

エロスが向かう善や美の徳は,プラトンにおいては「イデア」と呼ばれる。このイデアの認識こそエロスの目的である。このイデアは「現象」に対する「本質」,「現実」に対する「理想」を意味するものである。プラトンは著書『国家』(ポリテイア)の中で「洞窟の比喩」を用いて,イデアと教育の関係を説明している。プラトンによれば,人間は生まれながらにして洞窟の中に閉じ込められている囚人で,入り口を背にして手足を縛られ,首を壁の方へ固定され,背後の火によって前方に映し出された影像を実物であると思い込んでいるという。洞窟の中は可視界であり,洞窟の外にこそ実在界,叡智界があるのだ

が，洞窟の壁の影像しか見ていない囚人には，叡智界は知られざるイデア界でしかないのである。

　イデア界は太陽の輝く世界であり，洞窟にいる囚人たちにとっては眩しいばかりであるが，イデアは洞窟の外のこのイデア界へ出なければ認識できないものである。囚人である人間がイデアを認識するためには，自らの魂を洞窟の入り口の方へ転向し，イデア界へと上昇する努力をしなければならないのである。プラトンによれば，人間が本来の在り方に戻るには根本的な魂の転回を必要とするのである。つまり，人間は本来知っていたイデアを，肉体をともなって現象界へ生まれ出たときに忘却したのであり，これを想い起こす作業をしなければならない。これがプラトンのいう「想起」（アナムネーシス）の説である。このプロセスを配慮するのが，想起作用あるいは覚醒作用としての教育なのである。

4．アリストテレスにおける「中庸」の徳と教育

　アリストテレス（Aristoteles，前384–前322）は，トラキアのスタギロスに生まれた。17歳から18歳の頃アテナイに行き，プラトンのアカデメイア学園に入った。プラトンに深く学びながらも，アリストテレス自身はプラトンの理想主義的イデア論とは反対の現実主義的立場を採った。師プラトンの死後，アリストテレスはマケドニアにおいて，当時のアレクサンドロス王子の家庭教師として4年間働き，帝王学を授けた。前338年マケドニアが古代ギリシャを統一し，その2年後の前336年，アレクサンドロス王子は王位を継承した。アリストテレスがアテナイの郊外リュケイオンに学園を創設したのは，その翌年の前335年のことであった。アリストテレスの教育思想は『ニコマコス倫理学』を基礎とした『政治学』において展開されている。

　アリストテレスによれば，人間の魂には植物的（栄養的）かつ，動物的（感覚的）部分の非理性的部分である情欲（パトス）と，理性的部分である理性（ロゴス）とが混在しているのであるが，このなかでも，理性は人間固有の機能であり，幸福は理性の活動にあると考えられた。つまり，人間の幸福は理性の正しい活動にあり，この理性の正しい活動（善）から徳が成立すると考えられた。

　よって，アリストテレスによれば，人間の善なる生活とは幸福な生活に他ならないのであるが，幸福な生活こそは「中庸」の生活なのであった。では一体「中庸」，あるいは「中庸」の生活とはどのようなものなのであろうか。アリストテレスは著書『ニコマコス倫理学』のなかで，人間の行為や感情における超

過と不足を調整する徳として「メソテース」(中間にあること)を挙げている。例えば，「勇気」は「蛮勇」と「臆病」の中間的な状態である時，はじめて徳として現れるとした。「勇気」は，蛮勇と臆病に対する「中庸」の徳であった。さらにアリストテレスによれば，この両極端の中間を知る徳性が「思慮」(フロネーシス)であった。「幸福な生活」とは，「中庸をわきまえた生活」，つまり「思慮深き生活」ということになる。

ところで，アリストテレスによれば，理想の国家は「中庸」の徳が実現された国家でなければならなかったし，このような理想の国家を実現するには，「社会的動物」(ポリス的動物)たる人間が，国家において徳を実現することによってのみ可能であった。そのためにこそ人間の教育もまた必要であった。アリストテレスは有徳な国家の一員となることを人間の究極目的とし，教育はこの目的を達成するための国家の活動と考えたのである。

アリストテレスは教育の目標とするものとして，「中間的なもの」「可能的なもの」「釣り合っているもの」という三つを挙げている。「中間的なもの」とは徳の根本規定としての「中庸」のことであり，「可能的なもの」とは「熟達」することのできるもの，「釣り合っているもの」とは「自由人として生まれた人間にふさわしいもの」を意味した。したがって，アリストテレスが具体的な教育内容として考えたものは，体育，音楽，読み書き，図画，道徳，学問があり，初期には特に音楽が重視された。音楽は他のいかなる芸術よりもいっそう道徳的な性質を表すものだからであった。

第3節　ローマの教育と教育思想

1．ローマがギリシャに代わって歴史の表舞台へ

前146年にローマがマケドニアを属州にしたのを皮切りに，ギリシャはローマの一部と化した。ここにギリシャに代わって，ローマがエーゲ海一帯を支配するようになり，ヨーロッパの歴史の表舞台に躍り出たのであった。その後その勢力は，地中海沿岸から現在の西ヨーロッパの地にまで広がっていった。そして，ローマは「世界の道はすべてローマに通ずる」といわれたほどの広い領地を有する帝国を形成したのであった。

だが，もともとローマは前7世紀末，ラテン人がイタリア半島中部に建設した都市国家から発展したのであり，前509年に王政を打倒して貴族中心の共和

政となり，ここにイタリア半島を統一するほどになった。ユリウス・カエサル（シーザー）（Gaius Julius Ceasar, 前100−前44）による独裁権力強化の試みを経て，オクタウィアヌス（Gaius Octavianus Augustus, 前63−14）の帝政に移行したのが前27年のことであった。以後200年がローマの全盛であったことは，世界史が示しているとおりである。ここでは，共和政時代の教育からみていくことにしたい。

2．共和政時代の教育の実際

　前509年に王政から貴族中心の共和政へと代わったローマにおいては，戦いにおいて強く，平和においては統制秩序を尊重し，権利・義務を遂行し，家と祖国を守り，安定したものにする，といった心情や行為が徳と考えられた。よって，このような徳を備えた「善き人」（vir bonus）がこの時代のローマ人の生活信条であり，教育理想でもあった。

　共和政時代の前半における，教育の最も主要な場所は家庭であり，幼児の教育の担い手の中心は母親であった。つまり母親は，幼児が正しい健全な道徳心や基本的な宗教的感情を養い，望まれる生活態度や人生観をもつように，その基礎教育を担当したのである。そして少年期に入ると，男の子の教育の担い手の中心は父親に移った。少年は農耕および軍隊生活に対する実際的訓練を受けたが，乗馬，水泳，拳闘，剣術をも父親によって示範され，練習した。女の子は母親から家事を教えられた。読み書き，算数の初歩は男女ともに，父親から学ぶのが普通であった。

　共和政時代の後半になると，様子は一変し，童僕と家庭教師が雇われた。彼らは主にギリシャ人の奴隷であったが，高い教養と純潔な品性を有し，家庭においても，外出先においても，よく子どもの言動を監督・指導して，家人からも信頼され，尊敬された。一般の家庭や貧困な家庭で家庭教師を雇うことができない場合は，市場の特定の小屋にある「ルードゥス」と呼ばれる私的な教授施設で教育を受けさせた。そこでは，教師は「ルーディ・マギステル」と呼ばれ，教養のある貧しいギリシャ人であった。そこにおける教授内容は，読み書き，算数の基礎の他に，「十二表法」の暗記などであった。十二表法は，前450年頃に制定された古代ローマ最古の法典で，後のローマ法の基礎をなしたものである。

　本格的な教育の場としての中等教育のための学校が生まれてきたのも，この時代であった。前3世紀頃からギリシャとの交流が盛んになり，ギリシャ文学

や思想を学びたいという願望が急速に高まってきた。都市には中等学校としての「文法学校」ができ，ギリシャ語やギリシャ文学が積極的に教えられることになった。ここではギリシャの修辞学，すなわち，議会や法廷における論難弁護の術，算数，幾何，天文，地理，音楽などが教えられた。より高等な中等教育の学校としては「修辞学校」ができ，文法学校で養われた論争の能力をいっそう発展されることが行われた。つまり，ここでは法廷での論争の訓練，言語学的・文学的教育も施された。

3．帝政時代の教育の実際

前27年，オクタウィアヌスは元老院から「アウグストゥス」（尊厳者）の称号を受けて，ローマ帝国の初代の皇帝となり，ここに帝政が開始した。帝政時代になってくると，ギリシャ思想に対する関心も最高度に達した。ローマの領土が拡大し，国の組織自体をもっとしっかりとしたものにする必要が生ずるにしたがって，国家にとって役立つように，教育の組織や教育の制度に対して国家は関心を払うようになり，特に高等教育に対しては非常に強い関心を示し，学問の擁護や育成に力を注ぐようになっていった。初代皇帝オクタウィアヌスも例外ではなかった。義父ユリウス・カエサル（シーザー）によって始められた学問に対しての保護・育成政策を受け継いで，ローマに公立図書館を建設したり，教育に対して補助金を出したりした。

しかし，独裁的支配が続くにつれて，教育においても，学問においても，全く自由の入る余地がなくなってしまった。学校は法律，軍隊，あるいは国家の奉仕のために特別の訓練を行うようになっていった。独裁的支配のもとで，社会の道徳的退廃も激しくなった。そしてそれは，家庭生活の破壊を引き起こした。家庭の中心であった母親は往時の威厳を失い，いまや家政と育児を奴隷の手に任せ，自らは化粧と興行見物と恋愛に熱中した。このように社会生活の退廃，家庭教育の破壊によって，青少年の情緒面の教育は衰退していくばかりであった。だがそれと反比例する形で，人々は知識による救済を求めるようになり，その結果として知育だけは異常に発達することになった。先にオクタウィアヌスによってローマに公立図書館が建設されたことに触れたが，知育の異常な発達とともに，さらに帝国内の至るところに公立図書館が建設されていった。

帝政時代の初等学校の教育内容は，共和政時代とほとんど変わりはなかったが，高等教育の予備課程としての中等教育段階における教育内容は，文法，修辞学，弁証法，音楽，算数，幾何，天文学という「自由七科」の名のもとに，

自由人にふさわしい教科としてまとめられていった。

4．帝政時代の教育思想

　ギリシャ思想のローマへの影響は，当然のことながら，教育思想としても影響を与えた。

　帝政時代の代表的な教育思想家であるセネカ（Lucius Annaeus Seneca, 前4/5–65）の教育思想は，ストア派の思想に根拠を置くものであった。ストア派は，ヘレニズム哲学の一学派で，破壊的な衝動に打ち勝つ手段として，自制心や忍耐力を鍛えることを説いた一派である。つまり，セネカは，理性による感性の支配によって，真の徳と幸福とに至ることができるとした。彼は，人間を本来悪に傾いている存在と考え，この点で教育の重要性を強調した。人間は精神に病をもってこの世に生まれており，教育者はこの病を治療する医者のような存在と考えた。彼は生徒と教師の関係を，病人と医者の関係においてとらえ，子弟の個性に応じた教育方法を主張した。セネカは，当時の教育者の多くが，外面的な形式にばかり気をとられ，非実用的な知識教授に偏することを嘆き，子どもは学校のためではなく，自分の生活のために学ばねばならないとした。理論的な教説よりも具体的な模範を尊重し，個人の人格の完成と実際に有用な人間への教育を説いた。

　クインティリアヌス（Marcus Fabius Quintilianus, 35頃–96頃）は，弁証法と修辞学を強調し，その教授に従事したが，彼は，それらを何らかの手段としてではなく，それ自体を教育の目的と見なしていた。したがって，真の弁証家や修辞家を育成することが同時に「善き人」を育成することであった。真の弁証家や修辞家を育成しようという，当時の教育の目的は，幼児の基礎教育から始まり，その内容は，学芸のあらゆる領域に及んだ。初等教育，中等教育の違いは，教育の方法の違いであった。

　クインティリアヌスは，初等教育は7歳以前になるべく早く始めることを勧めている。だが，そこで注意すべきことは，子どもが学習に対して嫌悪感をもたないようにすることであった。したがって，最初の学習は遊びの形で行うのがよく，子どもが質問に対して当を得た答えをした場合は，褒めてやることを推奨している。しかしながら，彼は軟教育には反対で，初等教育においてこそ教育の確固たる基礎を築くべきであるとして，幼少の子どもにも綴り字の暗記を要求した。

　中等教育の施設である文法学校の教育に関しては，クインティリアヌスは文

法の研究を，言語自体を正しく理解するための研究と，詩人の詩を解釈するための研究とに二分し，思想の文体と内容の両面から探求することを勧めた。さらに前6世紀にアイソーポス（イソップ）によって作られたとされる『イソップ物語』（アイソーポス寓話）のようなものを手本にして書いたり，暗記したりすることによって優雅な文体を身につけるようにしたりした。

　文法学校よりさらに高い中等教育段階にある「修辞学校」においては，クインティリアヌスはカリキュラムを内容的に三つに分け，①演説の技術を実践に役立つように書かれた作文や文体を使用しての練習，②文学的批評の原理に基づいて書かれた散文作家の研究，③高い技術的性格を有する修辞学の教授，を実践した。彼の教育思想はギリシャ思想，特にプラトンの教育思想とは違って，ローマの現実に密着した形で，初等学校，文法学校，修辞学校の教育目的，内容，方法を論じたものであった。この意味で，彼の教育思想は，具体的で，実際的なものであったといえよう。

学習課題
1．スパルタとアテナイの子ども観・教育観を比較しながら論じなさい。
2．プラトンとアリストテレスの教育観の違いについて論じなさい。
3．ローマの教育はどのようなものであったのか，論じなさい。

参考文献
・アリストテレス，山本光雄訳『政治学』岩波文庫，1961。
・アリストテレス，高田三郎訳『ニコマコス倫理学　上』岩波文庫，1971。
・石山脩平『〈有斐閣全書〉西洋古代中世教育史』有斐閣，1950。
・稲富栄次郎『ソクラテスのエロス』創元社（百花文庫），1948。
・稲富栄次郎『西洋教育思想史』玉川大学出版部，1974。
・江藤恭二他編著『〈教育演習双書9〉西洋近代教育史』学文社，1979。
・東岸克好他『〈玉川大学教職専門シリーズ〉西洋教育史』玉川大学出版部，1986。
・プラトン，久保勉訳『ソクラテスの弁明・クリトン』岩波文庫，1950。
・プラトン，三井浩・金松賢諒訳『〈世界教育宝典〉パイドロス・リュシス・酒宴』玉川大学出版部，1969。
・プラトン，三井浩・金松賢諒訳『〈西洋の教育思想1〉国家』玉川大学出版部，1982。
・プラトン，岩田靖夫訳『パイドン――魂の不死について』岩波文庫，1998。

学習を進めるにあたっての参考図書
・稲富栄次郎『西洋教育思想史』玉川大学出版部，1974。
・小澤周三他『〈有斐閣Sシリーズ〉教育思想史』有斐閣，1993。
・皇至道『西洋教育通史』玉川大学出版部，1962。

第1章　西洋中世の教育

　375年頃から，いわゆるゲルマン民族の大移動によって，古代の地中海世界が大きく動揺した。その頃，キリスト教は人々の間に深く浸透していき，392年にはローマ帝国において国教化された。さらには，476年に西ローマ帝国が滅亡し，西ヨーロッパの歴史舞台の主人公は，ローマ人からゲルマン人に代わり，ここにゲルマン諸国が建設された。
　ゲルマン人の国として台頭したのはフランク王国である。その後8世紀頃，フランク王国は，ローマ教皇と接近し，ローマ・カトリック教会と提携した。キリスト教国としての西ヨーロッパの誕生であった。その後，ノルマン人の移動などによって，フランク王国は分裂。ドイツ，フランス，イタリアに三分され，それぞれ独自の歩みをしていくようになった。ここに西洋教育史の基盤もできたとみていいであろう。
　中世は，まさにキリスト教と深く結びつきつつ，中央ヨーロッパを舞台として，社会や教育が大きく展開していった時代であった。本章では，中世における教育の代表例として①修道院学校，②聖堂学校と宮廷学校，そして中世の後期に誕生した③大学を取りあげることにしたい。

キーワード
修道院学校　聖堂学校　大学　自由七科　カロリング・ルネサンス　スコラ学

第1節　修道院学校と聖堂学校

1．修道院学校

　中世において，キリスト教的生活や思想について，最も影響力をもったのは修道院であった。修道院とはキリスト教において，修道士がイエス・キリストの精神に倣って，祈りと労働を共同生活において行う施設である。「祈りかつ働け」がその精神であった。修道院の歴史はエジプトに始まる。アントニウス（Antonius, 251頃-356）がその創始者であったといわれる。4世紀頃に西方に伝わってきた。
　中世における代表的な修道院は，聖ベネディクトゥス（Benedictus de Nursia, 480頃-543/7）が，529年に創設したモンテ・カシノ修道院である。この修道院の戒律は，西方修道院の基準となった。その戒律により，従来どおり，修道士は独身・清貧・服従に甘んずべきであった。さらに，特別な許可なくしては，修道院を離れてはならない，という戒律が加わった。

その結果，修道院には生活に必要なあらゆるものを備えなければならなくなった。例えば，畑，川，井戸，かまど，台所である。修道士は，自分たちの仕事を自分たちでしなくてはならなくなった。耕作，伐採，料理，配膳などである。1日の日課は，耕作，個人的な祈禱と黙想，集団的な讃詠と読書，研究，食事，睡眠であった。特に，読書，研究は修道士たちの大切な義務となった。必然的に，修道院には図書館，そして付属の学校ができた。修道院には修道士養成，聖職者養成，そして，一般の子どもたちを教育する学校を備えていた。これが修道院学校（あるいは修道院付属学校）である。

修道院は8世紀頃までに発展し，その性格も次第に変わっていった。当然，世俗から隠遁して，宗教的な生活を送るという面を有していた。しかし，世間との生活を一切絶って精進するという禁欲主義的な集まりではなくなっていた。祈禱とその実践において，世に奉仕する集まりでもあった。もはや，人里離れた場所ではなく，町の中に建てられるようになった。修道士たちは，人々に，土地の開拓の方法，道路の造り方，橋のかけ方などを教えた。

修道院は文化史的に大きな意義をもった。修道院は「学芸の府」でもあった。修道士たちは，書物の写本を行った。その写本は，古典文化の維持と保管の役割を果たし，のちのルネサンスを準備した。また，子どもたちを集めて勉強を教えた。つまり，文化の蒐集・保存・伝達を行ったのであった。

修道院学校は，現代では，カトリック修道士会の経営する私立の初等・中等学校としても続いている。

2．聖堂学校と宮廷学校

修道院学校と並んで，当時，大きな役割を果たした教育機関として，司教座聖堂学校があった。司教座聖堂学校とは，主に聖職者養成を目的とする，司教座聖堂付属の学校である。司教座聖堂とは，カテドラル（大聖堂）のある教会をいう。教区全体の母教会である。修道院学校が田舎の学校であったのに対して，司教座聖堂学校は都市の学校であった。8世紀頃，司教座聖堂学校として最も栄えていたのは，イングランドにあったカンタベリーとヨークの司教座聖堂学校であった。

768年カール大帝（Carolus Magnus, 742-814）が王位に即く。ここからの数十年を「カロリング・ルネサンス」と呼ぶ。カール大帝はキリスト教の洗礼が個人に再生をもたらすように，国家の再生すらももたらすと考えていた。そのため，国家のキリスト教化を進めた。800年には，ローマのサン・ピエトロ寺

院において，教皇レオ三世（St. Leo III, 在位795-816）から「ローマ皇帝」として帝冠を受けた。いわゆる「カールの戴冠」である。歴史的には，西ローマ帝国の復興であった。

かつて，西ローマ帝国が滅亡したのち，ローマの教育制度は廃れてしまっていた。聖職者ですら無知な者が多かったとされている。

カール大帝は教育改革を行った。カール大帝は，782年，イギリスのヨークにある司教座聖堂学校の校長を務めていたアルクイヌス（Alcuinus, 735頃-804）を招聘した。そして，首都のアーヘンに宮廷学校を開設させた。宮廷学校には，王侯貴族の子弟が入学した。宮廷学校には，将来の聖職者を希望する人材が集まった。カール大帝自身も入学した。

読み書きができなかったカール大帝も，読み書きができるように努力した。蠟板を枕元に置き，夜な夜な手習いをしたという有名なエピソードがある。その努力の結果，ラテン語を自由に話せるようになり，ギリシャ語は聞いて分かるようになったという。

さらにカール大帝は，修道院学校や司教座聖堂学校に対して，積極的に教育に携わるように求めた。

宮廷学校は次第に高等教育機関としての機能を果たしていくようになった。また修道院学校と司教座聖堂学校は中等教育機関としての機能を果たしていた。

カール大帝とアルクイヌスの教育改革は，急速に普及する。学校では，宗教だけではなく，一般諸学についての教育を行うよう奨励された。読み・書き・算術は，どの学校においても教えられた。トリウィウム（三科），つまり，文法，修辞学，弁証法（論理学）などを教える学校もあった。さらに，著名な修道院学校では，クアドリウィウム（四科），すなわち算術，音楽，幾何，天文学を教えるところもあった。

精神科学あるいは形式科学としてのトリウィウムと自然科学あるいは実質科学のクアドリウィウムをあわせて，「自由七科」と呼ぶ。いわゆるリベラル・アーツである。これらの科目は，すでに古代から存在していた。それがこの時代に整理された。

自由七科の「自由」とは「自由人が学ぶにふさわしい諸学」を意味する。自由七科のルーツである古代ギリシャでは，例えば，農耕術のような実学を「奴隷の学」と呼んでいた。それに対し自由人（市民）は総合的判断能力を身につけなければならなかった。そのための学問が自由七科である。

トリウィウム（三科），つまり，文法，修辞学，弁証法（論理学）は，「雄弁

なる人」になるために必要な学問であった。

　文法は，基礎部門の「読み書き」と応用部門の「文学」から成り立っていた。

　「読み書き」は，基礎概念（声・音素・音節・語・文），品詞論，語形違反や論理学に関わる事項，比喩論，文体論（告白・対話・弁明など），韻律論などをその内容としていた。

　「文学」では，古典や歴史書の文献講読と分析を行った。聖職者にとっては，キリスト教の教理を正しく伝えていくために必要な内容であった。

　修辞学（レトリック）の内容は多岐にわたっていた。①弁論の仕事（語るべき内容をいかに発見し，秩序づけ，言語の形にし，記憶に留め，人々の前で語るか，といった知的生産の技術），②弁論の形態（法定弁論，議会弁論，スピーチ），③弁論の部分（導入，叙述，列挙，論証，論駁，結論），④弁論の質（言語の正しさ，明瞭さ，ふさわしさ，装飾性，簡潔性）・文体（荘重体，中間体，平淡体）などである。青年の人格教育は，この修辞学によると考えられていた。また，聖職者にとっては，説教のための重要な内容であった。

　弁証法（論理学）は，現代の形式論理学に相当する。内容は，命題の真偽や推論の妥当性の探求であった。その内容には，アリストテレスの「述語論理学」とストア学派の「命題論理学」があった（中世までは，著作が完全に伝わらなかったので，アリストテレスは論理学者と考えられていた）。

　クアドリウィウム（四科），つまり算術，幾何，天文学，音楽は「学識の人」になるために必要な内容であった。それは，数学に関わる諸学として構成されていた。

　算術は，数の本性の理論的探求を行う学問である。現代の代数学である。幾何学は，現実的な，可視的な図形ではなく「イデアとしての図形」を扱う学問であり，ユークリッドの平面幾何学と立体幾何学を内容としていた。天文学は，天体の運行を数学によって説明する学問であった。音楽は，旋律や和声を支配する法則の抽象的認識を行う学問であった。現代の楽理である。演奏は芸人や役者のする行為であった。

第2節　大学の誕生

1．大学創設の背景

　修道院学校と司教座聖堂学校は，中世の教育と学問研究を担った。時代が進

むにつれて，次第に修道院学校は衰退していった。逆に，司教座聖堂学校はその数を増していく。

11世紀末頃，教会は改革を進めていた。教会は有識な聖職者の育成を急務としていた。そのため，聖職者養成機関を広く組織する必要があった。教会は優秀な高位聖職者を各地の司教座聖堂に派遣して付属学校の創設をさせたのである。12世紀前半には，自由七科と聖書についての高水準な教育が行われるようになった。また，司教座聖堂に属する修道会が，それぞれ付属の学校を設ける動きも出てきた。

こういった教育に関する動きを背景として，いくつかの都市には私立学校が設立された。教師たちが独自に学校を設立したのである。教師たちは，授業料を払う者に自由七科などを教えた。パリのアベラール（Pierre Abélard, 1079-1142）はその中心的な人物であった。

司教団は教師たちのこの動きに脅威を覚えた。そして，教授資格制度「リケンティア・ドケンディ」を創設した。たとえ私立学校であっても，それぞれの司教区において発行する「教育許可証」が必要になったのであった。

同じ頃，地中海の沿岸地方では，私立学校として，法律学校や医学校が現れてきた。イタリア北部のボローニャには法律学校，南部サレルノには医学校が現れた。それらの卒業生は，ヨーロッパ各地に移住し，それぞれ学校を設立した。

このような動きの背景には，西方における都市の発展による経済成長があった。公の仕事や，世俗の仕事において，教養人が必要とされた。つまり，学問を修め，書き言葉のスキルを有した者たちが有能であるとされた。学校で学んだ者たちは，社会進出を果たしていった。

この時代の教養人は，その前の時代の者たちよりも，はるかに学識を有していた。教育課程の構成はそれまでとほとんど変わらなかった。しかしながら，この時代に，使用できるテクストが一気に増大した。それは，教育に使用できる教材の増大を意味した。

それらは，イスラムからもたらされた。哲学や科学の文献が，アラビア語から翻訳されたからであった。特に，西方において，アリストテレスの再発見がなされたのであった。

2．北イタリアにおける大学の誕生

こういった動きは，12世紀初頭の大学の創設につながった。

最古の大学は，北イタリアのボローニャ大学であった。この大学の中心的学問は法学であった。11世紀後半に，法律を学んでいた学生たちの自治団体を起源にもつ（最終的に大学として正式に認められたのは，1270年以降であった）。ボローニャ以外から集まってきた学生たちが，それぞれの出身地別に「ナチオ」（同郷団）を組織した。それが学生組合「ウニヴェルシタス」（universitas）になった。これは，そのままユニバーシティ（university）の語源になっている。ボローニャにやってきた学生たちは，そこの住民などによる不当な扱いから，自分たち自身を守るために組合を組織した。不当な扱いとは，下宿代や生活必需品のつり上げであった。また，教師は別の組合「コレギウム」（collegium）を作った。

　12世紀にはパリ大学が成立した。この大学は，パリの私塾を開いていた，主に，リベラル・アーツを教える教師たちが結成した組合を起源にもつ。その組合は「パリの教師と学生のウニヴェルシタス」となり，大学の自治と自律の権利を獲得した。

　この事例からも分かるように，大学は，学生や教師たちがそれぞれの権利や生活を守るために作られた組織であった。その組織の範は，商人や職人の組合であるギルドであった。

　ギルドとは，親方・職人・徒弟からなる免許皆伝システムである。当然，教育システムとしても機能していた。

　教師や学生は，あらゆるところで集結して大学を創設した。自ら規約を作成し，代表者を選んだ。その地の住民や権威をもつ機関から，侵害されぬよう，自らを守ったのである。それは，教育と研究を自律的に行うためであった。

　12世紀には，パリ大学を範としたオックスフォード大学（1167）がイギリスにできる。パリ大学とオックスフォード大学の中心的学問は神学であった。

　他に，南イタリアにはサレルノ大学ができる。この大学は，アラビア医学の研究によって，医学の大学として有名であった。

　当時の大学は，いわゆる特定のキャンパスをもっているわけではなかった。学内や学外には大小の衝突があった。それが表面化したり，大学の自治を侵されそうになると，教師・学生は他の都市に移動した。その結果，数多くの大学が創設されていった。

　イギリスのケンブリッジ大学（1209）はこういう事情から生まれた大学である。同様に，ボローニャ大学からはパドヴァ大学（1222）が生まれた。

　当時の教皇，都市や諸国の君主たちは，大学に注目し，支持した。教皇は，

教会思想の統一を目指していた。君主たちは法律的な知識をもつ役人の養成を目指した。ナポリ大学，プラハ大学，ウィーン大学などは，神聖ローマ帝国の皇帝やハプスブルク家によって創設された大学であった。

ところで，教師や学生たちの組合結成の背景には，当時の学校教育の危機的状況があった。13世紀の初頭，パリのような大都市における経済状況は，好況であった。都市は発展し，組合のつながりはますます強くなった。学生数は増加の一途をたどり，都市，君主，教会には教育に対する新たな需要が生じた。当然，それに対応できない学校が数多く出てきた。学生たちの集団は，社会秩序における脅威と見なされていた。それまで，学校を管理してきた教会の処理能力を超えてしまっていた。教師たちも増加し，レベルの低い授業や，好き勝手な授業を行っていた。組合は，学校の乱立を防ぎ，教育・研究の基準を明確にするために必要とされたのであった。

例えば，ボローニャ大学では，学生の組合が次のような要求を行った。「学生の許可なしに休講にしてはならない」，「教師は始鈴とともに講義を始め，終鈴とともに退出しなくてはならない」（時間厳守），「教科書の内容をとばして教えてはならない」などである。

これらの要求を教師が満たさない場合，学生は授業を放棄した。授業料収入によって生計を立てていた教師たちは従わざるを得なかった。

3．大学の教育課程とスコラ学

大学の教育課程は，トリウィウムとクアドリウィウムの自由七科を基礎とし，専門学部としては神学・医学・法学であった。

基礎的な自由七科を扱う学部を，当時「学芸学部」（リベラル・アーツ）と呼んだ。現在でいう人文学部である。それを修めた後，専門学部へと進むシステムであった。

「学芸学部」の在り方は，地方によって異なっていた。例えば，地中海沿岸地域では，法学に必要な文法と修辞学のみを内容としていた。パリ大学やオックスフォード大学では，弁証法（論理学）が中心であり，初級の文法は大学準備課程の内容であった。つまりラテン・グラマー・スクール（ラテン語文法学校）である。そして13世紀半ばには，「弁証法」に加えて厳密な意味での「哲学」が内容となり，「学芸学部」は「哲学部」へと転換した。

特に神学は，中世を代表する学問であった。神学とは，端的に言えば，キリスト教の教理や信仰について研究する学問である。5世紀初めの，アウグス

ティヌスの神学に基づき，中世ではスコラ学として発展した。つまり，前述の宮廷学校，修道院付属学校，司教座聖堂学校などの学校において研究されたのである。のちに，それは一つの学派を表す言葉となった。

　スコラ学は，端的にいえば，学問の方法論である。例えば，すべての科目において，授業では「原典」を用いた。例えば，論理学と哲学はアリストテレスの著作を用いた。法学は『市民法大全』『教会法令集』，医学ではヒポクラテスやアラビア語から翻訳された医学書を用いた。当然，神学は『聖書』を用いた。それらに加え，12世紀，13世紀当時の教師が著した概説書も用いた。

　これらの「原典」について，講読と討論を行った。講読には2種類あった。一つは「特殊講読」，もう一つが「通常講読」であった。「特殊講読」とは，指定テキストについて，素早く読み進めていく方法である。上級生などが担当した。「通常講読」は教師による講読であった。テクストを，丹念に注釈を加えて読み，問いと事例を導き出す。問いは，後に，討論へと発展する。教師の指導のもと，学生は聴衆の前において討論した。原典からの引用や参照は暗記したものに限られた。推論には，必ず，三段論法を用いた。

　「哲学は神学のはしため」という言葉がある。これは，中世において，哲学が神学という女王に対する侍女であるという意味をもっていた。あるいは，神学は，あらゆる学問の総合であるという意味でもある。

　スコラ学は，アンセルムス，アベラール，アルベルトゥス・マグヌスなどを通して，発展した。そして，「スコラ哲学の王」トマス・アクィナスによって大成する。トマス・アクィナスは，キリスト教の教理を，アリストテレス哲学によって学問体系化した。その集大成が『神学大全』であった。

　スコラ学が発展したのは，十字軍などがもたらした，イスラム文化の影響でもあった。アラビア語に翻訳されたアリストテレスの著作がラテン語に翻訳された。それによってヨーロッパはアリストテレスを再発見したのであった。

学習課題
1．修道院学校，聖堂学校，宮廷学校についてそれぞれの違いが分かるように説明しなさい。
2．自由七科について簡潔に説明しなさい。
3．大学の誕生の背景について説明しなさい。

参考文献

- 石原謙『キリスト教の展開――ヨーロッパ・キリスト教史 下』岩波書店，1972。
- 今井康雄編『〈有斐閣アルマ〉教育思想史』有斐閣，2009。
- 小澤周三他『〈有斐閣Sシリーズ〉教育思想史』有斐閣，1993。
- ジェラール，A., 池田健二訳『ヨーロッパ中世社会史事典』藤原書店，1991。
- シャルル，C./ヴェルジェ，J., 岡山茂・谷口清彦訳『大学の歴史』白水社（文庫クセジュ），2009。
- ドウソン，C., 野口啓祐訳『中世のキリスト教と文化（新版）』新泉社，1996。
- 永井均他編『事典・哲学の木』講談社，2002。
- 中川純男編『〈哲学の歴史3〉神との対話』中央公論新社，2008。
- 日本基督教協議会文書事業部キリスト教大事典編集委員会編『キリスト教大事典』教文館，1963。
- 林達夫編『哲学事典』平凡社，1971。
- 東岸克好他『〈玉川大学教職専門シリーズ〉西洋教育史』玉川大学出版部，1986。
- 秀村欣二編『東大教養西洋史1 ヨーロッパの成立（改訂新版）』東京創元社，1970。
- 廣松渉他編『岩波 哲学・思想事典』岩波書店，1998。
- ベイントン，R.H., 気賀重躬訳『世界キリスト教史物語』教文館，1954。
- ベイントン，R.H., 気賀重躬・気賀健生訳『世界キリスト教史物語（改訳版）』教文館，1981。
- 細谷俊夫他編『新教育学大事典』第一法規出版，1990。
- 松本宣郎編『〈宗教の世界史8〉キリスト教の歴史1』山川出版社，2009。
- 三井善止他『西洋教育史（9版）』玉川大学通信教育部，1994。
- 吉岡力編『東大教養西洋史1 ヨーロッパの成立』東京創元社，1959。
- リシェ，P., 岩村清太訳『中世における教育・文化』東洋館出版社，1988。

学習を進めるにあたっての参考図書

- 今井康雄編『〈有斐閣アルマ〉教育思想史』有斐閣，2009。
- ドウソン，C., 野口啓祐訳『中世のキリスト教と文化（新版）』新泉社，1996。
- 中川純男編『〈哲学の歴史3〉神との対話』中央公論新社，2008。
- 松本宣郎編『〈宗教の世界史8〉キリスト教の歴史1』山川出版社，2009。
- リシェ，P., 岩村清太訳『中世における教育・文化』東洋館出版社，1988。

第2章　ルネサンス・宗教改革と教育

　キリスト教とともにヨーロッパの「中世」は始まった。しかし，13世紀頃にはキリスト教に行きづまりがみえ始めた。人間の「原罪観」に基礎を置くキリスト教的人間観によれば，人間は生まれながらに罪ある存在であり，神に代わって教会が人間を管理すべきであった。

　かくて個人は教会によって束縛を受けることになり，それに倣うように，臣下は王侯に，農奴は地主に，商人は組合に，学者はドグマ（キリスト教の教義）に，というように，まさに外からの締めつけの様相がみられた。中世は俗に暗黒時代ともいわれるが，上にみたように，人間生活のあらゆる方面にわたって束縛を受け，まさに精神的な暗黒時代であった。このような中世の人間ならびに人間性の束縛に対して，人間，人間性を解放しようとしたのがルネサンスであり，ここに「近世」の幕開けがあった。

　本章では，ルネサンスとはいかなるものであり，その時代にはどのような教育思想が登場し，どのような教育実践がなされたのか，またその流れの延長線上で起こった宗教改革とはいかなるものであり，その時代にはいかなる教育思想や教育実践があったのかを具体的にみていくことにしたい。

キーワード
ルネサンス　人文主義教育　宗教改革　プロテスタンティズムの教育　カトリシズムの教育

第1節　ルネサンスと教育

1．ルネサンスの語義とルネサンスの先駆者

　新しい時代の幕開けは，イタリアにおけるルネサンス運動によって始まった。ルネサンス（Renaissance）なる語は，イタリアの芸術家ヴァザーリ（Giorgio Vasari, 1511-1574）が，イタリアの芸術をビザンチン文化の拘束から解放して，芸術本来の根源に立ち返り，これに新生命を与えようとする運動をリナシタ（Rinascita=「再生」）と称したことに始まるといわれている。したがって，ルネサンスは，狭義には，イタリアを中心とした芸術の復興運動として理解される。

　中世においては，人間性は教会の権威のもとに拘束され，その文化は人間のためというよりも神のための文化であった。神の世界から離れて，人間が独自

の精神的活動を行おうとしたとき，それはまず，人間の内なる感性の呼びかけ，芸術活動として花開いたわけである。15世紀から16世紀にかけて活躍したボッティチェリ (Sandro Botticelli, 1444/5-1510)，レオナルド・ダ・ヴィンチ (Leonardo da Vinci, 1452-1519)，ミケランジェロ (Michelangelo Buonarroti, 1475-1564)，ラファエロ (Raffaello Santi, 1483-1520) などは最も有名である。しかし「再生」の動きは，決して芸術の分野だけには限らなかった。14世紀前後のイタリアの指導者たちは，それぞれの立場で自己の人間的根源への生の渇望を意識していたのであった。

そもそもイタリアにおけるルネサンスの先駆者として，中世的生活態度を否定し，古代文化に対する思慕をみせたのはダンテ (Alighieri Dante, 1265-1321)，ペトラルカ (Francesco Petrarca, 1304-1374)，ボッカッチョ (Giovanni Boccaccio, 1313-1375) などであった。彼らはいずれも，その抑えがたき自己の内部の美的要求を，古代の文学によって満たそうとしたのである。つまり，彼らはともに古代ローマに憧れ，古代文学復興の灯火を点じたのであった。ダンテの『神曲』(1321) は，一面中世的キリスト教的であるにもかかわらず，他面著しく異教的であり，作中に現れた恋物語の趣からみて，明らかに自然的であり，主観的であり，個性的であった。このことはまた，自然の美しい描写をみたペトラルカの詩集にも，ボッカッチョの『デカメロン』(1470) にもあてはまることであった。

2．ルネサンスと人文主義

ダンテなどによって灯された文芸復興の灯火は，やがて哲学，歴史，美術，建築，さらには人生観，生活様式に至るまで広がり，古代文化の一切が研究され，模倣されるようになる。古典復興は，人間性の啓示，人文理念の権化と解され，ここにいわゆる人文主義の発生をみたのであった。中世においても古典の研究がなされなかったわけではないが，人文主義における古典の探求は，決して教会や「神の国」のためではなく，あくまでも自己自身のためということを第一義とした。すなわち，それは人間教養の目的や内容として，人間的なるものをあくまで重視したのであった。この意味において，人文主義はルネサンスとその源泉を同じくし，人間の本源的生への憧憬において見いだしたものといえる。人間性再生のための古典研究ということにおいて，ルネサンスと人文主義は一体なのである。

3．ルネサンスの教育と人文主義的教育

先にみたように，ルネサンス運動と人文主義は一体としてみられるものであった。とすれば，ルネサンスの教育は人文主義的教育としてとらえることができよう。では「人文主義」の名のもとに，どのような教育思想が興り，具体的には，どのような教育活動がなされたのであろうか。

人文主義（humanismus）は，周知のとおり「人間性」（humanitas）を語源とし，その人間性を本来の姿において，人間に具現することであった。すなわち，人間本性の諸力をかの中世的束縛から自由に解放して，宗教的偏向から多方面的に調和・開発することが教育上の理想となったのである。かくて，人を古代ギリシャ，アテナイの人のごとく自由な，完全な人間にまで教育することこそ，人文主義教育の課題となったのである。「美的で，自由な，強い個人」とは，新しい時代に登場したイタリア人の教育的人間像であった。

その際，人間性の形成の手段となったのが，古典の復興，つまり「文芸復興」であった。古典の正しい理解と古典語への熟達が人文学者の理想となり，キケロ（Marcus Tullius Cicero，前106-前43），クインティリアヌスのごとき優美なる文体を熱愛したのである。教育上，とりわけ重要な役割を果たしたのは，後者クインティリアヌスの書『弁論家の教育』（修辞学の技術面の包括的教科書）であった。特にその1巻では弁論家の訓練の方法が詳細に論じられている。クインティリアヌスの『弁論家の教育』は，「ローマ教育史におけるランドマーク」と呼ばれるものであり，人文主義者たちの教育論の経典になったかの観があった。

4．ルネサンス期の教育思想家・実践家

イタリア人文主義の教育家のうち，理論の方面ではその代表として，ヴェルジェリウス（Paulus Vergerius，1349-1428）を挙げることができよう。彼の書いた『紳士の作法と自由学習』は，人文主義者の手になる最初の教育書といえるが，彼はこの書において「自由民にふさわしき学習，即ち徳と知を練り，人を高尚ならしむる心身の最高能力を喚起し，練磨し，発展せしむる」ような教育を「自由学習」と呼ぶとし，「教育の真の目的は，賢明に支配し得る理性と，敏速に服従する身体との両者を十分に練習するにある」と説いている。つまり彼は，理性や知性のみならず，身体の方面をも同様に考慮したのである。中世においては，罪悪の根源として考えられた身体も，ここに至って，その存在の

意味を回復したのである。そして教育の担当者もまた，寺院や教会ではなく，両親と国家であることを強調したのであった。

イタリアにおける人文主義教育の実践家の代表としては，ヴィットリーノ・ダ・フェルトレ（Vittorino da Feltre, 1378-1446）が挙げられよう。彼は1425年にマントヴァの貴族であるゴンザーガに招かれ，マントヴァで貴族の子弟を教育するために，中世とは全く異なった精神に基づいて，人文主義的な学校を創立した。つまり，彼は従来の修道院付属学校においては全く顧みられなかった体育や戸外での遊びを奨励し，訓練は寛容を旨とし，罰よりも好意ある訓戒に基づいた教育を施したのであった。彼には教育に関する著述はないが，教育家としては「すべての人文の父」とあがめられ，その学校は「喜びの家」（Casa Giocosa）と呼ばれた。

一般的にみれば，もちろん中世的な体罰による教育方法はそう簡単には改まらなかったし，その教育内容とて急に変わったわけではない。だが時代の情勢に従って，漸次改革されていったのは事実であった。さらに，1440年代におけるグーテンベルクによる初めての活版印刷が，中世においては修道院の奥深くに，見る人もなく秘蔵されていた古写本を，何人にも手に入れることを可能にしたし，学校における教科書の使用も容易にしたのであった。

中世の主要教科であった自由七科（文法・修辞学・弁証法・音楽・算数・幾何・天文学）も，人文主義的教育においては弁証法の強調がなくなり，文法は依然として首位を占めつつも，だんだん文学を重んずる傾向が生じていった。新たに歴史と自然科学が学校の教科に取り入れられるようになったのも，この時代の特徴である。

5．人文主義教育の諸国への展開

さて，このような人文主義的教育の展開は，15世紀の中葉まではイタリアの国内に限られていたが，次第にイギリス，フランス，ドイツなどの諸国に普及し，それぞれ独特の発達を遂げたのであった。

イギリスにおいてパブリック・スクール（Public School）と呼ばれる私立学校は，当時の人文主義興隆の気運によって設立されたものが多い。ウィンチェスター校（Winchester College, 1382）やイートン校（Eton College, 1440）はすでにそれ以前に設立されていたが，パブリック・スクールが人文主義的な学校として勢いを得てきたのは，コレット（John Colet, 1466-1519）によって，1509年，ロンドンにセント・ポールズ校（St Paul's School）が設立されて以来のことで

あった。

　フランスでは，ボルドー市立のコレージュ・ド・ギュイエンヌ（Collège de Guyenne, 1533）が，人文主義運動によって設立されたし，ドイツでも，人文主義者シュトゥルム（Johannes von Sturm, 1507-1589）がその中心勢力となり，16世紀の学校教育に多大の影響を与えたのであった。これらの学校においては，言うまでもなく，古典時代のラテン語を復活し，キケロの如くに語り，キケロの如くに綴ることを教育の目的とし，徹底的な古典語教育を施さんとするものであった。

　このように，人文主義が学校教育に及ぼした影響は，主として中等教育においてみられた。この時代における中等教育の発達は，次第に大学の修業年限を短縮せしめ，中等学校は大学の予備校的存在になっていったのである。近世における中等学校の教育が，大学入学のための予備教育を固有の使命とするようになったその伝統は，源をここに発しているわけである。

　かくのごとく，人文主義は中等教育に多大の影響を与えたが，まだ一般庶民のための教育にまでは達しなかった。人文主義の教育が貴族的傾向を有していたといわれる所以である。庶民のための普通初等教育は，次の宗教改革期にその重要性が自覚され，さらに続く啓蒙主義の時代において，制度として確立されるようになるのである。

第2節　宗教改革期の教育

1．ドイツの人文主義と宗教改革

　イタリアに興った人文主義は，15世紀の中葉以後アルプスを越えて，北へと移動していった。人文主義は，基本的にはどこまでも「人間性」を大切にする立場において一致していたが，その展開は各地域の伝統と特性を吸収しながら，それぞれ違った形で西ヨーロッパ全土に広がっていったのである。そのなかでも，特にその特徴がいかんなく発揮されたのが，ドイツの人文主義であった。

　ドイツにおける人文主義は，イタリアの人文主義がとりわけ美的色彩を強くもっていたのに対し，宗教的な色彩が強かった。それは，中世の教会によって硬化された宗教的生活を，人間を主軸としたものに更新しようとするものであった。この意味で，宗教改革は，ルネサンス（人文主義）に続く一連の動き

として解することができる。つまり，ルネサンスが人間解放の第1幕だったとすれば，宗教改革はその第2幕だったのである。

2．宗教改革運動の展開

　宗教改革の運動には，その先駆者としてイギリスのウィクリフ（John Wycliffe, 1320頃-1384）やボヘミア（現，チェコ）のフス（Jan Hus, 1370頃-1415）などが挙げられるが，直接には，ドイツのルター（Martin Luther, 1483-1546）によって95カ条の公開状が提示された1517年をもって本格化したといえよう。イタリアの人文主義が古代文芸の復興のうちに「再生」の手がかりを求めたのに対し，ドイツの宗教改革は原始キリスト教の復興にその根拠をもっている。それゆえ，正確には宗教改革というよりも宗教復興，すなわちルターにおけるパウロの信仰の復興といったほうが適切とも考えられる。「宗教改革」のことをドイツ語では「改革」（Revolution）とは呼ばず，「再形成」（Reformation）と呼んでいる所以である。

　さてルターは，ギリシャ語，ヘブライ語の研究を，キリスト教の根源に立ち返るための第1の手段と考えた。この手段を彼に与えたのはまさに人文主義の学者たちであった。この意味においても，ドイツにおいて人文主義運動の指導者的立場にあったロイヒリン（Johann Reuchlin, 1455-1522）やエラスムス（Desiderius Erasmus, 1464頃-1536）の存在は，無視できないものである。ロイヒリンはヘブライ語の研究に新生面を開いたし，エラスムスは，キリスト教の教父の著作の校訂，註解をしたり，ギリシャ語の『新約聖書』を出版したりして，スコラ哲学の欠点を暴露し，宗教の形骸化や教義の強要を攻撃したりした。ルターは，エラスムスが行った宗教の形骸化や教義の強要に対する攻撃をさらに徹底した，といえるであろう。

　「義人は信仰によって生きる」という「ローマ人への手紙」第1章第17節の言葉に，ひたすら従ったルターにとっては，「神の言葉がまず第一である。神の言葉に信仰がともない，信仰に愛がともなう。愛はついにあらゆる善行をなす」というのが，信仰の最も簡明な表現だった。ここに教会の権威に代わって神の言葉，すなわち『聖書』に絶対的な権威を認める「福音主義」の立場が確立され，カトリシズムに対するプロテスタンティズムの誕生をみたわけである。

3．プロテスタンティズムの教育思想とその実践

　上でみたように，プロテスタンティズムは，教会という組織を媒介にするこ

となく，神の言葉としての『聖書』を通じての信仰を主張するものであった。つまり，宗教は信仰に基づく直接の人格的関係であり，それは『聖書』によるキリストとの人格的関係において成り立つとしたのである。かくて，ルターは『聖書』のドイツ語訳に着手した。1522年に『新約聖書』を，1534年には『旧約聖書』の訳業を完成した。この訳業は，ルター自身の確信を深めたばかりでなく，ドイツの民衆に信仰の基礎を与えるためにも，地域の方言が激しかったドイツに国語の統一，ないし民族の精神的統一を確保するためにも，大いに貢献したのであった。

ではルターをはじめとする宗教改革者たちは，教育についてはどのような考えをもち，さらに実践していったのであろうか。

(1) ルターの教育思想

ルターの数多くの著作のうち，特に教育に関する主要なものとして，まず『キリスト教的身分の改善に関してドイツ国民のキリスト教貴族に告ぐ』(1520)が挙げられる。この書の中でルターは「高等および初等の学校において最も重要な必修の授業は，聖書について……福音についてである」と述べているが，さらに『ドイツの各都市の市長ならびに市参事会員に与えてキリスト教学校を創設維持すべきことを論ず』(1524)においては，神の言葉をその源泉から汲みとることのできる古典語の研究を奨励し，キリスト教学校の設立と就学の督励を説いたのであった。

さらに『児童を就学させるべきことについての説教』(1530)においては，公職に役立つ人物を養成するために，有為な児童の勉学を督励すること，必要な場合には，強制的に公費をもってこれを行うことを政府の義務としている。また，児童の就学を怠ることから生じる禍害について忠告し，児童は男女を問わず，毎日1時間から2時間学校で学ぶべきことを要求したのであった。

またルターが，学校教育と並行して家庭教育を重要視したこと，学校における教科のうち最も主なるものはもちろん宗教であるが，その他に言語，修辞学，音楽，歴史をも重要視したことは，注目に値することである。

(2) メランヒトンの教育的功績

以上のようなルターの宗教改革の精神を学問的に体系づけ，プロテスタントの教育の指導者として功績があったのは，ヴィッテンベルク大学におけるルターの同僚であり，彼の後継者でもあったメランヒトン (Philipp Melanchton,

1497-1560) であった。

　メランヒトンは，宗教改革の熱狂者たちによって学問的探究の不必要が叫ばれるや，敢然とこれに抗し，言語と哲学の研究なしにはプロテスタント教義の確立は困難であることを説いた。そして，アリストテレスの哲学に基づいたプロテスタント神学樹立への努力をしたのであった。このような彼のもとで学んだ学生たちが，やがてはプロテスタント派諸邦の大学やギムナジウムの教師としてドイツ各地に赴いたため，メランヒトンの影響は大きく広がっていった。このような状況のなかで，1528年，彼はザクセン選帝侯の委嘱を受けて「ザクセン学校令」を作成したが，これは19世紀初頭まで持続した，プロテスタント的ラテン語学校の制度を基礎づけるものであった。彼が「ドイツ国民の教師」と呼ばれる所以である。

(3)　ブーゲンハーゲンの教育実践

　この時代の初等教育において功績があったのは，ブーゲンハーゲン (Johannes Bugenhagen, 1485-1558) であった。彼もまたヴィッテンベルク大学におけるルターの同僚の一人であり，ルターが望んだ国民教育への道を，さらに一歩進めようとしたのであった。彼はすべての児童に，男女を問わず，聖教問答および国語としてのドイツ語の読み書きを授くべきことを主張し，自ら実践したのであった。また，当時では無視されがちな女子教育に対して，熱烈な関心を寄せ，女子の教育は国民の道徳的向上に対し最も有力な手段であるとの見地から，女子校の設立にも努力している。

　ドイツにおける最初の庶民教育機関である「ドイツ語学校」に関する国家的規定が，ヴィッテンベルクにおいて発せられたのは，ブーゲンハーゲンが亡くなった翌年，1559年のことであった。この規定によれば，ドイツ語学校は教会の牧師によって管理はされたが，実際の授業は教会世話係（Küster）によって行われ，授業内容はドイツ語の読み方と書き方，それに聖教問答と唱歌であった。

　さて，ルターと並んで，宗教改革のために闘った主要な人物としては，他にスイス，チューリヒを活動の舞台にしたツヴィングリ (Ulrich Zwingli, 1484-1531) やイギリスのノックス (John Knox, 1505頃-1572)，フランスに生まれ，活動の場をスイスのジュネーブに置いたカルヴァン (Jean Calvin, 1509-1564) などがいた。最後に，カルヴァン派とその教育についても，簡単に触れておくことにしよう。

(4) カルヴァン派とその教育

　カルヴァンは，先にみたように，フランスの生まれであったが，福音主義のゆえに，カトリック勢力の強い祖国フランスを追われ，主としてスイスのジュネーブを中心として活動し，その地の政治および教会の制度の改革にあたった。また彼によって当地に建てられたカレッジは，カルヴァン派の精神を各地に普及させる本山ともなった。

　カルヴァンの教えの根本もまた，ルターと同じように，聖書に表明される神の言葉であったがゆえに，「福音主義」の立場にあったが，カルヴァンの教義は，「信仰によって義とされること」と，「予定説」との二つの原理によって貫かれていた。彼によれば，人は各自の業績によってではなく信仰によって救われ，この信仰はあらかじめ神から与えられるとした。

　その勢力はスイスを中心にヨーロッパの各地に散在していたが，イギリスのピューリタン（清教徒）もカルヴァンの流れを汲むものであった。ピューリタンたちはイギリスの地において抑圧され，新天地アメリカに移住したが，彼らは殊に教育に熱心で，その根拠地マサチューセッツ州は，その後アメリカにおける教育発展の中心地となったのであった。

4．カトリシズムの教育

　宗教改革とこれにともなう教育の刷新に対する反動として，カトリック自身のうちにおいても新たな改革と，それに即応するための教育運動とが起こった。前者が「反宗教改革」といわれるものであり，後者によって代表される教育運動がイエズス会の活動であった。

　イエズス会は，1534年スペイン人ロヨラ（Ignatius de Loyola, 1491-1556）が，スペイン人宣教師ザビエル（＝シャヴィエル）（Francisco de Xavier, 1506-1552）らの同志7名とともに「すべては神の偉大なる栄光のために」をモットーとして掲げ，禁欲，修行，異端折伏，海外布教を実践目標にして組織した教団である。この教団は教皇パウルス三世（Paulus III, 1468-1549）によって1540年に公認され，ロヨラはこの教団の長としてローマに住み，終生をその発展のために尽くした。

　ロヨラは，イエズス会士に対し，最も厳格なる軍隊的規律と訓練を課し，戦闘的精神をもって布教にあたらせたが，その際特に教育事業に意を用い，最高の思想学術を修得した会士を師とする学校および教育機関を，ヨーロッパのみならずアメリカ，アジアに設立したのであった。日本にも1549年，ザビエル

が来日して布教にあたったが，それから30年後の1579年には，肥前島原に我が国における最初のイエズス会の学校が設立されている。

　イエズス会は諸侯，都市および富豪らによって経済的に援助されたが，その内部の教育は，イエズス会総会長を中心に階級的に統制され，何人(なんびと)の干渉も許すものではなかった。その教育は，ラテン語と修辞学を主とする中等教育と，アリストテレスの哲学，アクィナスの神学を主とする高等教育とを重視した。修辞学は，教義の普及のために何としても必要だったのである。もちろん宗教は大切な教科であったが，その場合，宗教教授よりむしろ宗教的訓練が重要視された。従順と敬虔と禁欲を宗教的訓練の目標として，まず意志を強くすることを先決条件としたのである。

　このように，イエズス会は初期には中等教育と高等教育とに力を入れたのであったが，同じくカトリック精神の復興を目指しつつ，その活動領域を初等教育に置いた団体ものちには出てきた。そのなかで特に顕著なものは，1684年，ラ・サール（Jean Baptiste de La Salle, 1651-1719）によってルーアンで組織されたキリスト教学校同胞会である。その他，同じくカトリックの立場に立ちつつ，イエズス会とは立場を異にするものに，1637年，サン・シラン（Saint-Cyran, 1581-1643）によって始められたポール・ロワイヤル運動があった。その運動を通して，教育機関「小さな学校」が生まれたのであった。

学習課題

1．「ルネサンス」がなぜに「人文主義」といわれるのか論じなさい。
2．ルネサンスの教育の特徴について述べなさい。
3．プロテスタンティズムの教育思想とその実践について考察しなさい。

参考文献

・会田雄次『ルネサンス』講談社現代新書，1973。
・稲富栄次郎『西洋教育思想史』玉川大学出版部，1974。
・岩本俊郎他編著『近代西洋教育史』国土社，1984。
・ヴィーヴェス，小林博英訳『〈世界教育学選集31〉ルネッサンスの教育論』明治図書出版，1964。
・小平尚道編『〈キリスト教教育宝典Ⅳ〉ルター・ツウィングリ・カルヴィン』玉川大学出版部，1969。
・小林政吉『宗教改革の教育史的意義』創文社，1960。

・篠原助市『欧洲教育思想史　上（復刻版）』玉川大学出版部，1972。
・上智大学中世思想研究所編『教育思想史5　ルネサンスの教育思想　上』東洋館出版社，1985。
・ダンテ，平川祐弘訳『神曲　完全版』河出書房新社，2010。
・東岸克好他『〈玉川大学教職専門シリーズ〉西洋教育史』玉川大学出版部，1986。
・ブレットナー，F.，中森善治訳『西洋教育史——人間形成過程の歴史的研究』新光閣書店，1968。

・Fritz Blättner, *Geschichte der Pädagogik*, QUELLE & MEYER: Heidelberg, 1966.

学習を進めるにあたっての参考図書
・稲富栄次郎『西洋教育思想史』玉川大学出版部，1974。
・岩本俊郎他編著『近代西洋教育史』国土社，1984。

第3章 リアリズム・啓蒙主義と教育

　16世紀後半になると人文主義は形骸化し，17世紀には，近代科学の発展の成果を積極的に導入し，実生活に役立つ知識を重視したリアリズム（実学主義）が次第に台頭する。このリアリズムは，一般的には，人文的リアリズム，社会的リアリズム，感覚的リアリズムの三つの類型をもつものとされる。その後，イギリスに始まる啓蒙主義は，着実に進展し，「啓蒙の世紀」とも称される18世紀において，フランスとドイツで興隆する。

　本章では，このような時代のなかで，どのような教育思想が現れ，具体的にどのような教育が展開されていったのかを，リアリズムの三つの類型に基づき明らかにするとともに，啓蒙時代のイギリス，フランス，ドイツの教育を概観する。さらに，啓蒙主義の担い手であるフィロゾーフの一人として，これを超越していったルソーの教育思想とその影響を色濃く受けた汎愛派の実践について取りあげる。

キーワード
リアリズム　啓蒙主義　ルソー　汎愛派

第1節　リアリズムの教育

1．人文主義からリアリズムへ

　15世紀に始まる文芸復興としてのルネサンスは，16世紀において，その中心を文学的・審美的なものから道徳的・宗教的なものへと深化させ，17世紀には，人間を取り巻く現実について，新たな角度からとらえようとするものへと転換させていく。このような動きにともない，17世紀には近代自然科学が飛躍的な発展を遂げ，ギリシャ・ローマの社会を支配していた前科学的な信仰や技術が根本から崩壊していく。すなわち，ガリレイ（Galileo Galilei, 1564-1642）やケプラー（Johannes Kepler, 1571-1630）による地動説の提唱，さらにはニュートン（Isaac Newton, 1642-1727）による万有引力の発見など，近代自然科学が新たな知識を生み出し，それにともなう知識体系の根本的な変換を要求するようになったことから，教育における理論と実践もまた大きく変容することになるのである。ここに，近代自然科学の成果を積極的に導入し，現実の人間生活の事柄を重視するとともに，言葉よりも感覚や理性，経験に重きを置

くリアリズムの教育が台頭することとなる。

　教育学の文脈では，「実学主義」と訳されることの多い「リアリズム」の教育思想は，その後の時代の変化にともなう人々の関心の向かう方向に従い，①人文的リアリズム，②社会的リアリズム，③感覚的リアリズム，の三つに区分することができる。

2．人文的リアリズム

　リアリズムが台頭し始めた初期の時代には，古典のもつ形式的・言語的な側面以上に，そこに含まれる精神的・実質的な側面を重視する立場が生まれた。これが，人文的リアリズムと呼ばれるものである。このことから，人文的リアリズムは，文芸復興運動本来の精神の再現を目指す立場であるということができる。それは，古典の学習というものを，古代の人々の経験を通して，精神的・身体的・道徳的な成長を図るためのものとしてとらえるものである。つまり，人文的リアリズムでは，古典研究を実学的な見地から行うことが強調されるのである。この立場を代表するのが，フランスのラブレー（François Rabelais, 1483-1553）とイギリスのミルトン（John Milton, 1608-1674）である。

　ラブレーは，神父・医師・小説家として活躍した人物であるが，彼の名を知らしめたのは，風刺小説『ガルガンチュアとパンタグリュエル』（1532-1552）である。ルネサンス文学の代表的な作品の一つとされるこの小説は，巨人ガルガンチュアとその子どもパンタグリュエルの言行・武勲の物語であるが，この作品において彼は，古典の暗誦に終始する古い教育を批判し，教養の理想とともに，規律ある生活を通して学ぶ新しい教育の在り方というものを提唱している。

　ミルトンは，ルネサンス期の長編叙事詩『失楽園』（1667）の作者として有名であるが，彼もまた，『教育論』（1644）によって，新しい教育の在り方について言及している。彼によれば，古典語の学習は，あくまでも生活に利用するための手段であり，数学や自然科学などの実学についても，可能な限り感覚に訴えて学ばなければならないとされる。このような主張は，彼の「人間を，……あらゆる公私の職務を正しく巧みに，そして立派に成し遂げるようにさせる教育を，完全な，善い教育と呼ぶ」という言葉にも端的に表されている。

3．社会的リアリズム

　その後，近代自然科学の成果と社会の実際的な側面との結合によって誕生し

たのが社会的リアリズムである。社会的リアリズムでは，古典の学習というものはもはや価値を失い，社会生活における経験そのものが強調されることになる。このことは，教育において，社会への適応に不可欠な事柄となる知識や技能，態度などの涵養が目指されるようになったということを示唆している。つまり，社会的リアリズムでは，功利的・実際的な見地から，社会における成功と幸福な生活のための準備を行うことが強調されるのである。この立場の代表的な人物としては，フランスのモンテーニュ（Michel-Eyquem de Montaigne, 1533-1592）とイギリスのロック（John Locke, 1632-1704）を挙げることができる。

モンテーニュは，『エセー』（1580）の著者として，また16世紀ルネサンス期のフランスを代表する哲学者として有名である。教育について言及した作品としては，「教師ぶることについて」「子供たちの教育について」「父親が子供に寄せる愛情について」などを挙げることができるが，これらはいずれも社会的リアリズムの立場を鮮明に表すものとしてとらえることができる。このことは，例えば，「なまじラテン語やギリシア語を覚えたために，家を出たときよりも，より愚かで，思いあがった人間になっただけではないか」，「わたしの生徒には，教わったことを口でいうよりも，それを実行してほしいのです」という言葉からも窺い知ることができる。それゆえに彼は，知識をしっかりと消化し，行動を模倣し，観念を行為として表すことが必要であると考え，よりよく生活するための道となる実践哲学の学習を重視したのである。

ロックは，初め医者として名声を得ていたが，後に政治・哲学など，幅広い分野で偉大な功績を収めた人物である。性白紙説（精神白紙説）に基づく教育論を提唱した彼の代表作となる『教育に関する考察』（1693）は，イギリスの中産上層階級の子弟を対象とした教育論であり，第1部では体育論が，第2部では訓育論が，第3部と第4部では紳士教養論が，それぞれ展開されている。この著作の序文にある「健全な身体に宿る健全な精神とは，この世における幸福な状態の，手短ではありますが意をつくした表現です」という言葉からも明らかなように，彼は，体育を重視する鍛錬主義の立場に立つ。さらに，ロックは，『貧民子弟のための労働学校案』（1697）という貧民階級の子弟を対象とした教育論も著している。ここでは，各教区に学校を設置し，3歳から14歳までの労働者の子弟に食事を支給して労働させつつ学ばせることによって，勤勉で従順な労働者を育成し，社会の利益と王国の繁栄を図ることが目指されている。ロックによるこの提案は，18世紀後半の「労働学校」の開設によって実現されている。

4．感覚的リアリズム

　人文的リアリズムと社会的リアリズムという二つの立場を継承しつつ，近代自然科学の成果や方法論をより積極的に教育に反映させることを目指した立場が，感覚的リアリズムである。したがって，感覚的リアリズムにおいては，教育という営みが，これまでの人為的な過程としてではなく，自然的な過程としてとらえられるようになる。つまり，この立場においては，教育の基礎となる法則や原理が自然のなかに求められるようになるのである。このことによって，この立場においては，人間が世界を知覚し，認識するための源泉となる感覚が重視されることになる。この立場の代表者が，ドイツのラトケ（Wolfgang Ratke, 1571-1635）とチェコのコメニウス（Johann Amos Comenius, 1592-1670）である。

　ラトケは，ベーコン（Francis Bacon, 1561-1626）の『学問の進歩』（1605）に強く感化されたことから教授法を学び，自らを教授学者と名乗った人物である。彼は，教授学を単なる習慣によるものではなく，研究と検証によって基礎づけられるべきものと考え，自然の法則との合致を根本法則とする教授原理を提供している。

　コメニウスは，経験と実物を人間の向上のための重要な要素として位置づけるアルステッドの汎知体系と，感覚的経験論に基づく合自然的な教育方法を提唱するラトケの教授学とを統合し，後に「近代教育の父」と称された人物である。神と一つになって来世の永遠至高の浄福を得る準備となる現在の生活において，造物主の似姿となるための「汎知」の道を，外界の自然の秩序に即した方法によってたどることが人生の最大の目的であり，教育の究極の目的となる，と彼は考えていた。それゆえに，コメニウスにとって，教育とは，①すべての事物を知ること（知的陶冶），②事物および自己の支配者となること（道徳的陶冶），③自己および一切の事物を神に帰すること（宗教的陶冶），を任務とするものとなる。これを体系的に展開しているのが，「すべての人にすべてのことがらを教える普遍的な技法を提示する書」と記された『大教授学』（1627）である。これとともに，彼の代表的な著作とされる『世界図絵』（1658）は，言語が表す事物の絵を書き加えることによって，視覚を通じて事物に対する認識を明確化することを試みたものである。

5．リアリズムと学校教育

　16世紀に始まる近代自然科学の発展により生み出されたリアリズムは，当

時のヨーロッパの学校教育にも多大な影響を与えた。そこでは，感覚的経験を重視する直観教授の発展が，教育の方法と内容に大きな変化を与えることになる。

　ドイツでは，30年戦争以降，貴族階級の子弟のための教育機関となる「リッター・アカデミー」が各地に設けられたが，ここでは，社会的リアリズムの立場から古典語の代わりに現代語を学ぶとともに，宮廷作法や乗馬などの身体を鍛錬するための科目や，哲学・数学・物理などの学科について，ギムナジウムと同程度の教育が行われた。また，福音主義とリアリズムとの統一を目指したフランケ（August Hermann Francke, 1663-1727）の創設した「学院」（フランケ学院）には，①貧民を対象とする母国語学校と孤児院，②市民を対象とするラテン語学校，③貴族を対象とするペダゴギウムとギナセウム，④師範学校，という四つの学校が，それぞれの身分階層ごとに設置された。

　フランスでは，聖職者であり貴族でもあるラ・サールが，迫害を受けながらも，「キリスト教学校同胞会」を組織し，慈善事業と結合した学校を設立している。そこでは，年齢ごとに学級が編成され，日常用語（フランス語）による一斉授業の実践が試みられている。

　イギリスでもまた，17世紀の後半に，リアリズムによる中等教育の中核となる「アカデミー」が，非国教会の支持を得て創設されている。

第2節　啓蒙主義と教育

1. 近代教育思想の黎明

　17世紀のイギリスに始まる啓蒙主義は，その後，フランスへと渡り，18世紀には，ドイツにも普及した。カントにおいて，「人間が自分の未成熟状態から抜け出ること」と語られる「啓蒙」という言葉は，「無知蒙昧な状態を啓発して教え導くこと」を意味している。それは，17世紀から18世紀にかけてのヨーロッパにおける旧体制を打破するものとして現れ，「フィロゾーフ」と呼ばれる担い手によって拡散されていったが，教育による成長の可能性と社会の改造を確信していた彼らのなかには，人間をありのままにとらえ（自然主義），人間の悟性を尊重し（合理主義），人間生活の現実と実利を重視する（現世主義），という精神が生き生きと作用していた。代表的なフィロゾーフとしては，モンテスキュー（Charles Louis de Montesquieu, 1689-1755）やエルヴェシウス（Claude

Adrien Helvétius, 1715-1771) の名を挙げることができる。

　モンテスキューは，『法の精神』(1748) の著者として有名であるが，法というものを「事物の本性に由来する必然的な関係」であると定義し，それが国民の意志に基づくものでなければならないとする権力分立の主張は，人間の自然性とは矛盾するフランス絶対王政を痛烈に批判したものである。

　エルヴェシウスは，『精神論』(1758) と，この著作への批判に対する反論の書となる『人間論』(1771) を通じて，現実の人間の差異というものが，後天的な影響に他ならないと主張する。エルヴェシウスによれば，人間精神の活動はすべて，「身体的感性」へと還元することが可能であり，これが，人間の欲望・情熱・社交性・思想・判断・意思表示・行動の基盤になるのである。

2．啓蒙時代のイギリスの教育

　イギリスでは，17世紀には市民革命が始まっていたが，民衆の子弟のための教育制度は，いまだ確立されていなかった。当時の初等教育は，一部の民衆の子弟が，年老いた人々や障がいのある人々が生活費を稼ぐために教育機会を提供するデイム・スクールと呼ばれる塾に通い，行儀や読み書きを習っていた程度であった。しかし，特権階級の間で高まりつつあった慈恵主義的な風潮も，性悪説を主張するマンデヴィル (Bernard de Mandeville, 1670頃-1733) が『慈善および慈善学校について』で，「慈善は，あまり広範囲におよぼされると，ほとんどの場合に怠惰やものぐさを助長させ，なまけ者を育て産業を破壊することのほか，福祉のためにはほとんど役にたたない」と批判した。このような状況のもと，レイクスが，1780年に教会学校（日曜学校）を開き，民衆の子弟に対する学習の機会が提供されるようになった。

3．啓蒙時代のフランスの教育

　フランスでは，17世紀以降，プチト・エコール（「小さな学校」あるいは慈善学校）と呼ばれる学校において，民衆の子弟のための初等教育が行われていた。これらの学校では，恵まれた人々の子弟と貧しい人々の子弟が，司教の厳格な管理のもとで，ともにキリスト教と読み書き計算を学習した。貧しい人々の子弟は謝礼を免除され，旧教の普及・徹底が図られていた。これに加えて，革命中の1792年には，タレイラン (Charles Maurice de Talleyrand, 1754-1838) が立憲議会に，王国の行政区画と関連づけた無償の公教育の創設と組織を，コンドルセが立法議会に，公教育組織の確立などを含む教育の機会均等計画を，それぞ

れ提案している。

4. 啓蒙時代のドイツの教育

ドイツでは、フリードリヒ1世の援助によって、初等教育については隆盛を迎えることになる。その後も、フリードリヒ2世が、ヘッカー（Johann Julius Hecker, 1707-1768）の助言を得て、「ミンデン地方学校令」などの一連の学校令を公布し、民衆の子弟のための教育の普及・徹底が図られていった。1763年に制定された「一般地方学校規則」は、これら一連の学校令のなかでも、世界で最初の義務教育法として有名である。ここでは、就学義務制度のほか、教育課程の編成や教授法、学校監督制度などが、詳細に示されている。しかしながら、その基本的な性格を彩るキリスト教主義の精神は、純粋な信仰の動機によるものではなく、その制定は、あくまでも富国強兵策の一環としてであった。

第3節　ルソーの教育思想

1. ルソーの生涯

啓蒙時代を代表するフランスの思想家であるルソー（Jean-Jacques Rousseau, 1712-1778）は、近代教育思想の中心的な先駆者である。ナポレオンによって、「もしルソーが出現しなかったならば、フランス革命は起こらなかったであろう」とさえ称される彼の生涯は、自らの手による『告白録』（1781, 1788）において詳しく語られている。ルソーの功績は、政治や哲学の分野においても優れたものとして位置づけられるべきものであるが、とりわけ教育において、それは計り知れないほど偉大なものであるといえる。

1712年にスイスのジュネーブに生まれたルソーは、きわめて虚弱な体質であったといわれている。生後8日目には母親を亡くし、8歳の時には父も家出をし、行方不明になるなど、幼少期の彼を取り巻く家庭環境は、必ずしも恵まれていたとはいえない。しかしながら、彼は独学に努め、38歳の時には、ディジョン・アカデミーの懸賞論文に応募し、当選している。こ

ルソー

のことによって一躍世に知られることとなった彼は，その後，意欲的に文筆活動を行い，『新エロイーズ』（1761）・『社会契約論』（1762）・『エミール』（1762）など，多くの著書を発表していった。ところが，『エミール』が禁書に指定され，ルソー自身にも逮捕の判決が出されたことから，彼は逃亡生活を余儀なくされる。1770年にはフランスに戻り，再び文筆活動に励んでいたが，1778年に，波乱に満ちた生涯を終えた。死因は卒中であるといわれている。

2．『エミール』にみる子ども観

　ルソーが『エミール』を著すに至った動機は，当時の貴族の子育てへの批判であるといわれている。実際，『エミール』の冒頭における「創造主の手から出るとき事物はなんでもよくできているのであるが，人間の手にわたるとなんでもだめになってしまう」との主張はまさに，干渉と管理に基づく当時の貴族の子育てに対する痛烈な批判であるといっても過言ではない。それゆえに彼は，子どもをよく観察すべきであると主張する。ルソーによれば，子どもとは大人とは質的に異なる独自の性質をもつ存在である。子どもの考え方や成長は，大人とは同一のものではない。つまり子どもは，大人の単純な縮小としてとらえられるべきではない。それゆえに，大人になって必要になるすべてのものを与える教育という営みは，子ども独自の性質に適した形で行われなければならない。このような子ども独自の立場からの子どものための教育の必要性を強調したところに，『エミール』が，「子どもの発見」の書と称される所以が存在するのである。

3．『エミール』にみる教育の根本原理

　絶対王政の封建的な束縛から人々を解放し，「人間」と「市民」との矛盾の彼方に理想的人間を求め，有能な市民（「社会状態に生きる自然人」）の育成を目指したルソーの教育の原理は，「自然にしたがえ」という言葉に集約されているといっても過言ではない。ルソーによれば，完全なる教育は，自然の教育，人間の教育，事物の教育，これら三つの教育の調和によって実現されるものであるが，そのためには，「わたしたちの力ではどうすることもできない」自然の教育に，人間の教育と事物の教育とを従わせる以外に方法はない（合自然の原理）とされる。

　このことから，教育の方法としては，大人があれこれと教え込むのではなく，子どもの自然的な成長を擁護し，外からの悪影響を排除するという「消極教

育」が主張されることになる。

　そして、教育の内容もまた、ルソーにおいては、子どもの自然な成長段階に応じたものとしてとらえられている。それは、『エミール』が5編から構成されていることからも窺い知ることができるように、おおむね、①0歳から1歳（話し、食べ、歩くことができるようになるまで）、②1歳から12歳（好奇心が出てくるまで）、③12歳から15歳（抽象的概念を獲得するまで）、④15歳から20歳（結婚の相手を選ぶまで）、⑤20歳以降、の五つの段階に区分することができる。このうち、②の段階では感覚の訓練が、③の段階では知育が、④の段階では道徳教育が、⑤の段階では社会的・政治的教養が、主たる教育内容として考えられている。

4．『エミール』の思想と汎愛派の実践

　ところで、以上のような『エミール』の教育思想をよりいっそう進展させ、その実践に取り組んだのは、隣国ドイツの「汎愛派」と呼ばれる人々であった。それは、汎愛派の人々にとって、『エミール』において描かれた人間陶冶の理念が、フランス革命における自由・平等・博愛の精神と同じく、文字どおり「人類愛」の実現を目指す彼ら独自の精神と共通するものに他ならなかったからである。汎愛派の代表的人物としては、バゼドウ（Johann Bernhard Basedow, 1724-1790）とザルツマン（Christian Gotthilf Salzmann, 1744-1811）の名を挙げることができる。

　バゼドウは、汎愛学院の創設者として、また汎愛派の祖として、著名な人物であるが、彼の代表作である『人類の友に対する訴え』（1768）には、ルソーの『エミール』の刺激によって、全欧州の教育改革者となることを志す彼の熱意が表されており、その教育改革の構想は、多くの人々の共感を得るものであった。また、教育改革の第一歩として著された『基礎教科書』（1774）は、「18世紀の『世界図絵』」ともいわれ、高く評価された。

　ザルツマンは、汎愛派の教育思想を確実な軌道に乗せたとされる人物であり、『カニの本』（1780）・『アリの本』（1806）の著者として知られる。バゼドウの著書に深い感銘を受け、1781年に宗教の教師として汎愛学院に招かれるが、後に自らの汎愛学院を建立している。ザルツマンの建立した汎愛学院には、近世体操教授の始祖といわれるグーツ・ムーツ（Johann Christoph Friedrich Guts Muths, 1759-1839）が教師として参加している。

学習課題
1. リアリズムの教育の特質を，①人文的リアリズム，②社会的リアリズム，③感覚的リアリズム，という三つの観点から，明らかにしなさい。
2. リアリズムの教育を代表する人物を3名取りあげ，その教育思想について，それぞれまとめなさい。
3. 啓蒙時代の，①イギリス，②フランス，③ドイツの教育について，それぞれまとめたうえで，その性格の違いを明らかにしなさい。
4. ルソーの教育思想についてまとめたうえで，その現代的意義について，考察しなさい。

参考文献
- 稲富栄次郎『西洋教育思想史』玉川大学出版部，1974。
- 岩田朝一『ロックの教育思想』学苑社，1983。
- 岩本俊郎・福田誠治編『原典・西洋近代教育思想史』文化書房博文社，1989。
- 大津富一『西洋教育史概説（再版）』柳原書店，1966。
- コメニュウス，鈴木秀勇訳『〈世界教育学選集24〉大教授学1』明治図書出版，1962。
- コメニュウス，鈴木秀勇訳『〈世界教育学選集25〉大教授学2』明治図書出版，1962。
- 沼田裕之『ルソーの人間観――『エミール』での人間と市民の対話』風間書房，1980。
- 東岸克好・水野浩志『西洋教育史（12版）』玉川大学通信教育部，1968。
- 東岸克好他『〈玉川大学教職専門シリーズ〉西洋教育史』玉川大学出版部，1986。
- マンデヴィル，浜田陽太郎訳「慈善および慈善学校について」『〈世界教育学選集38〉教育論』明治図書出版，1966。
- 三井善止他『西洋教育史（13版）』玉川大学通信教育部，2003。
- 村井実『教育思想――発生とその展開 上』東洋館出版社，1993。
- モンテーニュ，宮下志朗訳『エセー』（1〜3）白水社，2005-2008。
- 山崎英則編著『〈シリーズ 現代の教職3〉西洋の教育の歴史』ミネルヴァ書房，2010。
- ルソー，押村襄他訳『〈西洋の教育思想4〉エミール――全訳』玉川大学出版部，1982。
- ロック，服部知文訳『教育に関する考察』岩波文庫，1968。

学習を進めるにあたっての参考図書
- 北詰裕子『コメニウスの世界観と教育思想――17世紀における事物・言葉・書物』勁草書房，2015。
- 仲正昌樹『今こそルソーを読み直す』NHK出版，2010。
- 西研『ルソー エミール――自分のために生き，みんなのために生きる』NHK出版，2017。

第4章 新人文主義の教育

　知識の集積に重点を置いた啓蒙主義教育を克服しようとしたのが，新人文主義の教育であった。啓蒙主義の主知主義的傾向に対する反動として現れた運動である。そもそもルネンサンス期の人文主義は，ギリシャ，ローマ，ヘブライの古典的教養を重視する思想であった。人文主義の時代には，これらの古典的教養を復興することが目指された。これに対して，新人文主義は，古典的教養を，自らの歴史的文化的脈絡のなかでとらえ，国民性を反映させる形で見直したところに特徴がある。この教育の根底にある思想は，人間独自の性質を認めようとし，人間諸力の調和的発展を重視するものであった。古典を手段としながらも，過去にとらわれず，時代の文化の展開に目を向け，啓蒙主義教育の長所を生かし，短所を補おうとしたのである。そもそも新人文主義は，ドイツの固有の精神運動であった。そこでは人間の自己形成や哲学的思考が重要視された。また教育制度としては，ドイツの中等教育・ギムナジウム教育と大学などの高等教育の基礎が築かれた。

　本章では，新人文主義教育の代表者としてカント，ペスタロッチー，フレーベルを取りあげる。ここでは取りあげないが，芸術家として名高いゲーテやシラーももちろん新人文主義者である。

キーワード
古典　人間性　学校教育　幼稚園

第1節　カントの教育思想

1．カントの略歴

　カント（Immanuel Kant, 1724-1804）は，1724年，東プロイセンの首都ケーニヒスベルクで，馬具職人の子として誕生した。両親はルター派の敬虔主義の立場をとっていた。1732年にはラテン語学校であるフリードリヒ校に進み，1740年にケーニヒスベルク大学に入学した。しかし1746年，父の死により大学を去ることを余儀なくされた。卒業後の7年間は家庭教師として生活した。

　1755年に自然科学の学位論文を提出。その冬学期よりケーニヒスベルク大学の私講師となった。1770年になってケーニヒスベルク大学より哲学教授としての招聘があり，これに応じた。彼は厳格な生活を送り，町の人々は彼の散

歩をする姿を見て時刻を知ったといわれる。また彼の時間どおりの生活を唯一狂わせたのが，ルソーの『エミール』に読みふけっていたときだったという逸話もある。

　哲学的主著の一つ，『純粋理性批判』（1781）は，大学教員としての生活を送りながら完成したものである。カントは，ケーニヒスベルク大学で教育学の講座も担当した。また同大学では，大学総長まで務めた。引退してから晩年には，老衰による身体衰弱，および認知症が進行した。1804年に逝去。後に大学葬も行われた。彼は生涯ほとんどケーニヒスベルクから外へ出なかったといわれる。

カント

2．学問的教養

　カントにとって教育学は格別の研究領域というわけではなかったが，決して未知のものでもなかった。というのは，7年間の家庭教師時代の経験があったからである。特に彼は熱心にバゼドウの企てに関心を示し，1774年には『共同体に訴える』という呼びかけの書をしたため，そのなかでデッサウの博愛主義者の支持を促した。バゼドウの協力者，ヴォルケやカンペにもカントは拍手を惜しまなかった。

　啓蒙主義教育の主唱者たちは学問的教養の養成に取り組んだわけではなかった。学問的教養の養成において，カントは彼らよりもはるかに優れていた。実際，啓蒙主義教育が古典的学問の研究を拒否している一方，カントは論理学の講義において古典的学問に着目した。

　カントに従えば，文献学を構成する一部は「古典的学問」（Humaniora）であり，この古典的学問で，人は古代の知識を理解する。そしてこの古代の知識とは，学問と趣味の調和を促進し，不作法をなめらかにし，人間性に基づく交流と洗練を促すものである。

　またカントは厳格な数学的研究を評価し，数学的法則を教育のなかに取り入れることの利点について気づいていた。それは感受性のある頭脳に精神的驚きを覚醒するからである。そしてそれはすでにプラトンが『メノン』のなかで，またアリストテレスが『形而上学』のなかで目に留めていたものであった。

3．「哲学すること」の学び

　1765年から1766年冬セメスターで，彼は聴衆に向けて次のことを求めている。人は哲学を知識として学ぶべきなのではなく，考えることを学ぶべきである。学校教育を終えた青年は，確かに学ぶことに慣れているかもしれない。しかし今度は自立して考え，哲学しなければならない。つまり哲学すること＝思想をもつべきなのである，と。

　哲学を学ぶためには，まずは一番最初に一つの哲学が基礎になければならない。それは「探究すること」とも言い換えられる。しかし，哲学の歴史を振り返らなければ，哲学は，独断的なものとなってしまい，固定的なものとなり，実際に「探究すること」からかけ離れたものとなってしまう。

　アリストテレスが「探究すること」をソクラテス的方法と呼んだように，それは，カントのはるか以前から知られていた問題であった。カントが望んだものは，アリストテレスの時代に，すでに対話として行われていたのである。しかしその対話は，徹底的な学習のための，いわば序論にすぎないものであった。カントはこの古代からの問題に触発されて，彼の『純粋理性批判』を発表するに至ったことはよく知られている。批判的精神をもつこと，つまり「自己吟味」することの重要さを主張し，人は，哲学の歴史的理解を通じて，啓蒙時代の先入観を抜け出て，「探究すること」，つまり「哲学することを学ぶ」ようにならなければならない。

4．教育目的

　カントが教育学の講義を担当したのは，当時の国務大臣，ツェドリッツによるところが大きい。というのは，ツェドリッツは大学に教育学を導入しようと企て，1774年にケーニヒスベルクで教育学の講義を実施するよう通達，指示したからである。カントは，ケーニヒスベルク大学で教育学の講座を4回担当した。カントの教育論は，『教育学について』(1803)に最も詳しく述べられている。これは，講義録を弟子のリンク（Friedrich Theodor Rink, 1770-1811）がまとめたものである。

　カントは『教育学について』のなかで，「人間は教育されなければならない唯一の被造物」であるとし，動物が本能によって自己の力を展開するのに対して，人間は他者の助けを必要とする存在であることを明確にしている。彼はさらに「人間は教育によってのみ人間となる」とし，生物学的な意味での人間が，

真の精神的な意味での人間に展開していくためには，教育が必要であることを強調している。しかも教育の目的は「自然の素質を調和的に発展させ……人間に自己の使命を果させることにある」とし，人間性の完成を目指した。

しかしカントによれば，教育の目的としての人間性の完成には，一つの限界がある。なぜなら，教育というのは一つの世代ではなくて，長い世代において徐々に達せられるべき技術だからである。完成した教育技術というものは，一つの理念・理想である。

ちなみにカントは，人間の素質のなかに，悪があるとは考えていない。彼は「人間にはただ善へ向かう萌芽のみが存在する」としている。しかしこの萌芽を花開かせるのは容易ではない。なぜなら，この萌芽を花開かせるためには，規則や決まり，法への強制の面と，自由の発揮の面と，その両方を結びつけることが重要な課題だからである。カントに従えば，第1に，人間が自由を駆使するためにも，教育者はまずは人間に強制を加えること，そのことを教育される側に悟らせなければならない。第2に，教育される側も，自分の目的を達成しようとする場合，他者の自由を妨げてはならず，したがって他者の目的を妨げないときにだけ自分の目的が達成できることを，理解しなければならない。この二つの考え方に基づき，カントは教育を「自然的教育」（physische Erziehung）と「実践的教育」（praktische Erziehung）に分けた。

「自然的教育」は強制的性格を有し，子どもはその限り，その強制を受け入れなければならない。これに対して「実践的教育」は子どもの自発性を発揮させる。しかしその自発性も，他者の自由を妨げるもであってはならない。

5．教育の区分

さらにカントは，教育という働きを「養護」（Wartung）・「訓練」（Disziplin）・「教授ならびに陶冶」（Unterweisung nebst der Bildung）に三分割した。カントの言う，「養護」を行う者は主として父母であり，教育者は父母に対して忠告することが求められる。「訓練」は，粗野な動物的力を拘束して，法則の強制を子どもに感じさせることである。しかし訓練は決して子どもを奴隷のように扱うことではない。

カントは三分割した最後の「教授ならびに陶冶」を，さらに「教化」（Kultivieren）・「世間化」（Zivilisieren）・「道徳化」（Moralisieren）に整理した。「教化」は心身の諸能力を鍛錬し，一定の熟練に導くことである。「世間化」は社会的生活に必要な，外部的習俗に慣れさせることである。「道徳化」が人間の

道徳心を涵養するものであることは言うまでもない。これらは，技術的，実践的，道徳的という区別に基礎を置くもので，カントの他の著作のなかでも繰り返されている。

こうした複雑な教育の区分のなかで，カントは，「道徳化」こそ教育最大の課題であるとした。道徳化は，積極的に自己の格率に従って行動する道徳的性格の育成を目指す。

自らの行動基準である格率に従って行為するよう教育するのは，教育の段階としては最後にくるものである。基本的には教育は，他者から迫られて服従する「絶対服従」に始まり，自由の服従へと進んでいくことになる。人間が理性的存在であるということを前提とする限り，道徳教育には罰は必要ない。理性的存在には，道徳的性格としての誠実さがあるからである。それが罰を不要にするのである。また道徳的性格を育むためには，他者との親交が要となる。道徳教育の方法は，「例示」と「教え」である。例示は機会あるごとに子どもに与えられるべきものであり，教えは，道徳の問答形式で義務の理解を引き起こすものである。

6．宗教教育

啓蒙主義者たちは宗教教育を，合理的なものとして取り扱おうとした。彼らは信仰に基礎を置く宗教の代わりに，知性としてとらえられる宗教という考えを提案した。カントは，知性では神の存在を証明することができないとして，この啓蒙主義者の考えを否定した。

> 単に神学に基礎づけられた宗教は決して何かある道徳的なものを含むことはできない。宗教は我々の中にある法則である。そしてその法則は，我々を越えた立法者や審判者によって強さを手に入れる限りのものである。

しかしこの「立法者」は，カントに従えば，ただ我々の思考の対象に過ぎない。「立法者」（神）は，思考しなくても，存在するものである。この意味から，カントは宗教教育について多くを語っていないのである。

7．自由と強制の矛盾

ちなみにカントの語る「我々の中にある法則」を，教育上の規範と同一視することはできない。なぜなら教育によって達成される規範というものがあると

すれば，外的合法則性を通じて獲得されるものだからである。カントの見解に従えば，この外的合法則性は，「他律的なもの」，すなわち押しつけられたものであって，「自律」，自己立法，主体を破壊し得るものである。カントが教育学講義のなかで注目した問題がある。

> 教育の最大の問題の1つは，法則的強制のもとへの服従が，その自由を利用する能力といかにして調和しうるかということである。というのは強制は必要であるからである。私は強制のもとで自由をいかに教化するか。私は子どもに対して，彼の自由の強制を耐えさせることに慣れさせるべきであり，また同時に彼を，彼の自由を豊かに用いるように統率するのに慣れさせるべきである。

カントが「合法性」，すなわち法則のために法則に従うこと，また「道徳性」，つまり自己の立てる法則の遵守を取り扱った際の矛盾のもとでは，従順が自由な義務実行へ移行することは不可能である。加えてカントの心理学は本来的には主体の自由に関して，他者側からのどんな働きかけも受け付けない。カントに従えば，他者側からの働きかけは，経験の領域にあり，しかし自由は「超越的」である。すなわちそれは，あらゆる経験に先立ち，因果性の到達し得ない「知的性格」に属している。

このカントの見解に対して，ヘルバルトはすでに『世界の美的表現について』で，最も鋭く反論していた。この著書に従えば，ヘルバルトはカントの見解によってすべての教育が不可能になる，とみている。ヘルバルトは，教育の課題を真面目に検討する場合，この理論はすでに成立時に崩壊している，と主張している。そして彼は他者を自由へと教育する教師は「1つの純粋な夢」だと説明している。その夢は，「心理学については1つの妄想として，道徳については1つの誤解として，形而上学については1つの絶対的な不可能として説明されなければならない」のである。

もちろんカントの自由論に対するヘルバルトの主張が訂正されねばならないとしても，彼の批判の視点は無視することはできない。あのカントの教えは法則，義務，善の概念を主体化するものであり，道徳的陶冶のための指示を与えることができないものである。例えば，『実践理性批判』の関連した箇所で道徳的陶冶について語られる箇所は核心をついていない。加えるに，カントが「定言命法」の発見者として賞賛される，すなわち条件的，仮言的命法に対す

第4章　新人文主義の教育

る道徳性の無条件的命法の発見者として評価されるとしても、すでにこの区別は古代の、そしてキリスト教のモラルに属するものだという見方もできるのである。

8．カントの評価

　カントは哲学界では誠に著名である。イギリス経験論と大陸観念論を批判し、啓蒙哲学を乗り越え、近代哲学の礎を築いた功績は誠に大きい。他方、近代教育学に対しても非常に大きな貢献を残した。カントの教育論で特徴的なのは、人間存在を動物とは区別してとらえ、人間を手段としてではなく、目的として取り扱うべきだという考えが根底にあることである。カントの教育論は人権教育の在り方をも示唆するものである。これと関連して、カントが教育の成果としての人間性の展開に多大なる期待を抱いていたことは忘れるべきではない。特に人間諸力の調和的発展に着目したことは彼の慧眼であった。

　確かにカントの教育学は、道徳はいかにして教えられるかという、今日でも議論される根本の問いを投げかけている。またそれと同時にカントの教育学は、彼自身が必ずしも強く意識したとまではいえないであろうが、学としての教育学の構築へ向けて、あとに続く思想家たちの意識を目ざました、ともいえよう。

　カントの著作の代表としては、哲学書として『純粋理性批判』（1787）・『実践理性批判』（1788）・『判断力批判』（1790）が三批判書として有名であるが、教育的には、『人間学』（1798）も参考になる。

第2節　ペスタロッチーの教育思想とその実践

1．ペスタロッチーの略歴

　ペスタロッチー（Johann Heinrich Pestalozzi, 1746-1827）は、チューリヒの外科医兼眼科医を父として生まれたが、5歳の時父を失い、母と忠実な家政婦のもとで育った。コレギウム・カロリヌムに学び、ボードマーやブライティンガーの影響を強く受けた。この両教授はギリシャ的理想主義を唱えていた。ペスタロッチーもこれに深く共感し、通称、愛国者団、ゲルヴェ・スイス協会の一員となった。

　ペスタロッチーは、妻アンナとともに、自ら「ノイホーフ」と名づけた土地で、農場経営を試みた。1774年には、貧民のための教育を志し、貧児を集め、

学習と労働を一体化した貧民労作学校を設立した。しかし1780年, 貧民学校は閉鎖のやむなきに至った。

この失意のなか, 彼の最初期の著作『隠者の夕暮』が書かれ, 長編小説『リーンハルトとゲルトルート』第1部も執筆された。後者は全ヨーロッパに大きな反響を巻き起こした。

フランス革命の余波はスイスにも及んだ。特にシュタンツ地区では抵抗運動が激しく, これを沈静化させるため, フランス軍が介入し, 悲惨な事件が起こった。そこへペスタロッチーは赴き, 孤児院を開き, 孤児の救済と教育を行った。しかし約半年後に再びフランス軍がシュタンツに駐屯し, 孤児院を軍の施設として利用するため, 孤児院は閉鎖するに至った。

ペスタロッチー

病気療養の後, ペスタロッチーはブルクドルフの町から教育を託され, 54歳となってから初めて公立小学校の教師となった。その後, 彼は, ブルクドルフ城で私立学校を開いた。彼の名はヨーロッパ中に知られることとなり, 参観者も多数訪れることになった。しかし, ここでも教育活動は長く続かなった。彼はミュンヘンブフゼーを経て, イヴェルドン城に移り, そこでまた私立学校を開くことになった。フレーベルが見学するため訪問・滞在するなど, 彼の学園は新しい教育のメッカとなった。しかしそこで, 弟子であるニーデラーとシュミットとの間で深刻な対立が起こり, 学園は崩壊の危機に陥った。さらにペスタロッチーも年齢を重ねたことから, イヴェルドンから手を引くことになった。彼はノイホーフに帰り, 不本意のまま, ブルックの病院で息を引き取った。81歳であった。

2. 教育の目的

ペスタロッチーは, 貧者の教育に生涯その全熱情を傾けた。彼が比較的裕福な生徒たちの教育施設を運営しているときでさえ, 片時も貧者のことを忘れることはなかった。彼が社会における下位階層にあたる人間の教育に多大な関心を示していたことは, さまざまな記録から明らかである。彼は, そうした貧者に対して, 物質的な援助ももちろん惜しまなかった。しかし彼の教育論は, 単

に経済的な豊かさを目指すための特殊な教育論ではなかった。彼の教育論は，すべての階層に妥当する人間教育にその基礎を置いていたのである。生物としての人間の内に潜む人間らしさ，「人間性」を花開かせることこそ，彼の教育目的であった。人間教育への理論，それは決して観念的なものではなく，創造的，個性的な人間へと発展させるための，実践活動と不可分に結びついた理論であった。

　ペスタロッチーに従えば，人間諸力の働きは，知的・認識的働き，情緒的・心情的働き，技術・身体的な働きに分けることができる。しかしそれらは，あくまでも便宜的な区別，視点でしかない。人間の生きる働き，生活活動はそもそも総合的なものである。人間諸力を結集・統一して生き抜くことこそ，人間生活の実態である。そして生活活動は，静的・固定的なものというよりは，生活する場面に応じてさまざまに変化するダイナミックなものだと理解される。

3．人間の発展段階

　このように，人間の生活は諸力を統一することで展開する。そしてこの展開は，教育的には質的・段階的により高い生き方に向かって高められる。『人類の発展における自然の歩みについてのわが探究』(1797) を基礎として考察すると，人間は，快・不快に基づく本能的生き方から，主観的価値に基づく生き方へ，そしてさらにそこから客観的価値に基づく生き方へ高められる。この快・不快に基づく生き方をペスタロッチーは「自然状態」(Naturstand) と名づけ，主観的価値に基づく生き方を「社会的状態」(der gesellschaftliche Zustand) と表現し，さらに客観的価値に基づく生き方を「道徳的状態」(der sittliche Zustand) と言い表した。単純にいえば，この三つの段階が人間の発展段階であり，道徳的状態へ向かって高まっていく過程が人間形成の歩みである。

　しかし他方では，この三つの状態は同じ人間のなかに三つの自己として同時に存在し得るものだとも言える。確かに乳児の生き方は，「自然状態」の生き方に該当し，乳児のなかに客観的価値判断をする自己があるとは考えられない。しかしある程度の発展段階を経た人間には，この三つの自己が働く。すなわち同一の人間において，快・不快を判断基準とする自分，同時に主観的価値判断をする自分，さらに客観的価値判断をする自分も同時に存在する，ということになる。人間生活は層をなして展開されるのである。

　人間の発展の原則は二つに分けられる。一つは，低次の自己が基礎となってより高次の段階に高めることができる，ということである。二つ目は，より高

い次元の自己が現れたときには,より低い自己を統制していく,ということになる。そしてより高次の自己が次第に支配的になっていくことが,望ましい人間生活の方向であり,教育の目的となる。

しかしこの発展は直線的かつ単純に達成されるわけではない。確かに「自然状態」の生き方から「社会的状態」の生き方への移行は比較的容易に達成される。なぜなら,「自然状態」と「社会的状態」は,自己中心的であるという点では共通であり,ただ「自然状態」における生き方に,時間的志向が加わると,それが「社会的状態」への移行となるにすぎないからである。

これに対して「社会的状態」から「道徳的状態」への移行には,一つの飛躍がある。その移行のためには,以前の自己を正面から否定する自己省察が前提となるからである。そしてこの飛躍のことを,ペスタロッチーは『人類の発展における自然の歩みについてのわが探究』の中で「死の飛躍」(salto mortale)と名づけたのである。

4．人間教育の内容

ペスタロッチーは『シュタンツ便り』(1799)を執筆した頃から,自らの開発した教育論に「メトーデ」(Methode),また少し遅れて「基礎陶冶の理念」(Idee der Elementarbildung)という名称を与えた。しかしそれは,決して単なる方法論ではなく,人間教育の目的・内容・方法を示した総括的,かつ具体的なテーマであった。人間教育は,知育ばかりではなく,徳育,体育などのバランスのうえに成り立つ教育である。知育偏重も,徳育偏重も,体育偏重も望ましいことでないことは言うまでもない。

確かに,知的・認識的力の形成をペスタロッチーは軽視しているわけではない。むしろ彼は,知的・認識的力を育む教授法を誰よりも熱心に確立しようとしたともいえる。しかし知的・認識的力の育成も,情緒的・心情的力の形成を基盤として展開されるものである。そして身体的力の育成も,情緒的・心情的力の形成が基盤になる。ちなみに彼は,大きな意味での精神(知的・認識的力および情緒的・心情的力)に身体は従属すべきであるという立場をとり,身体的力の形成は,より高次の精神に導かれなければ,道を誤るものだと判断した。

これについて,ペスタロッチーは,頭(Kopf)と胸・心(Herz)と手(Hand)という言葉を使って,全人的人間形成のことを語っている。ちなみに頭と胸・心と手という表現は,英語ではHead, Heart, Handということになる。一般に,ペスタロッチーの教育論を「3Hの教育」と表現することがあるのは,こ

のためであり，彼が人間の全人的陶冶をこの三つの力の形成という視点から主張していたからである。

しかしながら，彼はこのために人間の素質的なもの，あるいは個性を軽視していたわけではない。三つの力の具体的展開は個々人に応じて異なっており，最終的には，個人の「立場」(Stand)・「境遇」(Lage)にふさわしい力を身につけることこそ，人間教育が目指すべき方向である。

教育課程を通じて，人間は，一つひとつの課題を解決し，完成，完全性への意識を身につけていく。人間自身完璧であることはあり得ないのだから，人間は絶えず向上するよう努力する必要がある。それを支援することこそ，教育の役割だとペスタロッチーは主張するのである。彼が自らの教育観を「自助への援助」(Hilfe zur Selbsthilfe)という言葉で表明したのは，こうした理由があるからである。

5．労作と直観

少なくとも，教育が意図的である限り，計画的な教育内容の構造化が必要である。知的教育，心情的教育，身体的教育が何の関連もなく行われるとしたら，人間教育，基礎陶冶の理念もまた実現は難しいものとなるであろう。特に知的教育に関して言えば，知識の量的拡張が問題とされることが多いのであるが，量的拡張を通して質的深化が目指されなければならない。ペスタロッチーはこのことについて，「生活の要求」あるいは「生活の必要性」などと述べている。そうした人間の自己活動性，より分かりやすく言えば，自ら学ぼうとする姿勢が，その人間の生き方をいっそう深いものにしていくのである。彼が晩年の『白鳥の歌』(1825)において，「生活が陶冶する」(Das Leben bildet)と語ったのも，求めようとする学習者の姿勢があってこそ，その人間にとって得るもの，学習の成果が大きくなることを主張したからである。この意味で，彼は全我活動としての労作教育に深い関心を示した。手による労作は，精神活動をも働かせることによって，精神をより深めさせる契機となることができる。そしてこの労作の中心に，「直観」(Anschauung)という働きがある。直観は，生活の要求に基づく，事柄の直接的な把握である。

ペスタロッチーは，カントの思想を一歩推し進め，直観という働きを能動的なものだととらえた。外的直観は感覚的に実在するものをとらえる働きである。これに対して，内的直観は，外的感覚ではとらえられないものを把握する働きである。

6．家庭教育と学校教育

人間の生活の場は，まず第1に家庭である。そしてそこから子どもの行動の範囲に応じて拡大されていく。ペスタロッチーは，家庭から職場へ，職場から郷土社会へといった，いわゆる生活圏の図式を考えている。

家庭教育においては，親心（Vatersinn）と子心（Kindersinn）の関係がきわめて重要である。親子関係の心の交流は，人間らしい感情を発展させる。最初は本能的な働きが，家庭生活を通して精神的な働きへと展開していくのである。そしてこのことは人間の発展と深い関わりがある。人間が我欲にとらわれずに，より高い段階へと自己を高めるためには，他者実現的な人間との出会いが重要であり，これこそ家庭教育の要であるからである。『ゲルトルート教育法』では，「愛と信頼，感謝と従順」という徳目が語られ，家庭における家族間の信頼関係がやがて神への信仰へつながっていく，とペスタロッチーは考えていた。

そして彼は，家庭教育を基礎に学校教育というものを構想していた。家庭教育が植物の根であるとすると，学校教育は幹や枝葉に相当する。家庭教育が揺るぎないものとならなければ，学校教育の成果もさほど期待できないものとなる，とペスタロッチーは認識していた。しかし家庭教育では，学校教育の機能をすっかり肩代わりすることはできない。彼が学校固有の価値を認識していたことは言うまでもない。学校は，家庭で培われた生活様式を一般化し，普遍化し，客観化し，家庭生活に還元していく役割を果たすのである。

7．ペスタロッチーの評価

ペスタロッチーの時代は，ちょうど学校教育と家庭教育とが二つの大きな潮流であった。おおよそ彼自身の著作を年代ごとにたどると，初期には家庭教育重視の姿勢が明瞭になっているが，次第に，家庭教育では実現できない，学校教育独自の意義を認めるようになっていった経緯を読み取ることができる。彼が「国民学校の父」といわれるのは，まずは初等教育段階の学校の創設・発展に尽力し，さらには学校固有の価値を認識し，理論化していったからである。

ペスタロッチーの教育史上での影響は測りがたい。彼は体系的な教育理論家ではなかった。ゆえに，彼の名を冠する学派はない。しかし彼の心情を核とする教育実践・その理論化は教育学の分野のきわめて広範囲にわたって影響している。いわゆるペスタロッチー主義者たちを多数輩出したのである。また新教育の諸運動，直観教育・労作教育・生活教育・郷土教育・共同体学校などの主

張は，その根源をペスタロッチーにたどっていくことができる。

ペスタロッチーの著書は非常に豊富であり，先に挙げたものの他に『クリストフとエルゼ』『スイス週報』などがある。

第3節　フレーベルの教育思想とその実践

1．フレーベルの略歴

フレーベル（Friedrich Wilhelm August Fröbel，1782-1852）は，生まれて1年経たずして母親に先立たれた。幼児期は不幸であったとも言えるが，これが彼を自然に近づけるきっかけを与えることにもなった。父の要望もあって彼はいったん職に就いたが，兄への送金の使いをきっかけにイエナ大学に入学した。在学中，学生食堂へのつけが払えず，大学裁判にかけられ，拘留，そして2年で退学した。この拘留の間，ヴィンケルマンの芸術に接し，ラテン語もマスターしたといわれている。退学後，森林局に勤めたが，その間にも哲学，特にシェリングとブルーノの著書に感化されたといわれる。

フレーベル

1805年には，フランクフルトの模範学校長のグルーナーと出会い初めて教師となった。この校長がペスタロッチーの教育思想に感銘していたこともあり，フレーベルも校長の許しを得て，1808年，イヴェルドンのペスタロッチーのもとを訪れた。1811年にも再びフレーベルはイヴェルドンに行き，2年間ペスタロッチーの教育思想ならびに実践に触れることになった。この後，フレーベルはゲッティンゲン大学，さらにベルリン大学で学んだ。

1813年，プロイセンはフランス軍からの解放を目指して反旗を翻し，フレーベルは他の多くの学生とともに銃をとって戦いに挑んだ。1814年には，ベルリン大学の鉱物博物館の助手となり，鉱物の研究から，彼は動かぬ鉱物でさえも唯一の法則によって支配されているということを感じ取った。

1816年にフレーベルはグリースハイムで学校を開設した。彼の長兄の遺児3人を託されたことがきっかけであった。翌年，この学舎はカイルハウへ移転，

ここでフレーベルは自らの学舎を「一般ドイツ学園」と命名した。1831年には,ヴァルテンゼーで男子の学校を創設したが,1836年を機に幼児教育に集中することになり,1840年にはバード・ブランケンブルクに「一般ドイツ幼稚園」を設立した。しかし時の政府により,幼稚園の設立は禁止されるに至った。甥のカール・フレーベルが社会主義運動家であり,その甥とフレーベルが同一視されたからである。幼稚園禁止令が解かれない中で,フレーベルは失意のまま,1852年,その生涯を終えた。

2．万有在神論

フレーベルの教育思想の背景にはどのような世界観があったのであろうか。自然界と人間界は確かに個々の世界としてまとまった世界である。しかし自然界も人間界も,すなわち万物というものは大きな全体として調和的に統一されている。そしてその調和をもたらすもの,これこそ,フレーベルによれば神と呼ばれる存在であった。神は万物を無限に発展させる創造力をもつ。神は根源的生命力自身なのである。そして万物が神の創造物である以上,万物は「神性」という性質を帯びることになる。フレーベルは,『人の教育』(1826)のなかで「万物のうちに動いている神性こそ,すべての事物の本質である」と語っている。神性の主なものは自己活動性と創造性であった。

しかも人間は他の被造物と違い,知的かつ理性的存在であることから,自分の神性,つまり神や,人間の本質と職分について十分な自覚と知識,見解を得て,自由な存在として生活のなかで自己を実現させなければならない。そしてこうした「神性を純粋に完全に表現させるように刺激し指導すること,およびその表現の方法と手段を人に指示すること」こそ,人間の教育であった。フレーベルは教育の目的を,「天職に忠実な,純粋無垢な,したがって神聖な生活をよく実現することにある」としている。フレーベルの立場は,神と自然の境界を取り払う汎神論ではなく,神が内在すると同時に,神の超越を主張する「万有在神論」(Panentheismus) と見なされる。フレーベルがクラウゼ(Karl Christian Friedrich Krause, 1781-1832)から大きな影響を受けているといわれるのも,フレーベルが万有在神論の立場をとっているからである。

3．性善説・追随的教育,要求的教育

人間には神性が宿っているという立場から,フレーベルは『人の教育』のなかで「人間の本質は基本的に善である」と見なしている。教育という行いは人

間を善に向かわせるというよりは，むしろもとからある善なるものを開花させ，逸脱しないように見守る働きである。この限り，教育は受動的傾向を帯びることになる。「教育と教授は根源的に，その第一の特徴として，必然的に受動的，追随的であって，命令的，要求的であってはならない」というフレーベルの発言はまさにこのことを示している。

しかし乳幼児期には追随的であるものの，青年期までそれが継続されるというわけではない。教育の初期は「追随的」(nachgehend)であるが，後から「要求的」(fordernd)な教育が加わってくる。要求的な教育の場合，子どもは，教育者が求めるものを必然的であると認識していなければならない。こうした教育関係は，情操的に子どもが教育者の要求を受け入れるときにのみ成立する。

この意味でフレーベルは，人間のすべての発達段階における，強制的な教育の在り方を否定する。教育者の課題は，「永遠の法則」に基礎づけられているべきであり，恣意は排除されなければならない。教育は放任でも強制でもなく，内なる永遠の法則によってその在り方が措定されるべきなのである。

そしてこの永遠の法則に従うこととは，神性の内容である子どもの活動衝動や創造活動を正しく導き，発展させることである。この活動衝動は，人間が自己を表現するということにおいて発現する。しかも人間は表現活動においてのみ自己を正しく認識することができるのである。内から外へ，そして外から内へという活動の循環のなかでこそ，人間は自己を正しく知ることができる。しかもそれは，自分自身を知るだけではなく，創造的精神である神の永遠の法則の認識に至ることになる。

4．遊び

人間は労作を通して神の創造を直観することができる。この労作の基礎的段階としてフレーベルは「遊び」(Spiel)の意義を強調している。「遊ぶことと，語ることは……子どもの生活の要素」であり，子どもにとって生活の最高の事柄なのである。フレーベルは母親や父親に対して，遊びを促すことを奨励している。

しかもフレーベルは「すべての善」は遊びから発現すると考える。遊ぶことに心底没頭する幼児は，自己中心的な考えを促進するのではなく，むしろ他人の幸福を願い，自己犠牲をも厭わない人間となることができる。遊びの意義は個々の力を発展させることにあるだけではない。遊びは全人の表現であり，生産的力の表れとして，人格の発展手段となる。

5．恩物

　先にも述べたように，人間教育にとって重要なのは，内面を外面化し，外面を内面化するという課題である。だが，幼児期においては内面を外面化することが大きな課題となる。その課題達成のため，幼児の内面を外面化する教育的遊具としてフレーベルが開発したものが「恩物」(Gabe) である。「恩物」は，幼稚園の設立に先立って考案された。それは，毬の形をした第1恩物から出発する。それは「球の法則」を予感させるものである。続く第2恩物として木製の球と円柱と立方体が考案された。こうして第6恩物へと続く。

　しかし恩物を正確に活用すること，それは教育の専門家ではない母親や父親が行うには限界がある。それゆえに幼稚園教育が必要になる。フレーベルが自ら幼稚園教育に生涯を捧げた理由の一つがここにある。

　乳幼児期の子どもの主たる活動は遊びである。フレーベルは，子どもの性向に一致するよう，遊戯（遊び）衝動を満足させようとした。彼はそのために，恩物の活用のきわめて組織だった体系を作り出した。この恩物の体系は，あらゆることが事細かに決められているようにみえる。このため，子どもの遊戯（遊び）衝動をすっかり満足させることは難しいのではないか，という疑いさえ感じさせる。しかし恩物が指し示す基本方向という点では，子どもの最大限の幸福を視野に入れたものである。例えば，フレーベルは，すべての恩物の練習のあとに，すぐに生活の中で応用することを求めている。彼が子どもの生活活動を促進するために恩物を考案したことは確かである。

6．幼稚園の設立

　フレーベルが創った幼稚園は，単に子どもを預かる施設ではない。それは，ドイツの家庭教育を再建するという偉大な理念を背負っていた。フレーベルは，すべての母親たちに教育の何たるかを知らせ，母性愛を目覚めさせることを望んだ。またドイツのすべての子どもの素質を開花させる園とする，ということが幼稚園の目的であり，そうであるからこそ，彼は自らの施設を「一般ドイツ幼稚園」と名づけたのである。そして「幼稚園」(Kindergarten) という言葉から推測されるように，フレーベルは，幼児の発達を植物の発育と重ね合わせながら考えていた。

　幼稚園は家庭から分離された教育施設ではない。また家庭教育の単なる補助機関ではない。幼稚園が正しく機能してこそ，家庭教育もまたよりいっそう深

化していくものなのである。

7．フレーベルの評価と影響

　幼稚園という施設を世界で初めて設立したこと，これが一般的な，フレーベルに対する評価であった。確かに，母親本来の使命を覚醒するための施設，幼児教育機関を創り出したという点で，フレーベルは，ペスタロッチーよりも相当な前進を試みたといえる。

　教育史的には，学校機関はヨーロッパ全般で，大学から発達し，下に向かって組織化されるようになった。中上流層家庭の子どものための教育機関という点で，フレーベルの幼稚園がどれだけ公教育の性格を帯びていたか，それは慎重に議論されるべきだろう。しかしフレーベルの活動が契機となって幼稚園から大学までの学校機関が組織化されるようになったことは確かである。

　フレーベルの活動は，すぐにフランスとイギリスでも認められ，同様の活動が実践された。ドイツでは彼の協力者以外に，彼の理念を希望に満ちて担った者には，ランゲ，マーレンホルツ男爵夫人，そしてゴルダマー，オーストリアではザイデルがいる。

　ただし，フレーベルの教育思想は，幼児教育だけに適用されるものではなくて，人間形成全体と関わっているという視点は見逃されやすい。実際に，彼の著作『人の教育』は，すでに完全な教育計画，教授計画を包含している。この計画は，理性的な「労作学校」の原理に従って構築されている。フレーベルは，手作業における生徒の精神的かつ身体的自己活動の問題すべてに広げられる限りの，労作学校の原理を展開している。創造すること，活動的に獲得すること，受け身に甘んじないこと，それは，フレーベルが我々に提案している教育，陶冶計画の基礎である。彼の改革は，生徒たちの高い自己活動性の強調，また「労作学校」「作業教授」「生産的学習」，認識のための「行為学校」というキーワードで語られているものである。

　フレーベルのロマン派的世界観についてはさまざまに議論・研究がなされている。しかし自然は制圧すべきものではなく，和する対象であり，したがって自然は人間にとって畏敬すべき，根源としては同一のものであるという主張は，東洋思想にも通ずるものであり，昨今の環境教育指向を新たに方向づける指針ともなり得るものだと理解される。

　フレーベルの著書として，『人の教育』以外には，『母の歌と愛撫の歌』などがある。

学習課題
1．カントの教育学の特徴を説明しなさい。
2．ペスタロッチーの提唱する教育の内容とその特徴をまとめなさい。
3．フレーベルの幼児教育思想の特徴とその歴史的意義を説明しなさい。

参考文献
・長田新『近世西洋教育史』岩波書店，1936。
・カント，I.，三井善止訳『〈西洋の教育思想5〉人間学・教育学』玉川大学出版部，1986。
・篠原助市『欧洲教育思想史　上・下（復刻版）』玉川大学出版部，1972。
・皇至道『西洋教育史』柳原書店，1952。
・フレーベル，小原國芳訳『〈フレーベル全集2〉人の教育』玉川大学出版部，1976。
・ブレットナー，F.，中森善治訳『西洋教育史――人間形成過程の歴史的研究』新光閣書店，1968。
・ペスタロッチ，J. H.，田尾一一訳『〈世界教育宝典　ペスタロッチ全集4〉リーンハルトとゲルトルート』玉川大学出版部，1964。
・ペスタロッチー，J. H.，前原寿・石橋哲成訳『〈西洋の教育思想6〉ゲルトルート教育法・シュタンツ便り』玉川大学出版部，1987。
・ペスタロッチー，J. H.，東岸克好・米山弘訳『〈西洋の教育思想7〉隠者の夕暮・白鳥の歌・基礎陶冶の理念』玉川大学出版部，1989。

・Roloff, E.M.（Hg.），*Lexikon der Pädagogik*, Herder: Freiburg, 1921.

学習を進めるにあたっての参考図書
・カント，I.，三井善止訳『〈西洋の教育思想5〉人間学・教育学』玉川大学出版部，1986。
・フレーベル，小原國芳訳『〈フレーベル全集2〉人の教育』玉川大学出版部，1976。
・ペスタロッチー，J. H.，前原寿・石橋哲成訳『〈西洋の教育思想6〉ゲルトルート教育法・シュタンツ便り』玉川大学出版部，1987。

第5章　産業革命と教育

　18世紀後半のイギリスに始まり，ヨーロッパ各国へと進展した産業革命は，政治や経済とも密接に関わり，政治史上では，フランス革命と同じ意義をもつとまでいわれている。産業革命は，一方において，生活の豊かさをもたらしたが，他方において，児童の労働問題や労働者の教育問題など，新たな問題を引き起こした。
　本章では，産業革命のもたらした児童の労働と教育の問題について，「世界の工場」と称された当時のイギリスの教育の現状とこれを打破するための具体的な取り組みを示すとともに，イギリスにおいて，当時の最大の紡績工場の経営者であり，性格形成学院の創設者として知られるオーウェンの教育思想と実践，さらには，彼の与えた影響について詳しくみていく。

キーワード
産業革命　スミス　助教法　オーウェン

第1節　児童の労働と教育

1．産業革命がもたらしたもの

　市民革命以降1760年代から1830年代にかけて，イギリスでは，順調に蓄積された資本と原料供給の市場としての植民地の獲得，そして農業革命によってもたらされた労働力の増加などを背景として，産業革命が進行した。織機・紡績機の改良や製鉄技術の向上をはじめとする技術革新は，あらゆる産業部門における工場制度を成立させ，単純な分業労働による大工場生産が行われるようになった。イギリスからヨーロッパ中へと拡大していく産業革命の過程において，工場の経営者となる独立自営農民やマニュファクチュア経営者などの産業資本家は，農業革命によって職を奪われた人々を労働者として積極的に雇い入れ，マニュファクチュア段階の熟練労働者たちを消滅・解体させていった。その結果，多くの人々が労働者として工場のある都会に集まり，彼らの生活は大きな変化を余儀なくされたのである。
　このことは，産業革命というものが単なる産業上の変革に留まらず，社会構造の変革でもあったということを示唆している。少数の産業資本家と多数の労

働者との利害は鋭く対立し，社会・経済・政治など，さまざまな分野で主導権をもつようになった産業資本家は，労働者に対して，いっそう過酷な条件——より幼い時期から，より多くの時間を，より低い賃金で働くこと——を強いるようになった。こうしたことから，この時代には，これまでにはなかった新たな教育問題が生み出されることになるのである。

2．スミスの予言

　資本主義経済学の父と称されるスミス（Adam Smith, 1723-1790）は，その代表作である『諸国民の富』（1776）のなかで，産業革命の進展が生み出すであろうさまざまな社会的矛盾について，きわめて的確な予言をしている（スミス，1969, pp.1125-1130）。スミスによれば，産業革命の進展にともない，「分業が進展するにつれ，労働によって生活する人々の圧倒的大部分，すなわち人民大衆の職業は，少数のごく単純な作業に，しばしば一つか二つの作業に，限定されるようになる」が，このことは，人民大衆の「知的，社会的および軍事的な徳」を破滅させるものであり，社会の秩序を乱す大きな要因になるとされる。

　それゆえに彼は，国家が人民大衆の子弟のための教育政策を積極的に推進すべきであると主張している。スミスによれば，「教育のもっとも基本的な部門，つまり読み書きと計算は，生涯のごく初期に身につけておくことができる」ものであるから，たとえ幼いうちから労働者となる人民大衆の子弟であっても，これらを修得するための時間的な余裕があるとされる。しかも，「公共社会は，ごく少額の経費で，人民のほとんど全部に，教育のこういうもっとも基本的な部門を修得する必要をうながし，またそれを奨励し，さらにそれを義務付けることさえできる」のである。そればかりか，「公共社会は，教区または地区ごとに一つの小さな学校を設立し，この修得を助成すること」や「少額の賞金や小さな優等バッジをあたえ，それによってこういう部門の修得を奨励すること」，さらには，「教育のもっとも基本的な諸部門について試験または検定をうけることを強制し，そうすることによってこれらの部門の修得の必要を人民大衆のほとんど全部に義務づけること」もできる。このような取り組みを進めることによって，労働者の子弟は，社会秩序を乱す熱狂や迷信にとらわれることもなくなり，反乱や扇動の背後にある利己的な不平を見抜き，国家の施策に無用な反抗を起こさないようになる。したがって，労働者の子弟のための教育は，国家によって，利益をもたらすものであるとスミスは主張するのである。

3．労働者の子弟のための教育への着目

このことは，これまで上層階級のためだけのものとしてとらえられていた教育が，下層階級のためのものとしてもとらえられるようになったということを意味している。つまり，一般の民衆に対する教育への意識は，スミスが労働者の子弟のための教育に着目したことによって，不要なものから不可欠なものとして認識されるようになったのである。そして，このような意識の変革が，産業革命が始まった当時には，全くみられなかった新たな法律や制度を生み出していくことになる。

その一つが，1802年に制定された「綿工場およびその他の工場に雇用される徒弟およびその他の者の健康と特性の保護を目的とする法律」である。この法律では，徒弟の労働時間は1日12時間以内（第4条）とされ，すべての徒弟が，少なくとも最初の4年間の間に，読み，書き，計算（あるいは年齢と能力に応じていずれか）を，工場内に特別に設けられた部屋で教育されるべきこと（第6条），さらには，毎日曜日に少なくとも1時間は，キリスト教の教義を教えられ，試験されること（第8条）などが規定されている。そして，この法律の制定を契機とし，イギリスでは，教育に対する国家の関与が進められ，国民的教育制度の形成，さらには中・高等教育制度の国民化へと向かうことになるのである。

4．労働者の子弟のための教育の実際

しかしながら，工場制度のもとで行われる労働者の子弟のための教育は，産業資本家の子弟のための教育とは，あくまでも異なる性質をもつものとしてとらえられていた。すなわち，労働者の子弟のための教育では，生産性を高めるための科学的な知識・技術を教えることは危険視され，その代わりに，勤労意欲を増進し，職場の規律を遵守するための道徳や宗教を教えることに重点が置かれたのである。つまり，労働者の子弟のための教育とは，従順で善良な労働者として工場で働くための教育に他ならなかったのである。

5．日曜学校の普及

そして，このような産業革命期の教育的要求に応えて，急速に普及していったのが，日曜学校である。その契機となる「日曜学校運動」を推進した人物がレイクス（Robert Raikes, 1735-1811）である。

レイクスは，もともと新聞社に勤務していたが，社会問題に強い関心をもっていたといわれている。彼は，貧しい労働者の子弟が非行に陥りがちな原因を教育の欠如によるものと考え，1780年，工業都市グロスターで日曜学校を開き，付近の工場で働く子どもたちの教育に自ら取り組んだ。その3年後には，日曜学校での経験を新聞に公表し，これが人々の注目を引くこととなったのである。

　その後，1785年には，大英帝国日曜学校普及協会（1803年，日曜学校連盟に改組）が成立し，日曜学校はその数を着実に増やしていった。その数は，1803年の時点で，16,828校（児童数1,549,000人）とされる。これは，当時の週日学校の児童数を凌ぐものであったといわれている。

　日曜学校の急速な普及の要因については，さまざまな見解があるが，長尾十三二はその著『西洋教育史』において，「慈善学校にあきたらぬ下層民衆の漠然とした教育への期待と，教会とくに非国教系教会の熱心な布教活動とが，この運動を支えたように思われる」と述べている。

6．助教法の考案

　さらに，教師が比較的優秀な子どもを抜擢し，その子どもに助手的な役割を担わせることによって，より多くの子どもたちの一斉授業を可能とする教授方法である「助教法」（モニトリアル・システム）もまた，産業革命期の教育的要求に応えるものとして，生み出されたものであるといえる。この助教法とは，助教を配置することによって集団を同一のレベルへと編成するように努め，個人と集団における相互の競争原理を導入することによって学習の効率化を図るとともに，集団を効率的に管理する方法である。これは，ベル（Andrew Bell，1753-1832）とランカスター（Joseph Lancaster，1778-1838）という2人の人物が，ほぼ同時期に考案したものとされている。

　ベルは，スコットランドの出身であり，国教会の従軍牧師となった人物である。その後，彼はインドに派遣され，孤児院長として教育活動を行うなかで，独自の助教法を考案したといわれている。その報告書となる「教育の一実験」（1797）を帰国後に出版するとともに，晩年まで，独自の助教法の宣伝活動に励んだ。

　ランカスターは，ロンドンの出身であり，補助教師としての経験を積み，私塾を開いた人物である。この塾が高い評判を得たことから，1801年には別の場所に移った。そこでは，数百人の子どもたちの教育を行う必要があったことから，独自の助教法を考案したといわれている。その成果と経験は『教育の改

革』（1803）にまとめられている。

7．助教法への期待と限界

　その後、ベルの助教法は、彼自身の宣伝の効果もあって、広くヨーロッパに普及し、やがてアメリカにまで、影響を与えるようになった。また、ランカスターの助教法も、「最大多数の最大幸福」という言葉で知られる功利主義哲学者のベンサム（Jeremy Bentham, 1748-1832）や、歴史家でもあり哲学者・経済学者でもあったミル（James Mill, 1773-1836）をはじめとする熱心な支持者の後援を得て急速に広まっていった。助教法は、労働者の子弟たちのための教育を――まさにスミスの予言どおりに――社会秩序の安定をもたらすためのものとしてとらえていた彼らに、これを実現するための安価な方策として受け止められた。そして、彼らは、助教法によって、より多くの労働者の子弟にキリスト教道徳を、より効率的に教育することができると期待したのである。

　助教法は確かに、多くの労働者の子弟を教育するという点では、適したものであったといえる。事実、ランカスターは、この方法によって、わずか1人の教師によって、極言すれば無限の子どもを一斉に教授することが可能であるとさえ述べている。しかしながら、この方法は、効率という言葉とは無縁ともいえるキリスト教道徳を教えるという点では、必ずしも適したものとはいえなかった。このことは、ベルの助教法が、ペスタロッチー主義の教授法の普及にともない、急速な衰退をみることからも明らかである。ここに、産業革命期の教育をこれまでとは異なる視点からとらえようとする試みがスタートすることになるのである。

第2節　オーウェンの教育思想と実践

1．産業革命期の教育をとらえる新たな視点

　産業革命の進展にともない、産業資本家と労働者との利害の対立がますます深刻化し、労働者の生活が急速に荒廃していくなかで、勤労意欲を増進し、職場の規律を遵守するための教育、言い換えれば、資本主義という体制へと労働者とその子弟を適応させることを目的とするこれまでの教育の在り方について、疑問を投げかける人々が現れてきた。彼らは、さまざまな分野で主導権をもつ産業資本家にとって都合よくつくられた政治や社会の在り方を鋭く批判し、労

働者が自らを啓発し高めるための学習の必要性を訴えるとともに，この主張の組織化と実践化に精力を注いだ。

このような人々に共通していたことは，労働者と彼らの子弟の学習の可能性を認め，公費によって，労働者と彼らの子弟にとって必要なすべての事柄を自由に学習することのできる環境を整備するべきであるという主張であった。そして，このような主張を先駆的に唱え，自ら労働者とその子弟の教育に尽力したのが，オーウェン（Robert Owen，1771-1858）である。

オーウェン

2．オーウェンの生涯

空想的社会主義者として著名なイギリスのオーウェンは，1771年に，北ウェールズのニュータウンで，馬具商の子として生まれた。私塾に学び，9歳から徒弟奉公に出て，16歳の時に紡績機の製造を始めたといわれている。その3年後には，マンチェスターで工場経営に乗り出し，華々しい成功を収めている。その後，科学，宗教，道徳などについて独学で学び教養を深め，グラスゴーのニューラナーク工場を経営していたデイルの娘であるカロラインと結婚し，この工場の経営にも携わることとなった。この工場は，彼の懸命な努力と才能によって，のちに「帝国内で最も人道的に運営された工場」と称されるほどであった。

こうしたなかで彼は，1813年以降，自らの経験に基づく四つの論文をそれぞれ発表し，これらを『新社会観』（1813-1816）にまとめ，刊行している。また，これと並行して彼は，独自の性格形成原理に基づく理想社会の実現を目指して，工場法制定運動に参加するとともに，1816年には，その実践の場となる「性格形成学院」を創設している。その後，オーウェンは，1824年にアメリカに渡り，生活と労働の共同体（ニュー・ハーモニー）の実現を目指すが，この試みは失敗に終わった。帰国後は，全労働組合協同組合の大同団結に尽力したが，この試みもまた失敗に終わっている。晩年は，新しい道徳世界の建設を訴えるために，文筆活動や講演活動に専念していたが，1858年に，講演の途中で倒れ，その生涯を終えた。

3．オーウェンの教育思想

オーウェンの教育思想の中核は，『新社会観』にも述べられている「いかなる社会にせよ，その成員が経験する悲惨または幸福の種類と程度とは，その社会を構成する個々人の中に形成された性格に依存する」というものである。彼は，「最も無知で惨めな性格から最も合理的で幸福な性格に至るまで，どんな性格でも形成することができる」という信念のもと，「国家を構成する個々の性格を形成することが，あらゆる国家の最高の関心事，従って第一の——そして最重要な——義務となる」と考えていた。彼にとって，「性格は個人のために形成されるものであり，個人によって形成されるものではない」（『社会変革と教育』）。つまり彼は，人間の性格というものを後天的な要因によって，形づくられるものとしてとらえたのである。ここに，教育という営みに対する彼の大きな期待が表されている。それゆえにオーウェンは，当時の労働者とその子弟の精神的・肉体的な荒廃の原因を，彼ら自身の問題としてではなく，彼らを取り巻く環境の問題としてとらえたのである。

このような主張の根拠を，彼は自らの経験の内に求めている。彼は，『新社会観』の「第2の論文」において，自分の経営する工場で働く労働者の性格が，環境を整備することよって，粗野で利己的なものから友愛と協同を喜ぶものへと変化していったことを実例として報告するとともに，快適な住宅の建設，老齢援助基金積み立て制度の確立，宗教特権の廃止，10歳以下の子どもたちの工場労働の禁止，学校の設置，散歩道の設置など，自ら行った環境整備の試みについて紹介している。

人類が幸福になるための社会，すなわち，「最大多数の最大幸福」が得られる社会を理想とするオーウェンにとって，労働者と産業資本家との利害は，決して相対するものではなかった。労働者とその子弟を教育し，彼らを友愛と協同の精神へと高めることによって，労働者と産業資本家がともに幸福となる社会をつくり上げることができる。性格形成学院は，このような彼の信念に基づき，理想社会の構築を実現するための教育の場として設立されたのである。

4．性格形成学院の計画と実践

オーウェンが，「人類の幸福のための最も重大な実験」の場となる性格形成学院の開設に着手したのは，1809年のことであるといわれているが，その4年後に発表された『新社会観』の「第3の論文」には，その詳細な計画が明らか

にされている。それによれば，性格形成学院の計画は，幼児の学校と児童の学校，そして成人の学級によって構成されるものであり，建物の正面には広大な運動場が配置された。その建設には5,000ポンドもの大金が投じられ，毎年の運営費も彼の工場が負担したとされる。性格形成学院では，すべての費用が無償とされ，工場の労働者の子弟の全員が通学することを許された。

　オーウェンによれば，ニューラナークでの事業の趣旨は，「主として，幼時の悪習を発生させ，継続させ，増大させる傾向のある環境の或るものを撤廃すること，言いかえれば，社会がこれまで無知のために発生するままに放任してきたことを廃止すること」であるとされる。それゆえに，性格形成学院の教育は，子どもが歩行を始める1歳の時から始められた。これは，「気質や性向の多くは子供が2歳にならないうちに正しくも正しくなくも形成されるもの」であり，「多くの永続的な印象は生れて12カ月――否，6カ月――の終りには早くも与えられるものだということは，明瞭であるに相違ない」という彼の見解によるものであった。オーウェンによれば，「そもそも私たちは，幼少時に，どんな印象でも（いかにこっけいでばからしいものであろうと）植えつけられ，一生をつうじてそれにとりつかれるようになる」（『社会変革と教育』）ものであるとされる。こうしたことから，『新社会観』によると性格形成学院の運動場というものは，「ひとり歩きできる時期から学校にはいる時期まで」の間，子どもが放置されたり，社会の悪影響を受けたりすることを防止し，有能な教師のもとで，望ましい性格を形成していくための教育を行うきわめて重要な場として位置づけられていたのである。子どもたちには，運動場で，「仲間を幸福にするように努力せねばならぬ」という教訓が与えられた。そして，教師には，「いつも愉快な顔で，親切に，言葉も優しく」（『オウエン自叙伝』）子どもと話すことが求められ，体罰は否定された。このことによって，彼らは，友愛と協同の精神を生き生きした体験を通して学んだのである。

　その後，子どもたちは，2歳からは舞踏を，4歳からは音楽や地理，軍事教練を学んだ。6歳からは，読書，習字，数学，裁縫，編物などが課せられ，10歳でその課程を修了した。就労については，制限が加えられ，子どもたちは，緊張と疲労に耐えることができるようになってはじめて，工場での労働に従事した。

5．オーウェンの与えた影響

　オーウェンの思想と実践は，村井実が指摘しているように，「その目的につ

いて，人間としての子どもたち自身の側からではなく，オーエン自身が理想として描いた社会――「善さ」――の側から考えられ，その「善さ」の実現へのいわば手段として考えられている」（村井，1993，p.65）という点で，問題をもつものであるのかもしれない。それでもなお，彼の思想と実践が，教育の歴史に大きな足跡を残したものであることに変わりはない。オーウェンの思想と実践に大きな影響を受けたとされる多数の人物のなかから，ここでは，ラヴェット（William Lovett, 1800-1877）とウィルダースピン（Samuel Wilderspin, 1792-1866）という2人の人物を取りあげてみたい。

　ラヴェットは，オーウェンとともに仕事をした経験をもち，のちにイギリス・チャーティズムの「人民憲章」を起草した人物として有名である。チャーティスト運動の理論的指導者として知られる彼は，オーウェンのもとで労働運動の進め方と労働者とその子弟のための教育の構想を学んだといわれている。彼もまた，オーウェンと同じく，労働者が政治的・社会的な権利を獲得するためには，学習による知識の獲得が不可欠であるという確信をもち，これを「教育についての提言」にまとめ発表している。この論文において，彼は，オーウェンの思想をさらに発展させ，労働者の権利が人間の権利として獲得されるべきであり，これを保障することが，政府の義務であると主張している。この主張は，労働者とその子弟のための教育を慈恵的なものとしてとらえることを否定するという点において，きわめて画期的なものとされた。

　ウィルダースピンは，オーウェンの性格形成学院において，最も顕著な功績を残したといわれる幼児の学校をイギリスに広く普及させた「幼児学校運動」の指導者として知られている。そして彼もまた，最初に管理・運営を任されたスパイタルフィールドの幼児の学校において指導を行う過程で，オーウェンからの助言を受けていたとされる。人間の成長はすべて環境から受ける影響によって決定されるという人間観とこれに基づく幼児期における教育への期待，さらには費用の無償化や幼児の学校における教育の内容・方法など，ウィルダースピンの思想と実践には，オーウェンとの多くの共通点を見出すことができる。

学習課題
1．産業革命が教育に与えた影響について，明らかにしなさい。
2．産業革命期の教育的要求と，それに応える試みとしての「日曜学校の普及」ならびに「助教法の考案」について，まとめなさい。

3．オーウェンの教育思想について，明らかにしなさい。
4．性格形成学院の理念とその実践について，まとめなさい。

参考文献
・岩村清太『西洋教育史』池上書店，1983。
・岩本俊郎・福田誠治編『原典・西洋近代教育思想史』文化書房博文社，1989。
・梅根悟『教育の歴史』新評論，1971。
・江藤恭二他編著『〈教育演習双書9〉西洋近代教育史』学文社，1979。
・オウエン，R.，楊井克巳訳『新社会観』岩波文庫，1954。
・オウエン，R.，五島茂訳『オウエン自叙伝』岩波文庫，1961。
・オーエン，R.，渡辺義晴訳『〈世界教育学選集26〉社会変革と教育』明治図書出版，1963。
・佐伯正一『民衆教育の発展——産業革命期イギリスにおけるそれの実態と問題点に関する研究』高陵社書店，1967。
・芝野庄太郎『ロバート・オーエンの教育思想』御茶の水書房，1961。
・スミス，A.，大内兵衛・松川七郎訳『諸国民の富　Ⅱ』岩波文庫，1969。
・田口仁久『イギリス幼児教育史』明治図書出版，1976。
・長尾十三二『西洋教育史（第2版）』東京大学出版会，1991。
・長尾十三二・原野広太郎編著『教育学の世界名著100選——学際的教育科学への道』学陽書房，1980。
・東岸克好他『〈玉川大学教職専門シリーズ〉西洋教育史』玉川大学出版部，1986。
・村井実『教育思想——近代からの歩み　下』東洋館出版社，1993。

学習を進めるにあたっての参考図書
・オウエン，R.，五島茂訳『オウエン自叙伝』岩波文庫，1961。
・堂目卓生『アダム・スミス——『道徳感情論』と『国富論』の世界』中公新書，2008。

第6章 教育学の体系化,経験科学化

　教育学が大学で講じられ始めたのは,「教育の世紀」と呼ばれた18世紀のドイツにおいてであった。その嚆矢となったのはケーニヒスベルク大学で開始された教育学講義である。しかしながら,当時はまだ教育学を専門とする者がおらず,哲学部の教授陣が優秀な家庭教師を養成するために片手間で講義を行っていたにすぎない。教育学もまだ学問として体系化されてはいなかった。しかし,その後,教育学を自立した学問として体系化しようとする動きが登場する。さらに,19世紀後半になると,論者の思弁に基づくのではなく,教育の事実や経験から知識を獲得し,それによって教育学を構築しようとする実証主義的傾向が現れてきた。

　本章では,誰によって,どのように教育学の体系化や,教育学の経験科学化が試みられたのかをみていくことにする。

キーワード
ヘルバルト　体系的教育学　教授段階説　実証主義　教育科学

第1節　教育学の体系化——ヘルバルトの教育学

1. 近代教育学の祖・ヘルバルトの生涯

　ヘルバルト（Johann Friedrich Herbart, 1776-1841）は「近代教育学の祖」と評される。なぜなら彼は,シュライアマハー（Friedrich Daniel Ernst Schleiermacher, 1768-1834）と並んで,世界で初めて教育学を自立した体系的な学問として基礎づけようとした人物だったからである。

　ヘルバルトは,1776年5月4日,北ドイツのオルデンブルクで法律顧問官兼参事官の一人息子として生まれた。幼少の頃,身体的には虚弱であったが,緻密な哲学的思考のみならず,数学や物理学,さらには音楽においても才能を発揮した。特にピアノ演奏に優れ,すでに11歳にして演奏会に出演し満場の喝采を博したという。

　オルデンブルクのギムナジウム時代に初めてカント哲学に接し,1794年の卒業にあたっては,「キケロ及びカントにおける最高善及び実践哲学の原理について」と題してラテン語の卒業演説を行っている。卒業後は,イエナ大学で,

フィヒテ（Johann Gottlieb Fichte, 1762-1814）に哲学を学んだ（1794-1797）。彼はフィヒテに人格的，学問的影響を受けた。しかし，ヘラクレイトスやパルメニデス，そしてプラトンなどの研究を通じて，やがてドイツ観念論から離れていくこととなった。その後，スイス・ベルンの貴族シュタイガー（Karl Friedrich Steiger, 1755-1832）家の家庭教師を経験する（1797-1799）。この間，ブルクドルフのペスタロッチーのもとを訪問し（1799），大いに影響を受けた。

1802年10月，ヘルバルトはゲッティンゲン大学で学位を授与され，同時にまた哲学と教育学の教授資格を取得し，その年の冬学期から私講師に就任した。

ヘルバルト

著述に関してみてみると，彼は1802年，『ペスタロッチーの近著，ゲルトルートはいかにしてその子供たちを教えるかについて』や『ペスタロッチーの直観のABCの理念』を，さらに1804年には『ペスタロッチーの教授方法を評価する立場について』を発表している。このように彼は，ペスタロッチー研究の成果を次々と発表していくが，その一方で，前述の『ペスタロッチーの直観のABCの理念』第2版に付録として発表した「教育の中心任務としての世界の美的表現について」（1804）によって，彼の教育学の全体構想を素描の形で初めて明らかにした。さらに1806年には同大学の員外教授となり，教育学上の主著『教育目的から演繹された一般教育学』を発表した。ゲッティンゲン大学時代には，この他に『論理学綱要』（1806）や倫理学上の主著『一般実践哲学』（1808）など，重要著作を次々と出版している。

1809年，ヘルバルトはかつて大哲学者カントが担当したケーニヒスベルク大学の教授職に就任し，哲学ならびに教育学を講じることとなった（1809-1833）。ケーニヒスベルク大学時代の彼は，『心理学教程』（1816）・『経験，形而上学ならびに数学のうえに新たに基礎づけられた科学としての心理学』（1824-1825）など，教育学の心理学的基礎づけに関わる重要な著作を次々と刊行している。また，「教育学研究室」（Pädagogisches Seminar）を創設し，そこに教育実習機関としての寄宿舎付の実習学校を付属させた。これは大学における付属学校の嚆矢となった。

その後，1831年にヘーゲル亡き後の後任としてベルリン大学へ赴くことを

希望したが失敗に終わった。1833年，かつて教鞭を執ったゲッティンゲン大学からの招聘に応じ，教授に就任した。このゲッティンゲン大学時代には，『教育目的から演繹された一般教育学』と並んで彼の教育学上の主著と評される『教育学講義綱要』(1835) を発表した (6年後，版を新たに『一般教育学綱要』と改題)。1841年8月14日，脳出血のため65年余の生涯を終えた。

2．体系的教育学の構想

彼は1802年にゲッティンゲン大学で行った最初の教育学講義において，教育の理論と実践をそれぞれ「学としての教育学」(Pädagogik, als Wissenschaft) と「教育の術」(Kunst der Erziehung) ととらえ，両者の関係について，「術への準備は学を通じて与えられる，というのが私の結論である」(Herbart, 1946a) としている。さらに，両者を媒介する「すばやい判断と決断」を「タクト」と呼ぶ。また，経験談の寄せ集めのような体系性の欠如した教育論のたぐいに堕することなく，学的根拠をもった理論としての教育学を構築し，それによって教育実践を導くことが彼の関心事であった。

では，ヘルバルトは「学としての教育学」をどのように体系化しようとしたのか。ヘルバルトは『教育目的から演繹された一般教育学』の序章で次のように述べている。

> もしも教育学が，その固有の諸概念をできるだけ隅々まで自覚し，自立した思惟をもっと練り上げようと願い，それによって，教育学が研究領域の中心点となり，遠くからよそ者が侵略する占領地として支配される危険がなくなったならば，おそらくよりよいだろうが。——あらゆる学問がそれぞれのやり方へ向かおうと試み，しかも隣接する諸学問と対等の力を持ってそうしようとする場合のみ，学問相互の有益な交渉は成りたつことができる (Herbart, 1964b)。

ここに示されているように，彼は体系化の要件として，固有の研究領域と研究方法を獲得することを挙げている。すなわち，教育学がその研究対象として「固有な諸概念」や「自立した思惟」を取り扱う「研究領域の中心点」となること，またその学問固有の研究方法へと向かうことによって，近隣諸学と対等に渡り合える体系的で自立した学問分野になることが可能となる，そう彼は考えていた。そして研究領域については，教育の全体を規定する目的となる「道

徳的品性」の陶冶を取りあげて，それを実践哲学（倫理学）によって基礎づけていく。また，研究方法は，心理学的知見に依拠していく（ただし，ここで述べられている心理学は，哲学や数学に依拠した彼独自のものであった）。ここに，教育目的は倫理学に，教育方法は心理学に依存する彼の教育学の基本構造が示されたのである。倫理学と心理学に依拠した教育学の体系を，果たして彼の願った自立した学問分野と見なしうるのか，という疑念はこれまでも指摘されてきたことである。しかし，こうした疑念はあたらないであろう。なぜならば，ヘルバルト自身，前述の引用文にみられるように，教育に関する自立した固有の学問分野の方向性は示しつつも，それをまだ仮定ないし願望の形で表現しているからである。彼はその確立の困難性を十分に自覚していたと考えられる。しかも，自立した固有の学問分野としての教育学の確立は，現在においてもまだ未解決の問題として問われ続けていることも指摘しておかなければならない。ともあれ，ヘルバルトは教育学の体系化，その自立性の確立の重要性を認識し，それへ向けて腐心した先駆者として不動の地位を占めている。

3．教育目的としての「道徳的品性」と「興味の多面性」

　彼が体系化を試みた教育学はどのような内容をもっているのか。前述のように彼は，教育目的を倫理学によって，教育方法を心理学によって基礎づけようとしている。まず，教育目的に関しては，その究極的で必然的な目的を「強固な道徳的品性」（Charakterstärke der Sittlichkeit）の陶冶に求めている。これは，①「内的自由の理念」（内的自由を自分の判断と意志の一致にみる），②「完全性の理念」（量的にみてより大きく，強い意志のほうを，より完全な意志と判断する），③「好意の理念」（利己的な動機をもたず，他人の意志の達成を自分の意志とするところに好意をみる），④「正義の理念」（自他の意志の争いをやめて譲歩しようとするところに正義をみる），⑤「公正の理念」（他人の意志に対する善意または悪意に応じた報酬もしくは処罰が公正に返される）という五つの理念が相互に協調・連関し合うところに実現されるという。

　この道徳的品性の陶冶は必然的かつ究極的な目的であるが，これと区別される随意の目的としてヘルバルトは「興味の多面性」（Vielseitigkeit des Interesses）の陶冶を挙げている。ここで特筆すべき点は，興味の問題が教授活動の導入や契機ではなく，教授の「目的」としてとらえられていることである。さらに，この「興味の多面性」の陶冶を通じて，究極的目的である道徳的品性の陶冶へ到達しようとする点に彼独自の教育目的論がみられることも特筆すべきであろう。

4．管理・教授・訓練

　前述の教育目的の実現へ向けて，ヘルバルトは当時の能力心理学ではなく，彼独自の表象心理学に基づいて，教育の方法・作用に言及していく。そこで重要となる概念は，「管理」(Regierung)，「教授」(Unterricht) および「訓練」(Zucht) の三つである。

　「管理」は，これ自体はまだ積極的な教育作用ではない。次に示す「教授」や「訓練」の教育環境を整備するために，子どもの自然的欲望や行動を統制する作用である。「教授」は，教材を媒介として間接的に子どもに働きかけ，子どものなかに「興味の多面性」を涵養していくことを目的としている。しかもこの「教授」は単に知識・技能の伝達のみに留まる「教育しない教授」(Unterricht, der nicht erzieht) ではなく，道徳的品性の陶冶へとつながっている。しかし同時にまた，この「教授」は知識・技能の伝達を行うことなく道徳的品性の陶冶へと向かう「教授なき教育」(Erziehung ohne Unterricht) でもなく，「教育的教授」(erziehender Unterricht) と呼ばれるものである。「訓練」は，「教授」とは異なり，教材を媒介としないで直接的に子どもに働きかけ，道徳的品性の陶冶へと向かうものである。

5．教授段階説

　さて，前述の「教授」の過程は，「専心」と「致思」の二つの段階に分けられる。「専心」とは，例えば授業において提示される学習内容（対象）に虚心坦懐に没頭することである。「致思」とは，「専心」によって獲得された個々の表象を秩序づけ，統合する作用である。この「専心」と「致思」は，さらにそれぞれ静的と動的に分けられて，次に示す教授過程の四つの段階を形成する。これがいわゆるヘルバルトの4段階教授法 (Unterrichtsmethode der vier Formalstufen) と呼ばれるものである。

　1．明瞭（静的専心）：対象の明瞭な把握に専念する。
　2．連合（動的専心）：専心の対象が，一つの対象から他の対象へと移行し，表象に連なりが生じる。
　3．系統（静的致思）：個々の専心から得られた表象同士を系統的に統合する。
　4．方法（動的致思）：系統のなかに新しい表象を組み込み，系統を応用する。

　この段階説は，ヘルバルトの後継者によって，さらに5段階へと展開していく。ヘルバルト学派のツィラー (Tuiskon Ziller, 1817-1882) は，ヘルバルトの

「明瞭」を「分析」と「総合」の二つに分けて，「分析」「総合」「連合」「系統」「方法」の5段階とした。さらにライン（Wilhelm Rein, 1847-1929）は，より教育現場で実践しやすいように，「予備」（新教材への興味をもたせる）・「提示」（新教材を生徒に提示）・「比較」（既知の知識と新しい経験から得た知識を比較）・「総括」（「比較」した両者を体系的にまとめる）・「応用」（体系化された知識の応用）に整理した。これがいわゆる5段階教授法（Unterrichtsmethode der fünf Formalstufen）として，ドイツのみならず世界各地の教育界に多大な影響を及ぼすことになるのである。特にアメリカと日本への影響は著しく，アメリカでは例えば1895年に「教育の科学的研究のための全米ヘルバルト協会」が設立されている。日本では明治20年代にお雇い外国人のハウスクネヒト（Emil Hausknecht, 1853-1927）や谷本富（1867-1946）らを通じてヘルバルト学派の教授段階説などが受容された。その後，19世紀後半になると，社会的教育学の創始者として知られるナトルプ（Paul Natorp, 1854-1924）や，新教育運動の関係者などによってヘルバルト教育学は批判されるに至る。しかし，中森善治によると，ノール（Herman Nohl, 1879-1960），アスムス（Walter Asmus, 1903-1996），ガイスラー（Erich E. Geißler, 1928-2018）などによって，ヘルバルトの再評価がなされ，今日に至っている。

第2節　教育学の経験科学化

1．教育学における実証主義的傾向

19世紀後半になると，論者の思弁に基づくのではなく，教育の事実や経験から知識を獲得し，それによって教育学を構築しようとする実証主義的傾向が現れてくる。実証主義の創始者は，一般にフランスのコント（Auguste Comte, 1798-1857）とされている。彼は1830年から1842年にかけて全6巻に及ぶ『実証哲学講義』（Cours de philosophie positive）を著し，人類の知識が神学的，形而上学的，実証的の3段階を経て進歩していくととらえ，学問研究において実証的精神の優位性を指摘した。彼のいう実証的精神とは自然科学的精神を指しており，観察や実験といった自然科学的手法を社会事象の研究にも適用する「社会学」（sociologie, physique sociale）を創始した。コントの思想は，フランスのデュルケム（Émile Durkheim, 1858-1917）らにみられる教育の社会学的研究や，ドイツのライ（Wilhelm August Lay, 1862-1926）やモイマン（Ernst Meumann,

1862-1915），アメリカのソーンダイク（Edward Lee Thorndike, 1874-1949）らにみられる教育の心理学的研究へと影響を及ぼしていくことになる。

2．「教育科学」の誕生

　教育学における実証主義的傾向は，従来の思弁的・哲学的な教育学とは異なり，教育を一つの社会的事実としてとらえ，この事実を科学的に研究しようとする立場として発展を遂げていった。その際，この立場は名称のうえでも従来の「教育学」（（英）pedagogy,（独）Pädagogik,（仏）pédagogie）とは異なり，自らを「教育科学」（（英）science of education,（独）Erziehungswissenschaft,（仏）science de l'éducation）と称するようになっていく。

　「教育科学」という言葉を最初に用いたのは，教育社会学の祖・デュルケムであるとされている。彼は『教育と社会学』（*Éducation et Sociologie*, 1922）において，「教育科学」（science de l'éducation）の特徴を，教育という「若い世代の方法的社会化」の「現実的事実」（faits réalisés）が「いかにあるか」を没価値的に認識する，事実認識の理論であるととらえている。そして「いかにあるべきか」という当為要求の理論である教育学（教育学的理論，théories pédagogiques）と「教育科学」とを区別し，後者にのみ実証的科学として学問性を認めていく。ドイツでは，クリーク（Ernst Krieck, 1882-1947）がデュルケムと同様に，当為要求の理論である伝統的な教育学に対して，「共同社会への成員の類型的同一化」としての教育の事実そのものをありのままに認識し，叙述する「教育科学」（Erziehungswissenschaft）を提唱した。1960年代後半以降，特にブレツィンカ（Wolfgang Brezinka, 1928- ）を中心に旧西ドイツで繰り広げられた教育科学の学問性をめぐる激しい議論においても，基本的にはこうしたデュルケム的視点が踏襲されていたといえよう。

3．実験的教育学

　教育学における実証主義的傾向は，一方で心理学との強い結びつきのなかでも展開していく。ドイツでは近代心理学の父・ヴント（Wilhelm Wundt, 1832-1920）が1879年，世界最初の心理学実験室をライプツィヒ大学に設け，実験心理学を創設した。その後継者モイマンは，教育学に実験的方法を導入し，「実験教育学」（Experimentellen Pädagogik）を構築した。また，ライとともに雑誌『実験心理学』（1903年創刊）を発行した。モイマンは，『実験的教育学入門講義』（1907）において，実験的教育学がもたらす方法的・実質的変革が，研究

の出発点をすべて「子どもから」（vom Kinde aus）受け取ろうとする点にあるとしている。彼の実験的教育学は，カリキュラムや授業方法の改善，教育の個性化などに貢献した。

　アメリカではヴント門下のホール（Graville Stanley Hall, 1844-1924）が，アメリカで最初の心理学実験室を設立し，またソーンダイクがアメリカにおける教育心理学の創始者となっている。フランスではビネー（Alfred Binet, 1857-1911）が実験心理学の建設に努め，ビネー式知能検査を考案して教育心理学の先駆者となった。スイスでは心理学者クラパレード（Édouard Claparède, 1873-1940）がジュネーブにルソー研究所（教育科学研究所）を設立し（1912），児童心理学を教育へ応用した。この研究所ではのちに新教育運動の国際的な指導者となるフェリエール（Adolphe Ferrière, 1879-1960）が所員として活躍した。

学習課題
1．ヘルバルトはなぜ，またいかにして教育学を自立した学問にしようとしたのか考察しなさい。
2．教育学と教育科学の違いについて整理しなさい。

参考文献
・今井康雄編『〈有斐閣アルマ〉教育思想史』有斐閣，2009。
・小澤周三他『〈有斐閣Sシリーズ〉教育思想史』有斐閣，1993。
・是常正美「ヘルバルトの生涯と業績」ヘルバルト，是常正美訳『〈世界教育宝典〉一般教育学』玉川大学出版部，1968。
・今野喜清他編『学校教育辞典（新版）』教育出版，2003。
・中内敏夫『教育学第一歩』岩波書店，1988。
・中森善治「ヘルバルト・ルネサンス――ここに新教育の泉あり」『教育新世界』20号，1985。
・東岸克好他『〈玉川大学教職専門シリーズ〉西洋教育史』玉川大学出版部，1986。
・横山利弘編著『教育の変遷と本質』福村出版，1987。

・Herbart, J. H., *Sämtliche Werke*. in 19 Bd. In chronologischer Reihenfolge herausgegeben von Karl Kehrbach und Otto Flügel, Bd.1, Neudruck der Ausgabe Langensalza 1887, Scientia Verlag: Aalen, 1964a.
・Herbart, J. H., *Sämtliche Werke*. in 19 Bd. In chronologischer Reihenfolge herausgegeben von Karl Kehrbach und Otto Flügel, Bd.2, Neudruck der Ausgabe Langensalza 1887, Scientia Verlag : Aalen, 1964b.

学習を進めるにあたっての参考図書
・高久清吉『〈教育の発見双書〉ヘルバルトとその時代』玉川大学出版部，1984。
・ブレツィンカ，W.，小笠原道雄監訳『教育学から教育科学へ──教育のメタ理論』玉川大学出版部，1990。

第7章　近代公教育の制度

　教育の歴史は人類の歴史とともに古い。しかし，近代公教育の誕生は，実はそれほど古いわけではない。各国において違いはあるものの，それはおおむね19世紀になって近代市民社会の成立過程のなかで，その体制が形成された。近代市民社会では，万人の自由と平等の尊重が目指されていく。このことが，教育という分野においても，教育の自由と平等（機会均等）の保障へとつながっていくのである。つまり，近代公教育とは，近代市民社会に生きる人々の教育の自由と平等を制度的に保障しようとする教育であり，それは公教育の場としての学校の近代化という形で具現していくことになる。
　本章では，どのようにしてヨーロッパの地に近代公教育は発生したのか，またその近代公教育の実態はどのようなものであったのか，具体的にみてみることにしたい。

キーワード
私教育　公教育　近代公教育　コンドルセ　統一学校

第1節　学校の近代化への道

1．近代化以前の学校

　「学校の近代化」などというと，例えばベルとランカスターが開発した近代型学校空間や助教法（モニトリアル・システム）など，近代的な施設や仕組みの導入といった，いわゆるハード面がイメージされやすい。それらももちろん重要な「学校の近代化」の指標ではあるが，ここではむしろ，前述の近代市民社会の精神が学校へも反映され，学校が自由と平等を保障する場へと移行するソフト面（思想面）に着目していくことにしよう。その際，学校が自由と平等を保障する場となっていく以前，つまりその意味で近代化以前の学校とはどのようなものであったかを一瞥することから始めてみたい。
　今日の学校（スクール）の語源がギリシャ語の「スコレー」（閑暇）にあるとされるように，古代ギリシャにおいて，学校は生産・労働に追われることのないポリスの自由な市民階級のものであった。つまり，自由な市民と「生きた道具」と見なされた奴隷，という人間の区別，階級差といったものを自明の前提とした国家の枠組みのなかに，学校は置かれていたのである。ここにみられる

ように，近代化以前の学校は，少なくとも万人の自由と平等を保障するものとは程遠いものであった。

2．私教育から公教育へ

また，歴史的にみて，学校は必ずしも公教育の場所とは限らなかった。一般に公教育は，私教育との対比で使用される言葉である。では，私教育とは何か。それは，「各家庭での教育，あるいは教会や修道会などの宗教団体，ギルドや商工業組合，さらには教育を目的とする有志団体など，私的な機関によってなされる教育」のことである（小澤他『教育思想史』）。これに対して公教育は「国または地方公共団体（県・市・町・村など）など，公の機関が実施する教育，さらには公費補助を受け，公の機関による監督を受ける教育」とされる（同上）。

ここで述べられている「私的な機関」も「公的な機関」も，具体的には主に学校を指している。つまり，学校は私教育の場としても，また公教育の場としても存在してきたわけである。しかも歴史的にみれば，例えば，古代ギリシャのアカデメイアやリュケイオンなどの私塾，中世における修道院学校（修道院による後進の養成機関），聖堂学校，ギルド学校（各都市のギルドが運営）などのように，私教育が大きな役割を果たしてきた。

しかし，教育における大勢は，その後，私教育から公教育へと大きく移っていくことになる。教育学者の中内敏夫は『教育学第一歩』において，「公教育」に種々の意味が加えられていく過程を，次のように説明している。

> 四世紀のローマで公教育（publicae-scolae）といったとき，それは国または地方の公費で維持されている学校を指した。十五世紀イギリスで英語でこのことばが使われはじめたとき，それは，邸内という私的な枠のそとにつくられ，入学に地域的な制限をつけないようになった教育の意味になり，十七世紀には無月謝（free school）の意味が加わる。十九世紀になると，これに国民国家が関与する教育の意味になり，他方からはイギリスのチャーチスト運動等が提起してきた権利としての教育の意味も加わって，現在にいたっている。

ここに示されているように，公教育は，①私費ではなく公費による教育，②地域的な入学制限のない教育，③無償の教育，④国民主体の国家による教育，⑤教育権の保障，などの意味を加味されながら変遷してきた。そして，この流れ

は，一部の「特権階級の教育」から「万人の教育」へ向かう近代公教育の歩みと軌を一にしている。

3．近代公教育の特徴

近代市民社会が求める万人の自由と平等の保障は，教育の自由と平等に連動している。「教育の自由」を保障することは，一方で，子どもを「教育する権利」を親の自然権として保障することであり，他方で子ども自身の「教育を受ける権利」を保障することである。したがって教育の原点は家庭教育にあり，国家などの公権力が直接関与しないことが理想となる。しかし，家庭教育の自由に委ねるだけでは，親の価値観や経済格差などによって，子どもの「教育を受ける権利」が十分保障できない危険性がある。そのため，公権力がそれをすべての子どもに対して平等に保障するために，「無償の義務教育」を提供し関与することになる。このように教育の自由と平等の保障は，「無償の義務教育」という形をとって具現化する。さらに，公権力が特定の価値観，とりわけ宗教的価値観を押しつけず，寛容さを保つことで，個々人の「信教の自由」を保障するために，公教育は非宗派的（世俗的，中立的）であることが求められてくる。以上に述べたような，義務性，無償性，世俗性が，通常，近代公教育の基本的特徴とされるものである。

4．「公教育の父」コンドルセ

さて，すでに18世紀後半のフランス革命期にあって，近代公教育へとつながる構想を示していた人物が，「公教育の父」と称されるフランスのコンドルセ（Marie Jean Antoine Nicolas Caritat, Marquis de Condorcet, 1743-1794）であった。彼は，1792年に「公教育の一般的組織に関する報告および法案」（コンドルセ法案）を提示した。そこでは，公教育について，①強制的な義務とはせず，教育の自由（親の自由裁量）を認めること，②政府がすべての国民に教育を用意する義務があること，③すべての公立学校を無償とすること，④知育に限定すること，⑤政治や宗教的な圧力から独立すること，などが提案されている。ここには，すでに近代公教育の特徴となる教育の無償性と中立性が示されている。残念ながら，この法案は審議未了のまま廃案となった。またコンドルセ自身も，フランス共和国新憲法の草案をめぐる政争のなかで，逮捕され獄中死した。しかし，彼のこの法案に示された諸原理は，その後の近代公教育の実現に大きな影響を及ぼしていったのである。また，翌年の1793年にはルペルチエ（Louis-

Michel Lepeletier de Saint-Fargeau, 1760-1793) の遺稿「国民教育計画」も提案されている。そこでは，①国民学寮を設置し，男子（5歳から12歳）と女子（5歳から11歳）に公費で義務教育を受けさせ，教育の平等を図ること，②学寮での厳しい道徳的訓練を行うこと，③教育税を創設して貧困者への経済的配慮を行うこと，④基礎的な教育機関の管理を民衆に委ねること，などが提言された。ここではコンドルセと対照的に，近代公教育における教育の平等，教育の義務性，訓育重視の視点が示されている。この法案もいったんは採択されたものの，結局は廃案となった。

5．近代公教育の現実化へ

　以上，コンドルセやルペルチエらにみられた近代公教育の理念がヨーロッパ各国で現実化していくのは，19世紀以降のことである。例えばドイツでは，1819年にジュフェルン（Johann Wilhelm Süvern, 1775-1829）が「プロイセン学校制度に関する法案」（ジュフェルン教育法案）を提出した。これは，公立普通学校が，一般・普通教育を目的として，公費で維持され，公の監督を受け，万人に公開されることを規定したものであった。また，7歳から14歳までの教育義務も定められていた。この法案は結局，廃案となった。しかし，その後の教育制度に大きな影響を及ぼし，義務出席制の強化（1825），授業料廃止（1833）によって，ドイツでは1830年代には公教育の義務化・無償化が実現していくことになる。さらに，1872年の「学校監督に関する法律」（学校監督法）の成立により，学校の監督権が教会から国家へ移行することとなり，公教育の中立性の実現が推し進められた。

　イギリスでは，1870年に教育行政官フォスター（William Edward Foster, 1818-1886）によって，イギリス教育史上画期的と評される「初等教育法」（Elementary Education Act，フォスター法）が制定され，5歳から13歳の就学義務，授業料の一部免除，一部の初等学校への国庫補助，特定宗派のための宗教教育の禁止などが規定された。さらに就学義務の強化（1880）や無償制の制定（1891）などによって，義務教育制度が確立していく（なお，授業料の完全撤廃は1918年のフィッシャー法以降）。

　フランスでは，1833年にギゾー（François Pierre Guillaume Guizot, 1787-1874）によってフランス初の「初等教育法」（ギゾー法）が制定され，各市町村に小学校の設置が義務づけられた。その後，フェリー（Jules François Camille Ferry, 1832-1893）による，いわゆる「ジュール・フェリー法」によって，授業料の

無償化（1881），6歳から13歳までの就学義務，宗教教育の中立性（1882）が実現し，ゴブレ（René Gobelet, 1828-1905）によって，1888年，公教育の三大原則（無償性・義務性・中立性）を骨子とする公教育制度が法制化された（コブレ法）。

第2節　教育の機会均等と統一学校

1．教育の機会均等

ところで，近代公教育において「平等」が語られるとき，それはどのような意味をもつものであるか。一般的に教育における「平等」には，誰もが等しく教育の機会を保障される「機会の平等」と，誰もが等しい教育の結果を保障される「結果の平等」がある。近代公教育における「平等」としては，主として前者，すなわち「機会の平等」が念頭に置かれている。近代公教育における「機会の平等」とは，近代市民社会に生きる子どもたちが，その人種，信条，性別，社会的身分，経済的地位，門地などによって不当な扱いを受けることなく，等しく教育を受ける機会が保障されることで，これを「教育の機会均等」(equality of educational opportunity) という。近代公教育における「平等」の実現は，具体的には前述したように，「無償の義務教育」を制度的に保障することによって，この「教育の機会均等」を確立する方向へと向かったのである。

2．統一学校

しかし，「教育の機会均等」は，「無償の義務教育」を制度化するという方向だけに留まらない。それは前述した「特権階級の教育」と「万人の教育」とをいかに統一するかという課題解決へと向かったのである。19世紀の頃の学校教育制度を俯瞰すれば，一般には私教育を中心として，選ばれた階層，エリート層の子弟教育を行う学校と，一般市民向け，庶民向けの学校とが並立し，いわゆる複線型学校体系となっていた。また，エリート層の子弟教育が大学などの高等教育への進学を念頭に置いたものであるのに対して，庶民を対象とする教育は，高等教育までのスムーズな階梯を用意したものとなっていなかった。このような二つの異なる教育機関が並列する複線型体系は，20世紀に入っても依然として残されたままとなっていた。「教育の機会均等」の思想は，この複線型学校体系を不平等な制度として批判し，統一化，すなわち，単線型学校

体系へ転換しようとする運動へとつながっていったのである。それは具体的には，エリート層と一般庶民層の初等教育段階の統一化や，「すべての者に中等教育を」（secondary education for all）といわれるように，一般庶民層の初等教育段階を高等教育へと接続させる中等教育段階の構築へと通じていた。この運動が，「統一学校運動」（Einheitsschulbewegung）と呼ばれるものである。石井正司によると，この運動は20世紀のヨーロッパ諸国，特に「ドイツとフランスで強かった」といわれている。

3．統一学校の思想

　統一学校の思想自体は新しいものではなく，すでに17世紀に活躍したチェコの教育思想家コメニウスの『大教授学』（*Didactica Magna*, 1627）にその構想をみることができる。彼は本書の中で，「人間としてこの世に生まれたものは，総て同一の目的を以て生まれている。人間となること，言い換えれば理性的動物，万物の霊長，造物主の似姿となること即ちこれである」と述べている。そして，その目的実現のための場所として学校をとらえ，学校体系を「母親学校」（Schola maternal，0歳から6歳），「母国語学校」（Schola vernacula，6歳から12歳），「ラテン語学校」（Schola latina，12歳から18歳），「アカデミー」（Academia，18歳から24歳）の4段階からなる万人に開かれた学校体系を提唱した。

　フランスでは，「統一学校の父」とも呼ばれるコンドルセが，前述した「公教育の一般的組織に関する報告および法案」（1792）において，国民に等しく教育を行うため，共通の組織として，初等学校（小学校と中学校），中等学校（アンスティテュ）そして高等教育機関（リセ）へと至る単線型学校体系を構想していた。なお，この上に，最も優れた研究者によって構成される「国立学士院」を設け，教育諸機関の監督指導を行うことも提案されている。

　ドイツでは19世紀のシュライアマハーが，1826年の『教育学講義』（*Die Vorlesungen aus dem Jahre 1826*, 1826）において，国民学校が，そこに学ぶ子どもたちの階層や家庭の職業による差別なく，高等教育への進学を目指す者にも，そうでない者にも平等に教育を行う基礎学校となるべきであると主張した。このことによって，彼はドイツにおける統一学校論の先駆者とみなされている。

　20世紀に入るとドイツではさらに，ライン，ナトルプ，ケルシェンシュタイナーらによって，統一学校の思想・具体案が示されてく。例えばラインは，彼の2巻からなる代表的著作『体系的教育学　第1巻』（*Pädagogik in Systematischer Darstellung*, 1902）において，すべての子どもが親の地位や財産に関係なく，6

年制の「普通国民学校」(Allgemeine Volksschule) を基礎学校として，共通の教育を受けられるようにする統一学校論を展開した。

4．ドイツにおける統一学校運動

ドイツでは1812年，中流・上流階級の子弟が通う9年制から10年制のギムナジウムが制度的に成立した。これは，労働者階級の子弟のための国民学校（Volksschule）と全く異なる系統の学校であった。階級の違いが子弟の通学する学校の違いとなっていたわけである。このような区別・格差を是正するため，ドイツにおける統一学校運動が始まった。ドイツ教員組合（Deutscher Lehrerverein）では，1880年代から統一学校運動を開始し，1886年には，統一学校連盟（Deutscher Einheitsschulverein）が誕生した。

20世紀に入ると，前述のライン，ナトルプ，ケルシェンシュタイナーら著名な教育学者によって統一学校の具体案が提唱された。そして第一次大戦後の1919年になって，統一学校の大綱がワイマール共和国憲法145条，146条として規定される。その内容は，8年制の国民学校（Volksschule）のなかに基礎学校（Grundschule）を設立するというものであった。これを踏まえて，1920年，「基礎学校及び予備学校廃止に関する法律」が制定され，初等教育段階における統一学校化が規定された。具体的には，国民学校（Volksschule）の下級4学年を基礎学校とすること，また，それと並列する公立の予備学校（Vorschule）の廃止が示されたのである。これによって国民学校の下級4学年を基礎学校，すなわち統一学校として運営することになった。しかし，予備学校の廃止は結局すぐには実現せず，第二次大戦後になってようやく実現する。また，この統一学校制度は初等教育段階に留まるものであった。中等教育段階の統一化については，1960年代以降，分岐型の学校制度を乗り越えようとする総合制学校（Gesamtschule）の設立が行われてきた。しかし，総合制学校はまだ十分には浸透せず，現在でも分岐型の学校制度が残されている。

5．フランスにおける統一学校運動

フランスにおける統一学校運動を担ったのは，「コンパニヨン」（Les Compagnions）と称する知識人の団体であったとされる。この団体の創立メンバーは，第一次大戦時に，戦地に赴いた兵士たちが階級の区別なく協力し合って戦うことの意義を痛感した。そして兵士同様に，その子弟も階級差を超えていくべきだが，それを困難にする障壁・原因が従来の複線型学校制度にあると

考えた。彼らは1919年4月22日，正式に「コンパニヨン協会」(L'Association des Companions) を結成。これまでの複線型学校制度を改革し，すべての子どもが能力に応じて平等に教育を受けられる8年制の統一学校（école unique）への移行を訴えていくのである。残念ながら，この移行自体は実現しなかった。しかし，コンパニヨン協会の活動が契機となり，その後，統一学校化が推し進められていくことになる。

　1925年から27年にかけて，フランスでは義務教育学校である初等学校（école primaire élémentaire）と，リセやコレージュへの準備段階である初級クラス（classes élémentaires）との統一化を目指す政策が採られた。しかし，その実現は第二次大戦後を待たねばならなかった。しかもこの統一化は，ドイツと同様に，初等段階以降は分岐型の学校体系を残すものとなっていた。その後，単線型への移行を法律上完成させたのが，1975年7月11日に成立した「初等・中等教育基本法」に基づく教育改革である。当時の文相の名前にちなんで「アビ改革」と呼ばれている。

学習課題
1．近代公教育が求められた理由について考察しなさい。
2．統一学校が求められた理由について考察しなさい。

参考文献
・石井正司「統一学校運動」細谷俊夫他編『新教育学大事典　第5巻』第一法規出版，1990。
・今井康雄編『〈有斐閣アルマ〉教育思想史』有斐閣，2009。
・太田和敬『統一学校運動の研究』大空社，1992。
・小澤周三他『〈有斐閣Sシリーズ〉教育思想史』有斐閣，1993。
・コメニウス，稲富栄次郎訳『〈世界教育宝典〉大教授学』玉川大学出版部，1956。
・今野喜清他編『学校教育辞典（新版）』教育出版，2003。
・田中克佳編『教育史——古代から現代までの西洋と日本を概説』川島書店，1987。
・中内敏夫『教育学第一歩』岩波書店，1988。
・長尾十三二『西洋教育史（第2版）』東京大学出版会，1991。
・東岸克好他『〈玉川大学教職専門シリーズ〉西洋教育史』玉川大学出版部，1986。
・松島鈞「コンドルセ——近代公教育のパイオニア」松島鈞編『〈現代に生きる教育思想3〉フランス』ぎょうせい，1981。
・村井実『原典による教育学の歩み』講談社，1974。

・横山利弘編著『教育の変遷と本質』福村出版，1987。

・Rein, W., *Pädagogik in systematischer Darstellung*, Bd.1, Hermann Beyer & Söhne: Langensalza, 1902.
・Schleiermacher, F. E. D., „Die Vorlesungen aus dem Jahre 1826", Schleiermacher, F. E. D., *Ausgewählte pädagogische Schriften*. Besorgt von Lichtensteins, E., 3. Aufl., Ferdinand Schöningh: Paderborn, 1959.

学習を進めるにあたっての参考図書
・太田和敬『統一学校運動の研究』大空社，1992。
・コンドルセ他，阪上孝編訳『フランス革命期の公教育論』岩波文庫，2002。

第8章 個性的教育の思想

　19世紀後半の自然科学の発展は，人間が自然を支配する契機となった。自然は人間と共存するものではなく，人間の道具となるかのように見なされた。また工業の飛躍的発展は経済的にも社会的にも人間の立場を変えていった。一方で，人間は，社会のなかにおいて，機械主義，効率主義によって，逆に支配される歯車の一つとなるに至った。同時に社会思潮では，社会への人間の貢献度が過大視され，個人の価値が軽んぜられる結果となった。芸術としては印象主義が台頭し，哲学においては唯物論が展開された。
　しかしこうした潮流は当然ながら，反動を引き起こすことになった。具体的には，唯物主義，あるいは効率主義のなかに個人が埋没されることに対する危惧が叫ばれるようになったのである。その危惧は，極端な個性尊重主義となって現れた。哲学者として筆頭に挙げられるのは，ショーペンハウアーの影響を受けたニーチェである。ニーチェは教育学的にも多大な影響を与えることとなった。またニーチェの影響を受けたといわれるケイも個性尊重の思想を披瀝した。本章では，この2人の教育思想をみてみたい。

キーワード
個性　自主性　児童　家庭

第1節　ニーチェの教育思想

1．ニーチェの略歴

　ニーチェ（Friedrich Wilhelm Nietzsche, 1844-1900）は，1844年プロイセン王国領，ライプツィヒ近郊の村レッケンに，ルター派の牧師の子として生まれた。早熟で，24歳にしてバーゼル大学から古典文献学の教授として招聘された。彼は哲学の担当を希望したが叶えられなかった。彼が教授時代に出版した『音楽の精神に発する悲劇の誕生』（1872）は，文献学としては著しく主観的だとされ，大学でも孤立するに至った。
　彼は健康上の理由から教壇を去った。彼が多くの著作を残したのは，教壇を去り，在野の哲学者として執筆活動を始めてからである。彼は音楽家ワーグナーにも心酔したが，のちに決別している。大学を辞職して，特に1878年から1888年に至るまで，毎年1冊を出版する奮闘ぶりを示した。1889年に彼は精神異常を起こし，完全な精神錯乱のなか，1900年8月25日にワイマールで

死去した。彼の没した家は改装されてニーチェ博物館となった。彼の著作『権力への意志』は，妹エリーザベトがニーチェの死後，遺稿を編纂，出版したものである。

2．思想の区分

ニーチェの哲学的著書をもとに三つの時期が区分される。第1の時期では，彼は芸術文化の理想に取り組んでいる。その典型的な代表者がワーグナーである。この時期に属する著作としては『音楽の精神に発する悲劇の誕生』(1872)，『反時代的考察』(1873-) がある。第2の時期には，彼はあらゆる救いの知的解明に着手している。この観点から彼が書いているのは箴言集『人間的な，あまりに人間的な』(1878-)・『曙』(1881)・『喜ばしい知識』(1882) である。第3の時期に彼が説き進めたのは「権力への意志」の哲学であり，超人理想を打ち立て，ついにきわめて激しい論調でキリスト教に立ち向かった。この時期の著作には『ツァラトゥストラはこう語った』(1883-)・『善悪の彼岸』(1886)・『道徳の系譜』(1887)・『ワーグナーの場合』(1888)・『偶像の黄昏』(1888)，さらに『ニーチェ，ワーグナーに対して』(1888)・『反キリスト』(1888)・『権力への意志』(1901)・『この人を見よ』(1908年編) がある。

ニーチェ

これらの著書では，人類がそれまで高く掲げていたあらゆる精神的財産とあらゆる道徳的価値を破壊しようとする誇らしい精神が語られている。ニーチェは輝かしい言葉を自由に駆使し，彼の教説は魅惑的な公式を与えようとしていたので，彼の著作は研究途上の青年が触れるのは危険だとされた時期もあったほどである。

3．永劫回帰説

ニーチェは終生ソクラテス以前の古代ギリシャに憧れ，この見地から徹底した時代批判を行った。彼の時代に繁栄していた機械主義，効率主義は彼が肯定するところのものではなかった。しかもそれだけでなく，彼は，ソクラテス以

第8章　個性的教育の思想

降の哲学，道徳，科学，宗教を支えてきた西洋思想の伝統に真っ向から対立した。価値の普遍性など，彼にはあずかり知らぬところであった。

　ニーチェに従えば，人間は合理的な基礎をもつ普遍的な価値を手中にできない。価値は流転するものであって，人間は，生きている限り，流転する価値を認めなければならない悲劇的な存在なのである。しかし一度そうした悲劇を認識するに至れば，既存の価値から離れ，自由な精神を獲得することになる。こうしたすべての結果を受け入れ続けることによって，現に今ある生を肯定することこそ，強い人間の生き方なのである。それは著しく個性的な生き方であるといってよい。

　逆に，ニーチェは，恨みや憎悪という負の感情をもつことによって突き動かされ，日常の自分自身から逃げ出そうとする者を排除しようとする。「ルサンチマン」（ressentiment）こそ苦悩の源泉である。どんなに辛い人生であっても，それを肯定的に受け止めなければならない。『ツァラトゥストラはこう語った』における「かくも辛い人生であったか。いやもう一度」という力強いニーチェの言葉は，現世における生の強い肯定であり，この思想は，永劫回帰思想だといわれる。

　永劫回帰とは，ある瞬間はかつて無限に繰り返されたものであり，なおかつ未来にもわたって繰り返される，そしてその瞬間というものは完結している，というものである。この意味で，永劫回帰説は輪廻思想とは異質のものである。ニーチェは徹底的に個人の生を肯定的に受け止め，強く生きることを求めたのである。

4．超人思想

　ニーチェが残した「神は死んだ」という言葉はあまりにも有名である。そもそもキリスト教の教義は，原罪説にあり，現世よりも来世中心の世界観をもっているともいえる。「この世で最も貧しいものこそ救われる」と説いたキリストは，ニーチェに従えば，現世よりも，来世のために生きよ，と人々に教えを説いたことになる。しかし彼によれば，こうして神に頼り，来世を重視し，現世を否定ないしは軽視する立場は，人間の生というものを，積極的というよりは消極的に，肯定的というよりは否定的にとらえる立場である。

　そもそも権力というものも，ニーチェは肯定的にとらえている。生は「権力への意志」となり，人間は，苦悩を正面からとらえることによって，生はいっそう充実し，高次な生へと高まることになる。彼の『権力への意志』によれば，善は，「人間の内なる権力の感情，権力それ自体を高めるすべてのもの」であ

り，悪は「弱さに胚胎する一切のものである」。

通常，善悪は，他者との人間関係において規定されるように考えられる。しかしニーチェに従えば，善悪は，一切の弱さから解放された自由な状態であるかどうかで判断され得るものである。旧習の道徳に従っている人間は，いわば鎖につながれた状態にある。旧習の道徳にとらわれていない，「一切の価値の転倒」を成し遂げる人間が求められることになる。

人間は神にすがるのではなく，完全に理想的な人間を目指すべきである。彼はこうした人間を「超人」（Übermensch）と表現した。それは，宗教的観点では，信仰によって，現世を弱々しく生きる人間，すなわち群衆と対極にある理念として理解される。道徳的観点では，「超人」は，大衆の慣習や習わしに従うことのない，偉大な創造的天才である。それは歴史的に積み上げられた国家的，社会的拘束からも自由な精神であり，知的であるというよりは，むしろ衝動的な精神である。ニーチェは，「超人」を目指すにあたって，根源からの決断によって永遠に創造するデュオニソス的生活を理想とした。そして，この「超人」の真理を認識させることは哲学の役割である，とした。

もちろん現世に人間が生きている限り，絶対的に完全な人間になることは困難である。したがって，この「超人」を目指す過程は，人間の力強い生の営みとして解釈することができる。

5．教育観

彼は前述したように大学でのキャリアはあったが，決して狭義の教育学者ではなかった。しかし『ツァラトゥストラはこう語った』『悲劇の誕生』『反キリスト』などの多くの著作のなかで，当時の教育の危機に対して警鐘を鳴らした。なかでも教育学的問題に直接的に言及しているのは，彼の連続講演『我々の陶冶施設の未来について』（1871-）や，彼の未完のままになった考察『我々文献学者』（1875）であろう。ここでは，ニーチェは当時の教育学に対して真っ向から否定的な立場をとっているのである。

若きニーチェにとって「天才」が陶冶理想であったとすれば，晩年のニーチェは，「超人」を陶冶の理想とした。ニーチェは「超人」と呼ばれる人間が育てられるべきであるとした。「超人」は，明るく朗らかな態度，それでいて不屈の精神をもち，常に戦う勇気をもつ。しかしまた自身に対しても人に対しても厳格で，なおかつ気品を失わないような性格を有する。超人は，安易に神にすがる人物ではない。超人を養成するためには，ニーチェのいう「永劫回

帰」の教えが重要になる。この教えで，ニーチェはすべての，弱く退廃した者は滅ばねばならないとさえ考えている。というのは弱く退廃した者たちは，彼らにとってなぐさめの一縷(いちる)の望みさえも残さない思想に耐えることができないからである。その反対に強者はその思想を担い，彼らはそれを熱狂してつかみ，彼らの生を営んでいくのであった。

　教育の目的として超人をとらえると，超人は，哲学者，芸術家，宗教家の3つの類型として考えられる。群衆を育てるのではなく，文化を力強く創造する人間，すなわち超人こそ，教育の目的である。ニーチェによれば人類の責務は，こうした超人を育成することであった。

6．ギムナジウム批判

　ニーチェ在世時も，大学へ至る中等教育段階として，ギムナジウムがあった。ニーチェはここでの教育も徹底的に批判している。なぜなら『人間的な，あまりに人間的な』で述べられているように，ギムナジウムの教育は「なるべく最小の時間をもって無数の青年を国家に役立たせようとする野蛮な馴養に外ならない」からであった。彼は『我々の陶冶施設の未来について』の中では，当時の学校組織は，「人間から機械を作る」ものにすぎないと述べている。

　特にギムナジウムで問題とされたのは，生活に実際に役立つ知識を無視して，理性も個性も教養もない人間を育て上げている実情があるからである。ギムナジウムで教育された人間は著しく功利的人間として育てられる。そうした教養人を，ニーチェは「動く百科辞典」，「陶冶された俗物」（Bildungsphilister）と名づけた。それは芸術に関心がなく，理想をもたず，個性的でなく，人格的でもなく，自分のことだけを考える俗物であった。彼はその代表的人物として，当時の著名な神学者シュトラウス（David Friedrich Strauß，1807–1874）を名指しした。

7．理想の教育

　ニーチェは当時の学校制度を批判しただけではない。「真の陶冶とは何か」についても言及している。彼はここでも歴史主義的立場に立たない。過去へ執着するのではなく，ひたすら未来に向かう。父母や祖父母たちが住む里から離れた，未来の「児童の里」を構想する。それは俗人を生み出すものではなく，天才を生産するところである。ニーチェがいうには世界が発展し，文化が進展するのは，天才が生み出され成長するからなのである。

　逆にいえば，この「個人の陶冶こそ唯一真の陶冶」とするニーチェは，一般

人，俗人の教育を全く顧みなかった。彼はすべての人間を同じように育てるという目標とは全く正反対の立場に立っていた。したがって彼は公民教育，義務教育には全く無関心であった。

また教育内容としては，従来の道徳に縛られる教育は無用であるだけでなく，かえって有害であると見なしていた。しかしニーチェは道徳教育自体が不必要だというのではない。重要なのは優者の道徳であり，優者を育てる教育だったのである。

優者というのは著しく個性的なものである。したがってニーチェは，教育の目的として，人間諸力の調和的発展を重要視していない。彼は，生徒がもともともっている固有の能力を見いだし，この発展にのみ教育者は注目すべきだと主張するのである。

先にも述べてきたように，彼は表面的な知識を蓄積することは無駄な労力であり，ニーチェは，教育はもっと根本的な衝動や本能に目を向けなければならない，と考えた。

衝動や本能は，ニーチェによれば，生徒の性格として現れる。そこから，生徒の性格教育が問題であるとされた。本来もつ性格を育むためには，生徒の自己発展を妨げる一切の拘束から解放する必要がある。『教育者としてのショーペンハウアー』の中での「貴方の教育者は貴方の解放者にほかならない」という輝かしいニーチェの言葉は，このような意味があるものと解釈される。そしてこの解放者としての教育者が成功するかどうかは，教育者の性格にかかっている。つまりは教育者の人格こそ，教育力の源なのである。

ニーチェに従えば，教育は人間を自立へと解放する働きであり，鋳型にはめ込むことではない。教師の役割は，子どもの自立を助け支援することなのである。

8．ニーチェの評価

こうしてニーチェは在来の教育を徹底的に批判し，殊に個性を抹殺する主知主義的教育に真っ向から反対した。これは個性をさほど考慮しなかったヘーゲルとは相対する思想である。表面的な知識ではなくて，根源的な意志，さらに本能的衝動の奥底まで見通したところにニーチェの鋭い洞察がある。彼は精神の意識的な明るい面だけではなく，暗い根源的な創造的な面について着目していたのである。

ニーチェの哲学は生肯定の哲学であろうとし，生肯定への哲学の達人を教育しようとしている。一方で，ニーチェは無神論的個人主義の持ち主であった。

20世紀の前半になると、その個人主義が実践に移され、完全に教育原理に適用されるとき、悲しむべき結果に至るに違いないと危険視されることになった。それと関連づけられたのは、ヴィネケンによって発せられた、新しいドイツ「青年文化」の成長であった。

しかしその反面、ニーチェの徹底した個性尊重主義、自主性、主体性、そして自立を促す教育者の役割への期待、こうした思想は20世紀の新教育運動に強く影響を与えた。

なおニーチェの思想を継承した人物は、エレン・ケイだけではない。ラングベーンやラガルトもいる。特にラングベーンは、『教育者としてのレンブラント』（1890）の著者として有名である。

第2節　エレン・ケイの教育思想

1．エレン・ケイの略歴

ケイ（Ellen Key, 1849-1926）は、スウェーデンの貴族の家に生まれた。1843年にはスウェーデンではすでに初等義務教育令が制定されていた。しかし彼女は、上層階級の師弟にありがちな教育の仕方、すなわち両親と家庭教師の厳格な教育を受けて育った。青年期には、ストックホルムで国会議員の父の秘書として活動した。そこで時代を鋭く批評する能力を培ったといわれる。

しかし彼女の家は経済的破綻をきたした。彼女は1880年から1898年まで諸々の学校で教壇に立った。またその一方でストックホルムで学生、労働者、夫人などの会合での講演を引き受け、名声を博した。同時に評論活動も行った。教育学上の主著、『児童の世紀』（1900）をもって、彼女は、20世紀における新教育運動の急先鋒となった。

1903年以後、彼女はストックホルムを去って田舎に籠もり、晩年を瞑想のうちに送った。1926年、国家から送られたウェテルン湖畔のストランドの自宅で生涯を閉じた。

エレン・ケイ

2．児童観

　ケイは哲学的にはスピノザの影響を受けているといわれるが，ルソーの自由主義，ダーウィンの進化論，またゴールドンの優生学などの生物学の影響を強く受けている。特に教育方法的にはルソーに近い考え方をとり，第2のルソーと称せられたりもした。またニーチェの影響も大きい。『児童の世紀』の中には，ニーチェの「児童の里」に関する言説の引用が残されている。

　彼女はルソーやニーチェと同様に，彼女の生きた時代の文化を批判し，新しい教育でもって社会を改革しようとした。ルソーの自然観を生物学的にとらえ直し，また新たな世紀をニーチェの超人説のごとく，創造しようとした。

　『児童の世紀』は，20世紀になって新しい人間形成を望むすべての父母に捧げる書物として構想された。なかでも，児童の尊厳と権利を中心として論が展開されている。『児童の世紀』の第1章は，「子どもが親を選ぶ権利」とされている。ケイは，そもそも「児童」という言葉自身が「尊厳」という言葉に等しいと考える。児童には児童固有の価値がある。児童は本来的に善である。児童にとって悪というものがあるとすれば，それは，児童の内にある道徳の萌芽が包み込まれている殻である。悪は善によって打破される。説教や祈りを強要しても，何の意味もない。児童の権利を侵害するような従来の教育は罪悪である。もとより彼女は，社会に有用な一員へと育てることが教育だとはほとんど考えていなかった。この意味で，彼女の主張はやはりニーチェ的だったともいえる。

3．学校批判

　ケイは，当時の学校組織に対しても容赦のない言葉を浴びせかけた。『児童の世紀』の第5章は，「学校における精神的殺人」というタイトルとなっている。当時の学校では，入学したときにもっていた知識への衝動，自己活動，観察力などは，ケイによれば学校を修了する頃になると，認識や興味に変わることなく消失してしまうという。ギムナジウムや師範学校は人格を完全に破壊する施設であり，学校の義務・権利は，各個人の発展・幸福以外にはないはずなのに，そこでは人格的素質は枯れ果ててしまうと考えた。

　児童の自由な発展は，当時の学校制度を修正する程度では実現できないものであった。ケイは，ノアの洪水に例え，箱舟に積み込む書籍は，「モンテーニュとルソーとスペンサーと，子どもの心理に関する近代の著書」だけにすべきであり，他はすべて土台から洗い流されたほうがよいと考えた。そして洪水

から逃れ，乾いた土地に到着したときには，「水で薄められた教養の果汁」ではなくて，本物の葡萄を子どもに与えればよいとした。もちろん，本物の葡萄とは，個性を重視し，なおかつ児童を中心とする教育のことである。

ケイは旧来の注入主義的で，知育偏重の学校教育は，「愚劣や偏見や誤謬のからみ合った密林」に等しいとし，全く評価に値しないものとしている。こうした学校は，彼女の目からすれば，子どもの個性を全く無視し，子どもの独創性を完全に抑制するものとして映ったのである。

4．教育方法

「児童は本来的に善」と信ずることから，ケイは，ルソーと同様に，児童の内からの発展に期待をかけている。『児童の世紀』にあるように，教育は「児童の生命の自由な発展を助成し，自由な独立の個人に育て上げる」ことを使命としなければならない。

ケイはまず教育を，環境の面からとらえようとする。なるべく望ましい環境に児童を置くことが良い教育の鍵であると考えた。彼女はそれゆえに家庭環境，平穏で確固とした秩序，平和と美とが子どもを教育する働きをもつと見なした。親切，勤勉さがあふれ，質朴な家庭環境があれば，自然と子どももまたそうなるように感化されると見なされたのである。

しかし当時の家庭はその理想を体現していなかった。現実の児童は堕落した家庭の犠牲となり，強迫のなかで生活を強いられていた。児童が過失を犯したとするならば，それはそもそも家庭が過失を引き起こす環境となっているからであった。『児童の世紀』によれば，児童にとって最も有力な方法は，人々が「自ら美しく，優雅に，ほどほどに生活する」ことにあった。方法としては，体罰は無条件に排除されるべきものだったである。

旧来の教育方法は，子どもの内なる発展を助成するというよりは，外的な介入であり，子どもの自然権，特に教育権を損なっていた。子どもには子ども固有の性格があるのであるから，この性格を押さえつけたり，その性格を置き換えたりしようとすることは，犯罪を犯すに等しいとケイは考えた。「教育の最大の秘訣は教育せざることにある」とした彼女の主張は，ルソーの消極教育法をさらに徹底したものであるともいえる。

子どもには，自分の個性を伸ばす権利があり，子どもの自由意志を尊重すべきものなのである。ただし，いかに消極的な方法であったとしても，決してそれは放任を意味するものではない。確かに子どもの自由は尊重すべきものであ

る。しかしその自由には限界がある。なぜなら，他人の権利を侵害するような子どもの自由は，結果として他者の自由を著しく妨げることになるからである。自由は，他者を妨げない限りにおいてのみ，最大限に認められるべきである。

5．理想の学校

　ケイにあっては，学校という機関は「それ自身が不必要である」とさえ見なされた。しかしそれにもかかわらず，理想の学校というものをケイは構想している。彼女は，『児童の世紀』の中で「未来の学校」について語っている。未来の学校は男女共学で9歳から15歳ないし16歳までの子どもに教育を施すことになっていた。児童は広い場所で自由に学習し，基本的に試験はただ生徒が希望するときにのみ実施される。試験に基づく評価は，子どもたちの競争心・名誉欲をあおるものだと考えられたのである。そしてこの学校の学習の大半は屋外で行われる。筆記する作業は雨天のときのみとされたのである。

　教科の選択は基本的に生徒の自由に任された。必修科目は最小限度に留められるべきであり，子どもの個性，能力に合った学習が計画されなければならないとされた。

　教科書も基本的に不要である。生徒に関心があれば，10歳で高度な文学に触れてもかまわない。名作，しかも原典を児童に触れさせることが重要だからであった。彼女は教師が一方的に与える芸術，文学，宗教などの教育は有害であると断定する。体育も，方法的・機械的な体操ではなく，工作，園芸，スポーツなどによって置き換えられるべきであるとしたのである。

　ケイの構想する未来の学校，そしてその教育方法は相当に急進的（ラディカル）である。それは夢想的であるだけに，徹底した個人主義の長所だけでなく，すぐさま万人に適用されることが難しいとさえ感じさせる特徴を併せもつものであった。

6．ケイの思想の影響

　『児童の世紀』は必ずしも体系的な教育学の著作ではない。しかしこの書は大きな反響を呼んだ。特に1902年にドイツ語訳されるや否や，ドイツにおいて凄まじい反響を呼び起こしたのである。ケイは徹底的に子どもの個性，自由，権利を強調した。それは主知主義的であり，画一的であった，従来の教育の弊害について，警鐘を鳴らすものであった。彼女のこの思想は，児童中心主義の教育を進める大きな原動力となった。「児童から」「個性の擁護」「選択の自由」

などのスローガンは，まさにケイが唱えた児童中心主義から出てきたものであった。

ケイの思想の最大の共鳴者はグルリッド（Ludwig Gurlitt, 1855-1931）であった。彼も旧来の，画一的で主知主義的な教育に異を唱え，児童の個性を生かすこと，自己活動の重要性を唱えた。他にモンテッソーリの教育思想，パーカストの「ドルトン・プラン」，ドクロリー（Jean-Ovide Decroly, 1871-1932）の「ドクロリー法」も，ケイの影響を受けていると考えられる。

我が国においては，明治末にケイの思想が紹介され，大正自由教育運動にも影響を与えた。また彼女の自由恋愛と母性尊重を基調にした婦人解放論は人々に大きな共感を呼び起こした。平塚らいてうなどの女性運動家にも，彼女の思想は継承された。ケイの著書としては，他に『恋愛と結婚』（1911），『婦人運動』（1912）などがある。

学習課題
1．ニーチェの個性尊重主義についてまとめなさい。
2．エレン・ケイの児童観の特徴をまとめなさい。

参考文献
・乙訓稔『西洋現代幼児教育思想史——デューイからコルチャック』東信堂，2009。
・ケイ，E., 小野寺信・小野寺百合子訳『児童の世紀』冨山房，1979。
・篠原助市『欧洲教育思想史　上・下（復刻版）』玉川大学出版部，1972。
・皇至道『西洋教育史』柳原書店，1952。
・ニーチェ，F.『ニーチェ全集』（1～19巻）ちくま学芸文庫，1993-1994。
・ブレットナー，F., 中森善治訳『西洋教育史——人間形成過程の歴史的研究』新光閣書店，1968。

・Roloff, E.M. (Hg.), *Lexikon der Pädagogik*, Herder: Freiburg, 1921.

学習を進めるにあたっての参考図書
・乙訓稔『西洋現代幼児教育思想史——デューイからコルチャック』東信堂，2009。
・ケイ，E., 小野寺信・小野寺百合子訳『児童の世紀』冨山房，1979。
・ニーチェ，F.『ニーチェ全集』（1～19巻）ちくま学芸文庫，1993-1994。

第9章　プラグマティズムの教育学

　15世紀末，いわゆる「大航海時代」に，多くのヨーロッパ人がアメリカ大陸へ移住した。そして，17世紀に，イギリスによる植民地事業が本格化した。
　イギリス植民地は，大きく三つあった。南部植民地，マサチューセッツ湾岸植民地（北部），中部大西洋岸植民地である。1629年，ピューリタン（カルヴァン派の新教徒＝清教徒）の設立した北部のニューイングランドの植民地が，アメリカ社会の原型となった。
　1636年には，アメリカ最古の大学であるハーヴァード大学ができた。社会と教会の指導者を育成するための機関であった。18世紀になると，世俗化が進み始めた。人々は富や自由を謳歌し始めた。ヨーロッパから啓蒙主義がもたらされ，信仰から理性に，宗教から科学に，神から人間に，その主役が転換し始めた。
　本章では，アメリカの知的伝統を踏まえ，プラグマティズムの展開を，その代表的な思想家とともに紹介する。その後，代表的思想家の一人であるデューイの教育思想の一端をみていくことにする。

キーワード
プラグマティズム　アメリカの知的伝統　実験学校　進歩主義教育運動

第1節　アメリカの知的伝統

1.「大覚醒運動」

　18世紀のアメリカを代表する神学者，牧師そして哲学者がエドワーズ（Jonathan Edwards, 1703-1758）である。コネティカットの牧師の息子として生まれた。イェール大学在学中にはロックの『人間悟性論』から大きな影響を受けた。のちに，プリンストン大学の学長となった。
　エドワーズは，1740年から「大覚醒運動」を指導した。自由を謳歌している社会に，厳格な信仰生活へと回帰するよう，伝統的なピューリタニズムを訴えた。ところが，エドワーズは，単なる復古主義者ではなかった。啓蒙主義的な合理主義を身につけていた哲学者でもあった。彼の思想は，アメリカの知的歴史における，次の時代を用意した。
　アメリカ独立後，19世紀に入ると，啓蒙主義の影響を受け，キリスト教を合理主義的にとらえたユニテリアニズムが登場した。この立場は当時のニュー

イングランドの知識人層に強い影響を与えた。ハーヴァード大学はその牙城となった。代表者にチャニング（William Ellery Channing, 1780-1842）がいた。また，ユニテリアニズムは，社会改善運動に取り組み，コモン・スクール運動に大きな影響を与えた。

2．トランセンデンタリズム

ユニテリアニズムという土壌から，それを乗り越えるべく，新しい思想運動が誕生した。トランセンデンタリズム（超絶主義）である。代表者に，エマソン（Ralph Waldo Emerson, 1803-1882），ソロー（Henry David Thoreau, 1817-1862），ホイットマン（Walter Whitman, 1819-1892）らがいた。それまでの知的な伝統が，あくまでも宗教的であったのに対して，トランセンデンタリズムは文学的な運動であった。この運動は「アメリカの精神的独立」とも評価されている。

19世紀の半ばを過ぎると，思想的状況が大きく変わる。1859年ダーウィン（Charles Robert Darwin, 1809-1882）が『種の起源』を発表した。キリスト教教会にとっては，その権威を揺るがしかねない出来事であった。『種の起源』において唱道された「進化論」は自然科学に影響を与えただけでなく，社会科学にも影響を与えた。

例えば，イギリスの哲学者，社会学者であるスペンサー（Herbert Spencer, 1820-1903）は，ダーウィンによる自然淘汰の考え方を社会に適用し「社会進化論」を展開した。「進化」「適者生存」といった用語はスペンサーによる造語である。「社会進化論」は，ロックフェラーやカーネギーにも影響を与えた。

アカデミックな世界では，理想主義哲学が主流になった。特に，フィヒテ，シェリング（Friedrich Wilhelm Joseph von Schelling, 1775-1854），ヘーゲル（Georg Wilhelm Friedrich Hegel, 1770-1831）の哲学が普及した。

それに対して，新しい科学が登場した。心理学である。ダーウィニズムは，人間も自然の一部であるという考え方を生み出した。それは，科学的に人間をとらえるという考え方を発展させたのであった。

第2節　アメリカにおけるプラグマティズムの展開

1．プラグマティズムとは

　19世紀末から20世紀の初頭にかけて，アメリカの東海岸を中心に新しい哲学・思想が生まれた。プラグマティズムである。それは，ヨーロッパの哲学の伝統とは異なった，新しい認識論，存在論，宗教論，あるいは教育論を打ち立てようとした。近代哲学は反省や思考を重視した。プラグマティズムは，その反省や思考が行為と結びつかねばならない，と主張した。つまり，人間の知的活動を「観想的」あるいは「観念的」にではなく，「実践的」にとらえ直そうとした。

　プラグマティズムの「プラーグマ」とは，ギリシャ語の「作られたもの」「行為」という意味をもつ。ただし，実際には幅広い用法のある語である。英語の「プラグマティック」とは，一般に，「実用的」とか「現実的」という意味をもつ。したがって，単なる現実主義として理解されがちである。もちろん，人間の知的活動を「実践的」にとらえ直そうとするのだから，現実主義的側面はある。

2．パースのプラグマティズム

　プラグマティズムの創始者はパース（Charles Sanders Peirce, 1839-1914）である。パースはアメリカの歴史上，最も著名な哲学者，数学者，論理学者であった。代表的な思想として，意味の理論，記号論，カテゴリー論，探求の論理，記号論理学，形而上学などがある。

　パースはピルグリム・ファーザーズ以来続く，ニューイングランドの名門家系に生まれた。ハーヴァード大学を卒業後，付属のロレンス科学学校にて化学の学士号を取得した。その後，アメリカ合衆国沿岸測量部研究員となった。同じ頃，ハーヴァード大学を中心に連続講演を行い，28歳の若さで，アメリカ科学アカデミーのフェローに選ばれた。1869年から，ハーヴァード大学付属の天文台の助手も務めた。1879年，ジョンズ・ホプキンス大学の論理学講師となった。ところが，首脳陣との折り合いが悪く，5年間で解雇されてしまった。晩年は，経済的に困窮し，友人のジェームズ（後述）らが生活費を援助していた。

　さて，パースが「プラグマティズム」という用語を用いたのは，1871年，

第9章　プラグマティズムの教育学

マサチューセッツ州ケンブリッジでの会合「形而上学クラブ」においてであった。1877年から1878年にかけて『ポピュラー・サイエンス・マンスリー』誌に6編の論文を発表した。その最初の2編が「信念の確立法」と「われわれの観念をいかにして明晰（めいせき）にするか」であった。この2編において，プラグマティズムの原理と探求の論理を説明した。

パースは，「信念の確立法」(1877) において，探求を，疑念が刺激となって信念に到達しようとする営みとする。それは次の4段階である。

第一段階：疑念が生じる。この疑念が不安で不満足な状態であるため，解放されたいと望む。

第二段階：思考が始まる。疑念に反応して企てられた行動と，以前よりも満足のゆく精神状態を目指す行動がある。

第三段階：信念が確立する。この信念は疑念を解消し，願望に指針を与え，行動を実現させる。

第四段階：行動が習慣になる。この習慣は私たちの思考と行動に指針を与える。

確立した信念は真理ではない。暫定的な仮説である。のちに，間違いであると分かった場合には，修正する必要がある（可謬（かびゅう）主義）。

さらに，この信念を固める探求方法は次の四つである。

①固執の方法。いかなる驚きや疑念に襲われても，現在保持している信念に固執し，一切の探求を拒否する。

②権威の方法。権威が信念を変えるように命じれば変え，変えるなといえば変えない。変わらないのは権威への絶対的服従という態度である。

③理性の方法。驚くべき事実を目の前にして自分で考え，自分で判断して新しい信念を形成しようとする方法である。その採用基準は「理性」に適っているかどうか，である。

④科学の方法。科学的実験により，自然法則を発見し，それに基づいて新しい信念を形成する。

パースは，④科学の方法を採用すべきとする。それは①②③は，何らかの形で個人の気まぐれに依存するからである。それに対し，④については，我々の思考によって左右できないからである。また，④は結論の修正を可能とするからである。

次に，パースは「われわれの観念をいかにして明晰にするか」(1878) において，プラグマティズムを確立した。それを「プラグマティズムの格率（規

則)」として述べている。

> われわれが認識の明晰さに関して,その第三段階に達するためには,われわれが既念している対象について,次のものを考察しなければならない。すなわち,その対象は,われわれにとって実際的な意義をもつだろうと考えられるような,いかなる帰結(効果)をもたらすのか。この諸帰結(効果)こそが,その対象についての概念作用の全内実なのである。

例えば,次のような命題がある。「このダイアモンドは硬い」。この命題は「ダイアモンド」が「硬さ」という性質をもつ,という意味を伝えようとしている。しかし,「硬さ」はどこに存在するのか。またそれを「もつ」とはどういう意味なのか,である。それを目の前に感覚できる事象に翻訳するとこうなる。「このダイアモンドは,かくかくしかじかの物を用いて傷つけようとしても,傷がつかないであろう」。

このように感覚的帰結・実際的な効果を特定できないような文は,無意味である。同様に,その帰結や効果が特定できないような観念や概念は無意味なのである。

ここにパースの実験主義的な特徴がある。つまり,観念や概念をテストし,その結果を重視するという態度である。パースのプラグマティズムは実験主義という「方法論としてのプラグマティズム」であった。

3. ジェームズのプラグマティズム

ジェームズ(William James, 1842-1910)はパースの大学時代からの友人であり,アメリカにおける最も著名な心理学者,そして哲学者であった。彼は,パースのプラグマティズムを,より広い範囲の問題への適用によって,世界に知らしめた。プラグマティズムの普及に関して,最も貢献した人物であった。ただし,単に,プラグマティズムを普及させたのではなく,ジェームズは,それを改変したのであった。

ジェームズは,宗教思想家であった父ヘンリー・ジェームズの長男として,ニューヨーク州に生まれた。祖父はニューヨーク州でも屈指の資産家であった。弟のヘンリー・ジェームズは,のちに国際的な小説家になった。アメリカの遅れた教育を嫌った父は,家族を連れて何度もヨーロッパ旅行をした。そのため,子どもたちは系統的な勉強の機会をもてなかった。しかしながら,フランス語

やドイツ語を自由に使えるようになった。ジェームズは，最初，画家を目指した。ところが，2年後には断念し，ハーヴァード大学に入学した。

ジェームズは，最初に化学を専攻し，その後生物学，そして医学へと転身した。ドイツに留学し，心理学を修めたのち，26歳で医学博士となった。30歳の時に，ハーヴァード大学の生理学の講師として，生理学と心理学を交互に講義した。35歳の時に，心理学の講義が，生理学科から哲学科に移ったのを機に，哲学科に移った。43歳で哲学教授に昇進した。友人のパースとは対照的なキャリアを積んでいった。このような，生理学，心理学，哲学という学問領域の横断が，ジェームズに横断的視点を与えた。

ジェームズは『プラグマティズム』(1907)において，プラグマティズムの意味や構造を論じている。その中で「プラグマティズム」と「プラクティカリズム」を互換可能な用語としている。つまり「実際主義」という立場である。

ジェームズは，パースの「方法論としてのプラグマティズム」を「真理論としてのプラグマティズム」へ改変した。

ジェームズは，パースと同様に，観念や概念の意味を，実際的な帰結ととらえた。ただし，観念や概念を明晰にするためには，感情的または実際的な結果をも考慮しなければならない，とする。

> 真なる観念とは，われわれがそれを自分のものとし，妥当なものとし，裏付けることができる，真理化できる観念のことである

> 実際に役に立つものが，それが役に立つ者にとって，真なのであり，また実在を表現しているのである

ジェームズによれば，真理とは，我々が自分のものにし，役に立つものなのである。真理とは，知性と感情の混合なのであった。それが科学的知識と宗教的経験のような異種的世界の共存を可能にするのであった。

第3節　デューイの教育思想

1．プラグマティストとしてのデューイ

デューイ (John Dewey, 1859-1952) は，アメリカを代表する哲学者，プラグ

マティズム哲学の創始者の一人である。前述のパースとジェームズのプラグマティズムを総合しようとした。1859年，ヴァーモント州バーリントンに生まれた。奇しくもダーウィンの『種の起源』発表の年である。ヴァーモント州立大学卒業後，ハイスクールなどの教師をし，1882年にジョンズ・ホプキンス大学大学院に進学する。そこで哲学研究に専念する。博士号を取得したのち1884年からミシガン大学に勤務し，シカゴ大学，コロンビア大学にて哲学科の教授を歴任した。

デューイ

シカゴ大学時代のデューイの活動について説明しておこう。デューイは1894年，34歳の時にシカゴ大学の哲学・心理学・教育学の主任教授となった。そこにミード（George Herbert Mead, 1863-1931）などをスタッフとして迎え「シカゴ・プラグマティズム」をスタートさせた。デューイや他のプラグマティストが問題意識をもったのは，当時のシカゴの社会状況であった。当時のシカゴは，1893年に万国博覧会を開催し，食肉産業，鉄鋼業，鉄道などの中心地として，急速に資本主義的産業化が進んだ。他方，移民の増加，南部からの転入者などによる人口急増，人種対立や労使対立が激しさを増していた。その結果，犯罪をはじめとする社会問題が多く発生していた。当然，社会改革が必要であった。プラグマティストたちは，これらの問題に対して，知性を用いた問題解決を目指した。

デューイにとって，知性は，経験において生じた問題を解決するためのものであった。観念は，問題を解決するための仮説や計画であった。その結果が事実であった。つまり観念は道具なのであった。

デューイは『思考の方法』において，知性の展開を次のような5段階として示している。①疑念を生じさせる「問題的状況」，②問題の設定，③問題を解決するための仮説の提示，④推論による仮説の再構成，⑤実験と観察による仮説の検証である。

2．実験学校と教育の「コペルニクス的転回」

デューイはシカゴ大学の哲学・心理学・教育学の主任教授として赴任した翌

年，1895年に教育学科を独立させ，翌1896年に，付属小学校として，「実験学校」を発足させた。それは，大学院をもつ教育学科のための実験学校であった。

この頃，すでにシカゴのクック郡師範学校付属実習学校を改革したパーカーが，優れた実践を行っていた。それに対して，デューイは，アメリカの教育制度の指導者たちを育成するために「実験学校」を創設した。指導者たちとは，師範学校・教員養成学校の教師，大学の教育学の教授，視学，大都市の学校の校長，などを指す。パーカーの「実習学校」とデューイの「実験学校」は，その性格を異にしていた。

「実験学校」と呼ばれるのは，デューイの「教育は哲学の実験室」であるとする立場による。つまり，哲学から導かれた観念を作業仮説として検証しようとしたのである。彼は，教育学を心理学や物理学と同じような実験科学に変えようとしたのである。学校は，教育理論の可否が検証される場所であった。また，それに基づき，教育実践を刷新する場所でもあった。

実験学校は，1896年1月，シカゴ大学から少し離れた場所にある一軒家を借りて始まった。生徒は16人（6歳から9歳），教師1人，工作科の助手1人であった。同年10月には，別の町の一軒家を借りて，生徒32人（6歳から11歳），専任教員3人（それぞれ，文学と歴史，理科と家庭科，手工科の担当），非常勤の音楽指導員1人，助手として大学院生3人であった。

1898年には別の町に校舎（定員90人）を新設した。生徒は86人，教師は16人であった。この時に幼稚部（4歳から5歳）もできた。1900年以降，生徒は最大140人，教師23人，助手10人にまで増えた。体育室，工作室，織物工作室，台所，食堂，理科実験室，歴史特別教室などを備えていた。しかしながら，1904年，デューイが教育学部長・教育学科主任を辞任し，実験学校もその幕を閉じた。

実験学校における実践報告が『学校と社会』(1899)である。それにより，デューイは進歩主義教育運動の理論的指導者として，世界的に知られるようになった。

最も有名なのが，同書の中にある次の言葉だろう。

　　今日わたしたちの教育に到来しつつある変化は，重力の中心の移動にほかならない。それはコペルニクスによって天体の中心が，地球から太陽に移されたときのそれに匹敵するほどの変革であり革命である。このたびは子

どもが太陽となり，その周囲を教育のさまざまな装置が回転することになる。子どもが中心となり，その周りに教育についての装置が組織されることになるのである。

この言葉は，デューイによる「児童中心主義」の表明とされている。つまり，子どものなかにある「自然本性」をそのまま発達させる，という意味ととらえられている。ところが，これは，子どもと教師との「相互活動」，そして子どもとカリキュラムとの「相互作用」をも意味していた。つまり，関係論を強調していたのである。

デューイが展開したのは，教育を通じて個人と社会が進歩していく民主主義の在り方であった。その民主主義社会にふさわしく，現代科学の成果に合致した教育論であった。

3．民主主義と教育

デューイは，その教育論を『民主主義と教育』(1916) において展開した。それは，民主主義社会にふさわしく，現代科学の成果に合致した教育論であった。この書の中で，社会と教育，教育の目的，教育と経験・思考，教授法・教材の本質，遊戯・作業，科学論，職業教育，知識論，道徳論などを展開した。

では民主主義社会における教育の目的は何か。デューイはこう言う。

> 教育の目的は，個々人に自分たちの教育を続けていく力を与えることである――言い換えれば，学習の目的と報酬は不断に成長していくことのできる能力である――。

デューイにとって，教育とは，何か社会の特定の職業などの準備のために行う活動ではなかった。「成長していく能力」の獲得であった。自己教育力と言い換えてもよいだろう。

デューイは，教育の過程を連続的な成長の過程ととらえ，成長が可能となる条件として「未成熟」を挙げている。「未成熟」の特徴は「依頼性」と「可塑性」である。「依頼性」は積極的かつ建設的な力，経験によって学ぶことのできる力を意味する。「可塑性」は得た経験から学ぶ力，経験を改造していく力を意味する。

デューイによれば，教育とは，経験の意味を増し，その後の経験の進路を導

く能力を高める経験の改造，再組織である。教育の目的は，教育の過程以外にはなく，教育の過程そのものにある。

それゆえ，デューイは「教育過程の外」から課せられる特定の固定的な目的を拒絶する。彼は『民主主義と教育』のなかでこう言う。

> それゆえ教育の目的を求める場合に，我々は教育過程の外に教育を支配する目的を見つけようとはしない。我々のすべての考えがそれを許さない。

教育の目的は，デューイによれば学習活動の外から課せられるべきではない。それは，子どもの活動を制限する外的命令にすぎないからである。

目的は現在の状態から生まれるべきであり，すでに進行中の事柄についての考察に基づかねばならない。つまり現実を無視してはならないのである。

ところが，一般的には教育論や道徳論は「活動の外部に目的がある」と考えてしまう。特に，「被教育者の能力には関りなく，大人の気持ちにとって大事だと思われる問題をとりあげて，それらを目的として掲げる傾向がある」ようである。

デューイは従来の教育論が，子どもの現在の状態を考えずに「大人の気持ちにとって大事だと思われる問題」を目的とする傾向を批判した。

デューイの主張は，教育を通じて個と社会が進歩していく民主主義社会の実現であり，民主主義社会の求める教育の在り方であった。

4．進歩主義教育運動とデューイ

一般に，デューイはアメリカの進歩主義教育運動の理論的な指導者と見なされている。あるいは，デューイの教育論が，進歩主義教育運動の理論的基礎となったとされている。もちろん，デューイは，1919年設立の進歩主義教育協会（PEA, Progressive Education Association）に参画していた。当然，初代の会長に推された。しかし，固辞したのであった。

デューイは進歩主義教育が児童中心主義に偏向する点に関して，一貫して批判的であった。『子どもとカリキュラム』（1902）の中で，教科中心の旧教育と児童中心の新教育は，ともに子どもと大人を質的に区別すべきとの固定観念にとらわれていると批判している。また，『経験と教育』（1938）においても同様の批判をしている。例えば，第1章「伝統的教育対進歩主義教育」の冒頭には次のように書いている。

人間というものは，極端な対立をもって，物事を考えがちである。このような考え方は，中間的なものがあるという可能性を一切認めようとはせずに，「あれかこれか」という見地からの信念が定式化されたものである。

ここでいう「あれかこれか」とは，教育は「内部からの発達である」か「外部からの形成である」か，という考え方である。あるいは，教育は「自然の性向を克服し，その代わりに外部からの圧力によって習得された習慣に置き換えられる過程である」という考え方か，「自然的な素質を基礎におく」考え方か，である。それが「学校での実践的な事柄」になると，「伝統的教育と進歩主義教育とを対照する形式をもって説明されがちである」という。

そして，「新教育の一般的な原理それ自体だけでは，進歩主義学校における現実的な，あるいは実践的な運営や経営上の問題をなにひとつ解決しない」と指摘している。

一般的にいえば，進歩主義教育はアメリカにおける新教育という位置づけである。しかしながら，より厳密にいえば，進歩主義教育はあくまでも真の教育を目指したにすぎなかった。少なくとも，デューイの立場から見れば，単に，子どもの自然本性に信頼を置いた，児童中心主義的な思想を展開したのではなかった。

1926年，PEAの総裁エリオット（Charles William Eliot, 1834-1926）がこの世を去った。エリオットは，1869年から1909年まで40年間ハーヴァード大学学長を務めた人物であった。主に，高等教育の改革に携わった。特に，ハーヴァード大学のカリキュラムを自由選択制（スモーガスボード・カリキュラム）に変えた。

エリオットの後継者としてデューイが名誉総裁となる。デューイは1952年にこの世を去るまで名誉総裁を務めた。名誉総裁就任後も，実質的な活動はしなかった。デューイの進歩主義教育の思想と，進歩主義教育運動の間には差異があったのである。

学習課題
1．パース，ジェームズ，デューイ，それぞれの思想の違いを明確にして説明しなさい。
2．デューイの教育思想を簡潔にまとめなさい。
3．デューイの「一般に被教育者の能力には関りなく，大人の気持ちにとって大事だと思われる問題をとりあげて，それらを目的として掲げる傾向がある」というこの言葉

を，事例を用いて説明しなさい。

参考文献
・伊藤邦武編『〈哲学の歴史8〉社会の哲学』中央公論新社，2007。
・今井康雄編『〈有斐閣アルマ〉教育思想史』有斐閣，2009。
・魚津郁夫『プラグマティズムの思想』ちくま学芸文庫，2006。
・オールストローム，S. E.，児玉佳與子訳『アメリカ神学思想史入門』教文館，1990。
・小澤周三他『〈有斐閣Sシリーズ〉教育思想史』有斐閣，1993。
・亀井俊介編著『アメリカ文化史入門──植民地時代から現代まで』昭和堂，2006。
・デューイ，J.，金丸弘幸訳『〈西洋の教育思想19〉民主主義と教育』玉川大学出版部，1984。
・デューイ，J.，市村尚久訳『学校と社会・子どもとカリキュラム』講談社学術文庫，1998。
・デューイ，J.，市村尚久訳『経験と教育』講談社学術文庫，2004。
・永井均他編『事典・哲学の木』講談社，2002。
・パース，ジェイムズ，デューイ，上山春平編『〈世界の名著48〉パース ジェイムズ デューイ』中央公論社，1968。
・バッツ，R. F.／クレメン，L. A.，渡部晶他訳『アメリカ教育文化史』学芸図書，1977。
・林達夫編『哲学事典』平凡社，1971。
・東岸克好他『〈玉川大学教職専門シリーズ〉西洋教育史』玉川大学出版部，1986。
・廣松渉他編『岩波 哲学・思想事典』岩波書店，1998。
・細谷俊夫他編『新教育学大事典』第一法規出版，1990。
・三井善止他『西洋教育史（9版）』玉川大学通信教育部，1994。
・森本あんり『アメリカ・キリスト教史──理念によって建てられた国の軌跡』新教出版社，2006。
・柳沼良太『プラグマティズムと教育──デューイからローティへ』八千代出版，2002。

学習を進めるにあたっての参考図書
・伊藤邦武編『〈哲学の歴史8〉社会の哲学』中央公論新社，2007。
・今井康雄編『〈有斐閣アルマ〉教育思想史』有斐閣，2009。
・デューイ，J.，金丸弘幸訳『〈西洋の教育思想19〉民主主義と教育』玉川大学出版部，1984。
・デューイ，J.，市村尚久訳『学校と社会・子どもとカリキュラム』講談社学術文庫，1998。
・デューイ，J.，市村尚久訳『経験と教育』講談社学術文庫，2004。

第10章　イギリスにおける新教育運動

　19世紀の終わりから20世紀の初めにかけて，ヨーロッパにおいて「新教育運動」が起こり，それはその後アメリカ，あるいは日本へまで伝わって，世界的な新教育運動へと発展した。その新教育運動の発端となったのが1889年，イギリスに誕生したレディのアボッツホルム校であった。

　当時のイギリスの中等学校における教育は，私立のパブリック・スクールにせよ，公立のグラマー・スクールにせよ，いずれもギリシャ語，ラテン語などの古典語を中心に行われ，主知主義的で，現実の生活から遊離したものであった。他方，産業革命後の都市においては，社会問題が表面化し，家庭における教育機能も低下して，もはや都市は教育に適した環境とは見なされなくなっていた。

　さらに当時のイギリスの家庭や学校においては，相変わらず中世におけるキリスト教の原罪説の教えが生き続け，人間は生まれながらに悪なる存在であり，「ムチを惜しむものは，その子をそこなう」と信じられ，体罰や厳しい訓練主義のもとで，子どもの本性が歪められていた。

　そのような諸問題を解決するべく起こった教育改革運動が，新教育運動と呼ばれているものである。本章では，レディ，バドレー，ニイルの3人を取りあげ，イギリスにおける新教育思想と，その実践がどのようなものであったのかみてみたい。

キーワード
イギリスの新教育　レディ　アボッツホルム校　バドレー　ビデールズ校　ニイル

第1節　レディの新教育思想とその実践

1．レディの生い立ちから青年期の状況

　レディ（Cecil Reddie, 1858-1932）は，1858年に海軍省の役人をしていた父ジェームスの五男としてロンドンに生まれた。8歳で母，12歳で父に死なれ，レディはスコットランドに住む伯父に引き取られた。当時のエディンバラには，スコットランド初のイングランド式パブリック・スクールとしてフェッツ・カレッジ（Fettes College）があり，レディは当カレッジで6年間の寄宿舎生活を送った。そこでの教育は，イギリスのパブリック・スクールの伝統に則ったもので，主要科目としてラテン語，ギリシャ語が重視されており，同様に，体育

115

レディ

競技としてクリケット，フットボールが取り入れられていた。レディ自身は古典語を必ずしも苦手にしていたわけではなかったが，古典語中心のカリキュラムとその教授法に対しては不満をもっていた。フェッツ・カレッジを卒業したレディは，エディンバラ大学に進学した。

初めは医学を学んだが，当時の医学が病気の治療法に重きを置いていることに失望し，化学を専攻，数学と物理学を副専攻とした。彼は，人間の本質や生命の原理の探求により深い関心を抱いており，科学による人間や生命の解明のほうを選んだのである。エディンバラ大学で優秀な成績を収めた彼は，卒業と同時に同大学から3か年間の化学研究のため，ヨーロッパ大陸に留学する機会を与えられた。彼はドイツのゲッティンゲン大学を選び，1884年に哲学博士の学位を取得して帰国した。帰国後1か年間は生化学者で社会学者でもあるゲデス（Sir Patrick Geddes, 1854-1932）の研究所で実験に従事した。だが，1885年から母校フェッツ・カレッジで化学の，1887年からはイングランドのフリントン校で理科の教師を務めた。

2．レディの青年期の思索と行動

ドイツ留学中にマルクス，エンゲルスらの社会主義の理論に触れたレディは，帰国後はイギリスの都市計画運動に大きな影響を与えたゲデスやその他の友人の紹介で，社会主義者の集まりである「新生活協会」に所属した。同協会の会員には，のちに労働党内閣を組織したマクドナルド（James Ramsay MacDonald, 1866-1937）も名を連ねていた。しかし，レディが特に深い関係をもったのは，空想的社会主義者のカーペンター（Edward Carpenter, 1844-1929）であった。

カーペンターは，父親の遺産でダービーシャーの田園に7エーカーの土地を買い，自ら農耕に従事して労働者とともに働き，生活するという実践をしていた。カーペンターの生活様式と社会思想はレディの思想形成に大きな影響を与えた。カーペンターの援助によってレディは自分自身の生涯の仕事を見つけることができたのであり，さらに，その実践として位置づけられているアボッツホルム校の教育は，カーペンターの思想なしにはあり得ないものであった。であるから，レディが新学校の創設を計画していた頃は，カーペンターほか新生

活協会の会員たちも設立発起人であった。

だが、レディ以外の人々にとっては、政治的、社会改革的手段としての学校創設でしかなかった。レディはイデオロギーにとらわれず、もっと純粋にイギリスをこれから担う青少年のための教育のほうが大切であった。レディは「高尚なイギリス人を育て、人類文化の向上に資する」という教育目標を掲げた。結局は、教育に対する立場の違いから、レディは一人で新学校を設立することになったのである。

3．レディによる「アボッツホルム校」の誕生

1889年、レディはダービーシャー州の田園地帯に、130エーカー（約16万坪）の土地付きの「アボッツホルム」（Abottsholme）と呼ばれる館を借りて、新学校を創設した。同校の教育目的を述べた最初の文書には、そこの自然の景観について「さわやかな高地の気候、高地のさまざまな美しい景色、野趣豊かな沼地の広がりがあり、町からもかなり遠く離れており、健康で自由な田園生活が確保されている」と記されている。

ドーヴ川のほとりに広がるこの景勝地は、英国最良の保養地であるばかりか、鉄道を利用すれば、製鉄地帯、石炭、鉄、銅などの鉱山、綿、絹その他の工場の見学も容易にできる地理的にも便利なところであった。ドーヴ川は水泳、漕艇、魚釣りに利用され、川辺の草地は運動場や農場になった。レディは、都市の悪影響から離れた田園の地に、教師と生徒による一大家庭をなす共同体としての学校の創設を行ったのである。イギリス、否ヨーロッパ、さらに世界の新学校の始まりは、「田園・教育・塾」の形をとって生まれた。創設当時は男子生徒だけの16人であった。

4．アボッツホルム校における教育の目的

レディは青少年（11歳から18歳）の全能力の調和的発達、すなわち、知的、道徳的、および身体的にバランスのとれた発達を図ることを目指し、将来のイギリスの各方面における指導者の養成をしようとした。レディが作成した「新学校の起案書」には、「この学校では、少年の全ての力を調和的に発達させるための試みが行われるはずである。つまり、少年たちに対して、現実の生活の仕方というものを訓練することによって、社会の理性的な一員たらしめることが行われるのである」と記された。具体的には、「その訓練は、①身体的、手工的、②芸術的、想像的、③文学的、知的、④道徳的、宗教的になるはずであ

る」として，「全人教育」が志向された。

　レディは，自ら体験したパブリック・スクール（私立の英国中等学校）における古典語とスポーツ偏重を改め，それらにあてる時間を削減して，それまで軽視されていた現代外国語（フランス語やドイツ語），地理，理科などを取り入れた他，木工，金工，園芸，農耕などの手仕事（労作）をも導入し，それらの教育的意義を強調した。訓育面では，ラグビー校の校長としてパブリック・スクールの教育を刷新したアーノルド（Thomas Arnold, 1795-1842）によって考え出されたプリーフェクト（級長）制を引き継ぐとともに，教師と生徒，および生徒同士の間を，信頼と愛に基づくものにしようとした。

5．アボッツホルム校における1日の生活

　アボッツホルム校での1日は，朝夕の礼拝を中心とした宗教的情操の陶冶が生活の根底をなし，午前中は主として室内での知的学習，午後は屋外での身体的活動（体育と労作），そして夕方は情操活動にあてられた。

　体育としては，フットボール，クリケット，テニスなどのほか，夏期にはドーヴ川での水泳や漕艇，冬期には近くの斜面でトガボンそりの滑降が行われた。その他，遠足，自然観察のための散策，ボクシング，フェンシングも行われた。手作業（労作）としては，園芸（ジャガイモ掘り，樹木伐採），養蜂，木工，金工（実用的および芸術的作品の製作），家畜小屋の建造，測量や調査などが行われたが，これらは教科の学習と関連づけてなされた。

　夕方の情操的活動としては，音楽，詩の朗読，絵画，集会場での社交の集いなどが行われた。レディによれば，この学校の主な特徴の一つは音楽であった。すべての生徒に歌唱指導がなされたが，全校の3分の2以上の生徒が楽器を習い，そのうちの3分の2以上はピアノと同様にバイオリンを習っている。毎週「音楽の夕べ」が催され，毎晩夕食後にはピアノまたはオルガンの演奏が行われたのであった。詩や文学も声を出して読むことが重視され，週のうちに一晩は，シェークスピアの朗読もなされていた。

6．レディの後世への影響

　レディは1927年までの38年間，アボッツホルム校の校長として11歳から18歳までの青少年の教育にあたった。一時的には生徒の数が2人になり，廃校の危機を迎えたが，卒業生たちが立ち上がり，また後継者たちの努力によって現在も学校は続いている（ただし，1970年以降は男女共学校である）。レディには，

新教育の先駆者としての自負と同時にかなりの我儘もあり，必ずしも謙虚で立派な新学校の教師であったとはいえない面もあるが，レディによって創設されたアボッツホルム校が，世界的に広がっていった新教育運動の原点となったことは動かしがたい事実である。

　アボッツホルム校の教師としてレディとともに働いたドイツ人リーツは，のちにドイツのイルゼンブルクに「田園教育塾」を創立。そこから，ヴィネケンの「自由学校共同体」や，ゲヘープの「オーデンヴァルト校」，「人間性の学校」へと展開していったし，他方，フランス人ドモランは，レディやこれからみようとするバドレーの影響によって，自分の息子をバドレーの学校に留学させたばかりではなく，自らフランスの地に「岩の学校」を創立したのであった。そのドモランの「岩の学校」から直接の影響を受けた一人が，当時日本からフランスに留学中の谷本富であった。谷本は帰国後，京都帝国大学において「新教育」について講義，これが日本における新教育運動の一つの大きな要因になった。このようにレディの創設したアボッツホルム校を源流として新教育運動はさらに世界へと広がっていったのである。

　アボッツホルム校において，最初はレディの片腕として働きながらも，途中で意見を異にし，自ら同じイギリスの地において新教育運動をさらに展開していったのが，次にみようとするバドレーである。

第2節　バドレーの新教育思想とその実践

1．バドレーの生い立ちから青年期の状況

　バドレー（John Hadem Badley，1865-1967）は，1865年にバーミンガムに近いダドレーで生まれた。父親は祖父の代からの医者であったが，自分の息子の職業選択に関しては何の要求も出さなかった。母親は敬虔な信仰をもち，日曜日には子どもたちを教会に連れて行ったし，また文学や芸術にもたけた人であったので，子どもたちは母から文学や絵画や音楽の手ほどきを受け，家族全員でテニスンやシェークスピア，ディケンズなどを読んだ。

　15歳になると，バドレーはラグビー校に進学した。当時のラグビー校のカリキュラムのなかでも，他のパブリック・スクールと同じように，ギリシャ語とラテン語の時間数が圧倒的に多かった。美術や工芸や音楽は，自由時間の課題として始められたばかりであった。多くの生徒と同様に，バドレーにとって

バドレー

もこのようなカリキュラムは満足できるものではなかった。とはいえ、バドレーはよく勉強したので成績はずば抜けて良かった。1884年、彼はケンブリッジ大学のトリニティ・カレッジに特待生として入学した。

　ケンブリッジ大学で古典語の勉強をさらに続けながらも、バドレーは次第に音楽や芝居や文学、宗教、政治などにも興味をもっていった。4年生になる頃には、社会理論や政治理論、哲学、イギリス文学、さらにはドイツ文学にも興味を覚え、何の定職も見つけられないまま、1888年にケンブリッジ大学を卒業、その年の冬からドイツへと留学した。

2．バドレーのレディとの出会いと別れ

　バドレーのドイツ留学は、1888年の冬から翌1889年の春にかけての短い期間であったが、彼はドイツ語、ドイツ文学、およびドイツの政治・政治思想について真剣に学んだ。ちょうどその頃、一人の友人が、イギリスで新しい学校の実験的試みが始められようとしていることを知らせてきた。この新しい学校こそが、レディのアボッツホルム校であった。バドレーはアボッツホルム校の準備段階の声明書を読み、大いに興味を引かれ、その学校の校長レディに会うために急いでドイツから帰国した。

　1889年の10月から、バドレーはこの新しい学校アボッツホルム校で、古典語と歴史とフランス語とを教え始めた。レディは、先にみたように、新教育の実践に大きな夢を抱いて取り組み始めたが、財政的には少しも恵まれてはいなかった。バドレーに対しても、食事と宿舎とわずかばかりの生活費を与えるだけであった。しかし、バドレーにとってそれは全然問題ではなかった。

　1892年の夏、バドレーはギャレットに結婚を申し込み、同時にレディ校長に対して、アボッツホルム校で教師として務めながら彼女と結婚生活を始めたい旨を申し出た。だが、校長のレディはそれを認めなかった。レディ自身も独身であったが、妻子に煩わされることなく、生徒の教育に対して惜しみない奉仕ができるような独身の教師を好んでいたからであった。このことが契機となって、バドレーはアボッツホルム校のレディのもとを去った。

3．「ビデールズ校」の創設と男女共学

　1893年1月，バドレーは，サセックス州リンドフィールド近くのビデールズの丘の上にある，石造りの古い一軒家を使って，自分の学校を始めた。学校の名前は，この地の名前を取って「ビデールズ校」と命名された。バドレー28歳の時であった。そこには3人の男子生徒と男女各3人ずつの教師がいるだけであったが，家庭的な雰囲気に満ちていた。

　創立から5年後の1898年には，父母たちからの要望もあって女子の入学も許可することになり，60人の男子生徒と4人の女子生徒を抱える男女共学校となった。その後も少しずつ女子の生徒数も増えていったが，彼女たちの存在は学校のなかで何の混乱も不都合も引き起こすことはなかったという。それどころか，さらに生徒数が増えていったし，男女共学のため部屋数も多く必要であったため，最初の建物は次第に手狭になっていった。そこでピータースフィールド近くのスティーブ村に新たに学校の敷地が購入された。

　1900年9月の新学期から，この新しい場所で授業が始まったのであるが，その時，男子生徒は68人，女子生徒は7人で，それらの生徒たちの面倒を女性3人，男性9人の教職員たちがみていた。その4年後には，女子生徒が30人に，男子生徒が90人に増え，卒業生たちも着実に大学へ入学するようになり，学校の運営も軌道に乗り始めた。

　ちなみに，現在もビデールズ校はピータースフィールドの地において男女共学校として存続している。バドレーにとってもレディにおけると同じように，18歳に達する中等教育段階が中心ではあるが，1905年にダンハーストに初等段階としてのジュニア・スクールが，また1953年にはダナニーに保育段階としてのインファント・スクールがつくられた。

4．ビデールズ校が目指したもの

　女性観の違いからレディと袂を分かつことになったが，バドレーのビデールズ校も，レディのアボッツホルム校と同じように，パブリック・スクールの教育を刷新するものとして起こったものであり，教育観には共通するものも多くあった。パブリック・スクールにみられる，①古典語中心の幅の狭いカリキュラム，②運動競技への熱中，③近代社会の要求に対する無視の姿勢，④支配階級の伝統に基づいた教育など，これらの刷新を目指したところに，バドレーのビデールズ校の教育も存在基盤をもっていた。

バドレーによれば，新学校の条件としては，①田園地帯において良い環境に恵まれた学校生活を準備すること，②健康的な日常生活を準備すること，③多種多様な勉強と余暇の過ごし方を準備すること，④社会に対する関心を深めていくことなどであり，これらの条件を兼ね備えた学校こそが，「新しい学校」と呼ばれると考えたのであった。

この新しい学校では，獲得された知識の量よりも，必要な知識を獲得したり，さらにそれを応用していく思考力や独創力がいっそう重視された。バドレーは『新学校の理想』において，「今日においては，知識を追い求めることではなく，生活することが教育の目的」だとしている。よって，学校に課せられた任務とは，すべての生徒たちの「心身を鍛え，発達を促していくことに役立つ適切な題材を準備」すると同時に，「心身の力を可能な限り伸ばしていくのにふさわしい環境を用意」することであった。バドレーはのちに，卒業生たちの「会報」に，ビデールズ校が実現したと思われる特徴の一つとして，この学校の教育は，少数の生徒たちの際立った能力を伸ばしてやることではなくて，「全ての生徒たちそれぞれの能力や興味を発見し，伸ばしていく機会を与え」たことであることを記している。

5．ビデールズ校の1日の流れと教育課程

ビデールズ校もアボッツホルム校と同じように全寮制であり，1日の流れは朝の起床に始まり，夜の就寝まで続いた。もっと具体的にいえば，朝7時15分の起床から夜の21時30分まで，その間にさまざまな教育活動が展開された。午前中が主として室内での知的学習，午後は主に屋外での身体的活動（体育と労作），そして夕方は情操活動という点では，両校の1日の流れは似ていたが，ビデールズ校のほうが時間的にゆとりがあったように思われる。両校ともに宗教的情操の陶冶を重視したが，アボッツホルム校では朝夕に礼拝が行われたのに対し，ビデールズ校では「夕べの祈り」があるだけであったし，午後には運動競技や実科だけではなく，自由時間さえも設けられた。

ところで，その教育の内容であるが，一般教育課程は五つの学科群からなっていた。第1の学科群は「言語」で，それには母国語としての英語，近代語としてのフランス語，古典語としてのラテン語が含まれた。第2の学科群は「科学」で，それには物理学，化学，生物学が含まれた。第3の学科群は数学，第4の学科群は社会科学，それには歴史と地理学が含まれた。そして第5の学科群が「手仕事」と呼ばれる学科群で，これには，製図，木工細工，金属細工，

料理, 裁縫のようなものだけでなく, さらに音楽や体操, 運動競技なども含まれたのであった。バドレーがパブリック・スクールで体験した古典語中心の科目群に比べれば, 非常に多彩なものであった。

以上にみたように, レディとバドレーの新教育思想とその実践は, 男女共学の観点に違いはあったが, 非常に似たものであった。ここでもう一人, 少し系列の変わったイギリスの新教育にも目を向けてみたいと思う。それは, 徹底した自由教育の主張者ニイルの「サマーヒル校」である。

第3節　ニイルの新教育思想とその実践

1. ニイルの生い立ちから幼少年期の状況

ニイル（Alexander Sutherland Neill, 1883-1973）は, 1883年にスコットランドのフォアファーで, 小学校校長ジョージ・ニイルの三男として生まれた。父親は熱心なプロテスタントのカルヴァン派の信者であったが, 家庭にあっても, 学校にあっても, 学業や品行に問題があると, 体罰をもって臨んだ。それは単にニイルの父親に限ったことではなく, 当時のスコットランドの学校においては一般的なことであり, 多くの子どもたちが体罰と憎悪のなかで生活を送っていた。

ニイルには2人の兄と1人の妹がいたが, ニイルは兄弟のなかでは成績も悪く, 厳しい体罰を受けることも多くあり, 劣等感にさいなまれながら幼少年期を過ごした。これらの幼少年期の経験はニイルに, 教科をはじめとして興味がもてないものへの強制の苦痛が, いかに子どもの生活を不幸にし, 望ましい発達を阻害するものであるかを, 強く感じさせた。

ニイル

2. 教育者への道に

ニイルが14歳になった時, 父親は, ニイルが勉学で道を立てる見込みがないと判断して, 事務員の仕事に就かせたが, その仕事は単調なものであり, 長続きしなかった。次に公務員になるべく試験勉強もしたが, うまくいかなかっ

た。両親は、勉強もだめで、務めも長続きしないニイルに困ってしまい、父親の学校で見習い教師をさせた。この学校は複式学級の編成で、助手を必要としていたし、ニイルに対しては父親のもとで指導する必要を感じたためでもあった。かくしてニイルは、16歳から父のもとで見習い教師となった。

　子どもたちと年齢が近いこともあり、厳格で訓練主義的な父とは違い、子どもたちとも楽しく遊び、慕われ、心の触れ合いとその喜びを経験することができた。助教とはいえ、教えるためには正確な知識が必要であり、「教えることは学ぶこと」であることも体験した。ある意味では、偶然から教育の道へと入り込んだのであった。

3．25歳でエディンバラ大学に入学

　19歳の時、最下級ではあったが教員免許をとり、父のもとを離れ、本格的な教師生活が始まった。だが、どこの学校へ勤務しても、教師たちの厳しい訓練主義に出会うことになった。最初に勤務した学校では、教室における一切の私語が許されず、それに違反する生徒には革のムチが飛び、ニイルもそのようにすることを要求され、心ならずもそれに従った。だがそれに耐えられず、職場を変えざるを得なかった。次に勤務した学校はキングケトル校であったが、そこはさらに訓練主義の厳しい学校であった。校長が勉強のできない子どもを革のムチで打つのを見るときの恐怖は、耐えがたいものだった。ニイルは、これらの経験のなかで、このような教育が子どもをいかに損なわせているのかを痛感した。

　その後比較的温情のある学校も経験したが、落ち着いて真剣に教育に取り組んでみると、自分の学力不足を感じるに至り、発奮して大学受験の勉強を始め、1908年、25歳になってエディンバラ大学への入学を果たした。

4．再び教育者となり、新教育を模索

　ニイルはエディンバラ大学では英文学を専攻した。1912年に大学を卒業したニイルは、はじめジャックス社に職を得、百科辞典編集の仕事に携わった。だが第一次世界大戦の勃発により、この会社は倒産。ニイルはいま一度、教育に真剣に取り組んでみたいと思うようになり、1914年スコットランドの田舎の小さな小学校の校長になった。

　再び教師となったニイルは、体罰をともなう、知識の伝達に終始する古い教育を捨て、考えることのできる人間、つまり、自分を顧み、時代を考え、世界

の将来を考え得る人間，そして戦争の勃発を防ぎ得るような人間の育成に取り組もうと決意した。それは，興味に基づく教育であり，自律的な訓練が可能な教育であった。この学校で彼は，子どもたちの自由を尊重し，彼らのなかに潜在する諸能力を最大限に発育させ得る教育の在り方を求めた。

その後ドイツとの戦争が起こり，ニイルは軍隊生活を体験する。有無を言わせぬ処罰の存在する軍隊生活は，ニイルにとって決して愉快なものではなかった。そんななかで，ニイルが出会ったのがレイン（Homer Tyrrell Lane, 1875-1925）であった。彼は不良児救済のための施設を経営していたが，この施設は従来の厳重な監督と厳しい教育を行う感化院とは趣を異にして，子どもを自由に振る舞わせ，彼らの自治に任せて教育効果をあげていた。ニイルはこの施設を実際に訪問し，子どもたちの生活をつぶさに見学し，レインと夜を明かして語り合うなかで，自分が年来考え，描いていた「自由の教育」が，ここで立派に実現されているのを見たのである。

5．エンソアとの出会い・国際学校の開設

1920年，ニイルはエンソア（Beatrice Ensor, 1885-1974）を助けて，「新教育協会」（The New Education Fellowship）の設立に参加し，その機関誌『新世紀』（*The New Era*）の編集に携わり，毎号評論などを書いた。この協会は，イギリスを中心としてヨーロッパ諸国の進歩的教育家が集まって結成されたものであり，1921年にフランスのカレーで開かれた第1回国際会議にニイルはイギリス代表として招かれた。現在日本に存する学会の一つである「世界新教育学会」は，「新教育協会」が「世界教育連盟」（World Education Fellowship）となり，その日本支部となったものである。別名は「世界教育連盟（WEF）日本支部」である。

新教育協会の重要な人物にもなったニイルは，その年の秋，サマーヒル校の前身となる国際学校を，ドイツのドレスデンの郊外ヘレラウ（Hellerau）に開いた。国際学校として開設したのは，彼の年来の希望であった自由な学校を開くということに留まらず，各国の子どもを集めて，その文化の交流と親善を基盤に，将来の世界人を育てたいとの抱負をもっていたためであった。ただニイルにとっては，ここは異国の地であり，いろいろと問題も出てきた。

6．サマーヒル校の創立と教育の目的

1924年の暮れ，ニイルはイギリスに帰り，ドーセット州ライムリージスの

丘のふもとにある「サマーヒル」(Summerhill)と呼ばれる建物を借り，5人の生徒とともに，そしてリンゼーという良き協力者を妻に迎えて「サマーヒル校」(Summerhill School)を開設した。彼はここで，「自由」が教育にいかに重要なものであるのか，また，「自由」が教育にいかに役立つものであるかを実際に見極めるための実験学校を目指した。それは，子どもを学校に適応させるのではなく，学校を子どもに適応させようとするものであった。生徒数も増えてきて，やがてこの校舎は狭すぎるものとなり，1927年にサーフォーク州レイストンの大きな邸宅を手に入れてそこへ移転した。それが現在まで続いている。

すでにみてきたように，ニイルは，イギリスのキリスト教会において長い間主張されてきたキリスト教の「原罪説」に反対して，子どもの善性を信じた。さらに，権力による抑圧が人間をいかに不幸にし，歪めるものであるのかを自分の体験から確信し，子どもの「自由」に基づく教育を目指した。ニイルは，子どもをいかなる抑圧からも解放し，いかなる強制からも解放して，「自律」に向けての自由を獲得させようとしたのであった。ニイルには，人間の自然性を善なるものとして肯定し，それが抑圧されることなく発現するならば，おのずから「自律的人間」が形成されるはずであるという確信，ないし信念があったのである。

7．「自律的人間」への教育を目指す1日の生活

最後に，「自律的人間」への教育を目指して，どのような1日の生活が行われているのかをみておくことにしよう。

子どもたちは朝8時に起床し，本館にある食堂で「朝食」をとる。その後，午前，午後，夕方の3回に分けられた「授業」がある。授業は決められた時間割どおりに行われるが，その授業に出席するかどうかは生徒の自由に任されている。また授業は，原則として年齢別に編成されたクラス単位で行われるが，能力と興味に応じて他のクラスの授業に出席することも許されている。

「昼食」は，量的にも質的にも一番充実したもので，1日の食事の中心的なものになっている。ここでは，子どもの健康に配慮されていて，食事には栄養豊かなものが用意され，教職員も同じ食事をしている。16時には「お茶」の時間があり，17時半には簡単な「夕食」がある。

夜は「ソーシャル・プログラム」と呼ばれるさまざまな催しがあるが，これも生徒の自主的な活動に任されている。「美術」や「工作」は，時間割には組まれていないが，子どもたちには人気のある活動で，道具や材料に恵まれた美

術室や工作室で，教師のヒントやアドバイスを受けながら，各々が自分の興味と関心に従って制作に取り組む。「音楽」は，希望する者がバイオリンやピアノを個人レッスンで習っている。

なお，毎週土曜日の夜は，「全校自治会」が開かれる。これは学校生活のほとんどすべてのことが決められる大切な会議である。決議の場合は，教職員を含めて全員が等しく一票の権利をもっている。これも出欠は自由であるが，出席率はきわめて高いという。

学習課題
1. レディとバドレーの新教育思想には，どのような共通する点があり，また，どのような異なる点があったのかを考察しなさい。
2. ニイルの新教育思想とその実践の特徴について考察しなさい。

参考文献
- ニイル，A.S.，霜田静志訳『〈ニイル著作集7〉自由の子ども』黎明書房，1969。
- バドレー，J. H.，末藤美津子訳『〈世界新教育運動選書8〉新学校の理想』明治図書出版，1984。
- ボイド，W.／ローソン，W.，国際新教育協会訳『世界新教育史』玉川大学出版部，1966。
- 山崎洋子『ニイル「新教育」思想の研究──社会批判にもとづく「自由学校」の地平』大空社，1998。
- レディ，C.，財満寿子・三笠乙彦訳『〈世界新教育運動選書28〉指導者を育成する学校』明治図書出版，1989。

- Reddie, C., *Abbotsholme*, G. Allen: London, 1900.
- Sederman, D., *A history of Abbotsholme School 1889-1989*, Abbotsholme School: Uttoxeter, 1989.
- Wake, R., Denton, P., *Bedales school : the first 100 years*, Haggerston Press: London, 1993.

学習を進めるにあたっての参考図書
- 小澤周三他『〈有斐閣Sシリーズ〉教育思想史』有斐閣，1993。
- 白石晃一・三笠乙彦編『〈現代に生きる教育思想2〉イギリス』ぎょうせい，1982。
- 長尾十三二編『〈世界新教育運動選書 別巻1〉新教育運動の生起と展開』明治図書出版，1988。

第11章　ドイツにおける新教育運動

　「新教育」は，英語では"New Education"であるが，ドイツ語では„Reformpädagogik"（改革教育学）と呼ばれている。これは，あらゆる旧教育からの改革を意味する。「児童中心主義」「自発性」「自由」「創造性」といった言葉で代表されるような，「子どもから」（vom Kinde aus）をスローガンとする教育が盛んに提唱された。前章において見たように，イギリスのレディが創設したアボッツホルムの学校は，ドイツにも大きな影響を与えた。
　アボッツホルムの刺激を受けて，ドイツに田園教育塾を開設したのはリーツである。また他の流れとして芸術教育を根底に置いた全人的教育を主張した実践家・思想家としてメルツが挙げられる。さらに独自の理論から人間観・教育観を構築し，現在まで根強い影響を与えている人物としてシュタイナーがいる。
　本章では，リーツ，メルツ，シュタイナーの3人を取りあげ，ドイツにおける新教育思想と実践についてみていくことにする。

キーワード
田園教育塾　芸術教育　労作　青少年　創造

第1節　リーツの田園教育塾の思想とその実践

1．リーツの生涯

　リーツ（Hermann Lietz, 1868-1919）は，バルト海のリューゲン島で，実直な農民の子として生まれた。ギムナジウム卒業後は，ハレ大学に入学，のちにイエナ大学に転籍した。彼はオイケンの指導のもとで，コントについての学位論文を提出して，受理された。中等学校で教師を続け，1896年にアボッツホルムの新学校の教師となった。校長はレディであった。そしてこの体験をもとにして，1898年にイルゼンブルクに下級学校，すなわち最初の田園教育塾（Landerziehungsheim）を設立した。
　1901年には，中級学校をハウビンダに設立，さらに1904年には上級学校をビーバーシュタインに設立した。1914年にはフェッケンシュテットに田園孤児教育塾を設立した。彼は自ら創設した四つの田園教育塾の校長となった。また同年，第一次世界大戦が始まり，志願兵として1917年まで従軍した。疾病

により除隊したあとも著作活動を行ったが，1919年，白血病のため，ハウビンダにて死去した。

2．田園教育塾の誕生

リーツによれば，当時のドイツの学校は，一方的な悟性陶冶，記憶偏重，試験制度の弊害，師弟関係の信頼の欠如が甚だしかった。身体，心情，意志の陶冶，創造に対する喜びと活動衝動は全く無視されていた。そしてそのような学校に入学して苦しむのは，学習する児童自身であった。

彼の著書『生涯の思い出』に従えば，田園教育塾は単に児童に知識を教授する場所というよりは，当時のドイツの堕落した社会的・文化的状況から隔離し，「国民的・倫理的な革新」を達成する施設として設立された。

リーツ

産業化以前には保たれていた家庭の教育機能は当時，危機にさらされていた。その回復を自分の課題と考えたリーツは，家庭形態での教育の復権を提唱した。リーツの教育塾は，生徒と教師が，いわば家族のような形で生活できる共同体を理想としたものであった。生徒と教師の関係は，親子関係を模倣したものであった。教育塾は10人から12人程度の「ファミリー」（Familie）と呼ばれる小集団に分かれていた。これが彼等の行動の単位であった。そして教育塾の教師は，「ファミリーの父」あるいは「ファミリーの母」と呼ばれていた。そして教師と生徒，生徒同士では，互いに親しい間柄で使われる呼称 „Du"（おまえ）で呼び合っていた。こうして，リーツは，ファミリー教育の中心には愛と信頼がなければならないということを実践したのである。

教師が単に教授者ではなくて，教育者とならなければならないとすれば，1日数時間だけの教師と生徒の関係では，理想とする教育は完遂することはできない。24時間，人格的な交流が可能である寄宿舎学校，すなわちドイツ田園教育塾でこそ，この課題は達成され得るとリーツは考えたのである。リーツによれば，退廃していた当時の家庭に代わって，生活共同体であるドイツ田園教育塾での生活全体を通して教育が行われるべきであるとした。そのことによって，リーツは教育的側面から，社会的安定，特に祖国ドイツの安定・強化を図

ろうとしたのである。彼は根っからの愛国主義者であった。

　リーツは，教育の場として，都会ではなく，敢えて田園地帯を選んだ。それは，子どもが大自然の美を直接感ずることができるからであり，さらには森林や野原，田園では，子どもたちは労作活動を通じて十分に自己活動ができると考えたからである。そもそも大都市生活全般は，道徳的・倫理的に退廃しているとリーツは見なしていた。

　「田園教育塾」(Landerziehungsheim) という名称は，彼の思想をよく言い表しているといわれている。「都会」(Stadt) に対する「田園」(Land) であり，「教授」(Unterricht) に対する「教育」(Erziehung) であり，「学校」(Schule) に対する「塾（生活共同体）」(Heim) だからである。

3．田園教育塾における教育目的と内容

　具体的には，リーツは当時のドイツの国民は疾病状態にあり，そこから回復するためには，「倫理的自己教育」が必要だと考えた。この自己教育はさらに五つに具体化することができる。①社会の存続を可能にする信頼・誠実への教育，②真実への教育，③勇気への教育，④社会や政治の領域における公平と寛容への教育，⑤道徳的な公平，誠実，純粋，節操への教育である。

　リーツの教育目的は，子どもの素質と能力に応じた健全な発達を図り，国家社会の一員としての心情および行動，道徳的な世界観と人生観，さらには宗教的心情と行動を培うことを目指すものであった。

　リーツの構想した，また実践した教育内容は便宜的に，知的領域，身体的領域，実際的作業，芸術的領域，道徳的・倫理的領域に分けることができる。旧来の学校にありがちであった主知主義的教育を克服し，身体的陶冶と精神的陶冶の統一を果たすことがリーツの課題であった。この統一のために，身体労作と芸術労作が重視された。カリキュラムとしては，発達段階に応じて，遊戯と体育を充実させる方向性をもっていた。

4．田園教育塾における教育方法

　リーツが実践した日課表が残っている。それは師であるレディのアボッツホルム校によく類似している。「田園教育塾」では，都市生活の退廃の象徴であるアルコールとニコチンが禁止された。それは教師も同様であった。

　身体教育の方法としては，冷水浴，長距離走，適当な食事などが含まれていた。身体的作業は，児童に対して，指物，鍛冶，製本など何か一つの工作を学

ばせることが必要だとされた。そしてリーツは，階級的対立を緩和するためにも，貴族の子女も手作業に積極的に関わることを要求している。経済的，技術的活動に児童を従事させることによって，生徒は自分の能力に応じて，共同作業を分担する体験をすることになる。この意味では，リーツはケルシェンシュタイナーと同様の立場に立っていた。

リーツの学校では，決して知識が軽視されていたわけではない。知識教授は，生徒自身に真理を発見させる科学的作業という形で実施された。田園教育塾では，「科学的作業場」が用意され，標本，地図，模型，書籍などを陳列して，生徒に学習させていた。

5．リーツの教育の影響

リーツの教育実践は，確かに独自の私立学校を設立したところから出発した。彼の実践は彼の思想と不即不離の関係であった。彼は結局のところ，自ら学校を立ち上げ，実践していくことを通じて，国民教育全体の在り方の改革をも目指していたのである。

リーツの後継者であったアンドレーゼン（Alfred Andresen, 1886-1944）は，リーツの没後，エステルブルク，ブフェナウ，シュピーケロークに田園教育塾を創設した。リーツに協力した人物として，ゲヘーブもいる。彼は1906年に新たに塾舎5棟を建設し，性格の形成，感情と意志の教育を重視し，全人的な教育を主張した。

リーツの直接の後継者ではないが，ヴィネケンも1906年に「ヴィッカースドルフ自由学校共同体」を設立した。その他，レーマンも1909年にゾーリンク校を設立した。ゲヘーブの「オーデンヴァルト」なども含めると，ドイツ語圏において二十数校の田園教育塾が設立されることとなった。

第2節　メルツの新教育思想とその実践

1．メルツの生涯

メルツ（Albrecht Leo Merz, 1884-1967）は，シュラムベルクの商業学校の教授を父として生まれた。彼はシュットットガルトのギムナジウムで学び，アビトゥア（Abitur, 大学入学資格）を取得後，シュットットガルトの王立工科大学で建築学を研究し，特にフィッシャーに師事した。さらにメルツは建築術研究を

メルツ

ベルリンで続け，表現主義の影響を受けた。

しかし単に表現主義だけでなく，「青少年運動」の思想も彼に影響を与えた。いわゆる「自由青少年」と名乗るグループは，学校や家庭を媒介としないで，正しい生活知識を得ようと活動していた。第一次世界大戦によってこの運動は下火となったが，メルツは，この運動の延長として教育学的な改革構想を抱くようになった。

1914年の第一次世界大戦開戦時，彼は，ヴァーンの砲兵隊学校での弾道学の教師，士官となっていた。メルツはこの体験と，大戦前の教育学的構想を基礎にして，戦後は，自分の生涯を若き人間の教育に捧げようと決意した。

1918年にシュツットガルトに赴き，彼の教育改革理念をもって作業学校附属作業所を創立した。それは知識の注入に偏った当時の教育の中心に「作業」，つまり「手による教育」を据えようとするものであった。「作業学校附属作業所」は1933年から1934年には閉鎖の危機に陥りそうになったが，メルツは私財を投げうって継続を図った。

1944年ならびに1945年のアメリカ軍の爆撃で校舎と自宅が破壊された。大戦後に彼は「ヨーロッパ作業団」(Europäischer Werkring) を創設し，彼の学校を再開した。1947年，当時の文部省より小学校が認可された後，さらに1952年にはギムナジウムが認可された。1956年には寮施設を拡充した。彼はこの学校の維持発展に貢献したが，1967年にシュツットガルトで死去した。

2．メルツ学園の創立とその組織

上においても見たが，メルツはシュツットガルトにおいて，小学校，ギムナジウム，さらに自由アカデミーを設立し，工場の作業グループを組織し，また国民高等学校課程の編成にも着手した。

科学的・芸術的に特色豊かに組織化された自由アカデミーは，高等教育施設として配置されるようになった。さらに，設置された作業場，作業現場，販売部，作業所出版部は，学園全体に対して有機的に補完するという位置づけをもっていた。メルツの学園は，個々に単体で機能する学校の集合体というよりは，学園組織全体として，彼の教育の理念を実現しようとするものであった。

3．メルツの教育理念

メルツは著名な「シュツットガルト講演」のなかで，青少年を，責任，共同性，自主的な思考と行為へ導くことを主張した。彼の要求は，「すべての党派間の口論から離れよ」「宗教的仲違いから離れよ」「外面的馬鹿騒ぎから離れよ」「政治的，軍隊的傾向との結託から離れよ」といったものである。またメルツはこの講演で，全人的陶冶の重要性に触れている。そもそも，この根本的核心が彼を34歳にして学校を創設するに至らしめたのである。

メルツによれば，既存の学校体系では，多くの知識階級は輩出するが，自ら自己形成を行う人間をほとんど育成してはいないという。これまでの「学習学校」(Lernschule) は「自己形成学校」(Gestaltungsschule) に変わらねばならない，とメルツは主張した。そしてこの「自己形成学校」こそ，彼の学園が体現しているものだと考えたのである。

学園の教育目的としては，人間が本来有している能力を伸ばし，自身の能力のすべてを自らの生活と職業のために投入する人間を育て上げることであった。それは，科学的，芸術的，手工的など，それぞれの分野における若き人間の全人的陶冶をねらいとするものであった。つまり，自立的に思考し行為する人間を育てることがメルツの目指す教育だったのである。

そしてこの全人的陶冶は，1925年に公開されたメルツの『教育のマニフェスト』によれば，卓越した教育術によってこそ果たされるとした。メルツは，「技術」(Technik) を低く評価しているどころか，むしろメルツ自身は，非常に卓越したテクニシャン（技術家）であったと評価されている。確かに，一方では彼は人間が生物特有の成長の仕方をするということを支持していた。しかし他方，彼が卓越した技術家であったという理由もあってのことか，彼は，教育技術の錬磨をことの他重視していたのである。

メルツの幼稚園から小学校，ギムナジウム，そして自由アカデミーまでを有する学園は，それまでの時代の一般的な教育の風潮とは違った方針，理念をもっていた。子どもたちが早く読み書きができ，確かな計算術を実行することはさほど重要ではなかった。まず最初に，子どものなかに創造的な諸力が目覚まされ，強められることが何よりも重要であるとされた。なぜなら，この個々の創造的な力こそ，自立的な作業をする際の基礎力となるものだからである。この意味で，メルツの「創造的な力」とは，正しい瞬間に，正しい位置で，正しいことを行う能力と理解されるものである。

4．メルツ学園における教育課程

メルツ学校の教育内容としては，「認識と形成」（Erkennen und Gestalten）という教授科目が基幹となっていた。メルツは，知的素質も形成的素質も同等の価値があると見なし，鍛錬によって人間の創造的な諸力を維持し，促進することを望んだ。そうするためには，子どもは，打ち出されたテーマや課題の本質的かつ原則的なものを認識し，結びつけるところを結びつけ，どんな領域でも，自ら形成的に自己変革することを学んでいくよう要求されたのである。

メルツは教育課程の観点から，早期からの専門化された編成を嫌った。こうして彼は「認識と形成」という授業科目のなかで，きわめてさまざまな学問領域の内容を「諸現象」に還元した。メルツにとって「諸現象」とは，特色ある現れであり，その現れは可変的であるためやがて広く専門化されていくのである。科目を超えた教授のなかでこうした現象，例えば，対立あるいは調和などといったように，諸々の事例により授業形成がなされていった。その結果，こうした「横断的観点」によって異なった教授領域が互いに関係づけられることになったのである。そのことによって純粋な知識の媒介を超えて，科目と関係づけられた諸テーマが全般に生活にも結びつけられるのである。

メルツに従えば，「認識と形成」という科目の，この統合された過程および理論と実践の結びつきの体験は，人格的な性格形成にとっても決定的な影響を及ぼすとした。彼は「認識と形成」を通じて，同時に社会性の観点からも，子どもたちは，個人的な問題や対立を認識し克服するのを学ぶことができる，と考えた。なぜならメルツに従えば，「対立と人格的に向き合い，克服する過程の中で人格が発展する」からである。メルツの陶冶ならびに鍛錬のこの核となるテーゼは同時に，両親や教育者によって子どもたちや青少年が理解され，時には忠告を受けながら，ともに生活するという意味を含んでいる。

メルツ学校の特徴的な教科目は，「認識と形成」の他に，マイスターのもとでの作業教授，健康論，郷土科，言語形成，朗読，リトミック的体育，スポーツ促進，小学校1年からの英語，といったものであった。

5．メルツ学園の影響

厳密には，メルツの構想した学校がドイツ全土に普及したというわけではない。しかしシュットットガルトの学校は，創設してから2018年で100年が経過した。この間，メルツ学園はさまざまな新たな試みを行ったが，科目横断的な

テーマを用いた教育内容など，単なる私立学校の手本となる以上に，さまざまな情報を発信している。メルツ学園は今でも，新たな授業改革の実践を求め続けていると言える。

第3節　シュタイナーの教育思想とその実践

1．シュタイナーの生涯

　シュタイナー（Rudolf Steiner，1861-1925）は，現クロアチア，旧オーストリア帝国のクラリエヴェックで生まれた。1879年にウィーン工科大学に入学した。そこで自然科学と関わる学科で学んだが，他方では哲学，ゲーテ研究にも着手した。大学を卒業してからは，障がいのある子どもの家庭教師を務めて，彼固有の教育法を考案した。この体験は，彼の人間観および教育観に影響を及ぼしたといわれる。またワイマールにおいてゲーテ全集の編集にも携わった。1897年から1900年までベルリンで『文芸雑誌』を刊行させた。それ以降，講演活動や著作活動を展開させた。1902年には「神智学協会」の事務局長に就任したが，やがて神智学と彼の思想とが相容れないことを感じ，距離を置くことになった。1913年には「人智学協会」を発足させた。社会において「経済の友愛」「法の下の平等」「精神の自由」の三層をそれぞれ独立させるという社会三層化運動を推進したが，これが彼独自の思想を織り込んだ学校

シュタイナー

を組織させる契機となった。1919年ヴァルドルフ・アストリアの煙草会社の社長，モルトの要請がきっかけとなって，シュタイナーはシュツットガルトに「自由ヴァルドルフ学校」を設立した。自由とは国家からの独立を意味した。この学校が「シュタイナー学校」の始まりである。シュタイナーは生涯において教育の分野のみならず，医学，農法など幅広い活動を行ったが，1925年にスイスのドルナッハで死去した。

2．シュタイナーの人間観

先にも触れたように，シュタイナーは，「人智学」(Anthroposophie) を提唱した。それは，感覚の世界を通して，形而上学的な叡智の世界に入る道である。彼は，文化の目標を，科学と芸術と宗教を統一させることとしている。

彼に従えば，人間は他の動物とは違った存在であるだけでなく，宇宙のなかでも特異な存在である。人間のみが，宇宙の森羅万象を自分の内部に映し出すだけでなく，それに意味を付与し，より進化した方向へ発展させようとする意志をもった存在である。そして彼によれば，人間こそが，霊界と物質界を仲介する存在なのである。人間は大宇宙の進化を決定する存在である。ところが現在における人間はそうした使命を遂行していない。本来の人間であることの意味をいかに取り戻すかが，人智学の主題となっていた。

シュタイナーは，人間の魂から身体までを，①意識の座としての自我，②感情と印象の座としてのアストラル体，③生命の座としてのエーテル体，④物質から構成される身体，の四つの層に分けている。人間はこの四つの層からなる複合的な存在である。子どもの気質も，この四つのどの領域が優勢かによって分別されるとしている。シュタイナーは①から④のそれぞれ応じて，胆汁質，多血質，粘液質，憂鬱質というように気質を分けている。

シュタイナーは身体を決して軽視したわけではないが，①から③までの魂の教育がとりわけ重要であるとした。なぜなら，魂こそが，霊と身体（物質）を仲介するからである。

ちなみに，魂は意志，感情，思考（表象活動）の三つの領域に分けることもできる。魂が反感に向かうとき，思考する働きとなる。魂が共感に向かうとき，意志する働きとして発現する。シュタイナーは，共感をもって生きているとき，人間の魂はもっとも力づけられると考えた。

シュタイナーに従えば，現代は「自由の時代」であるけれども，同時に「エゴイズムの時代」でもある。そして人間はそうした時代であることを自覚しなければならず，未来に関心を寄せるだけでなく，過去の根源的な部分へ目を向ける必要が出てくる。シュタイナーにあっては未来と同時に過去を見つめることが人間生活の目指す方向なのである。

3．シュタイナーにおける教育目的

シュタイナーの教育の目的は，意志の働きを社会的に発達させ，自己中心的

な自我，本能，欲望をもつ自身を超えて，人間が生涯を歩むなかで，その意志の目指すところが，理想的な道徳的な目標となるように導くことである。それは自己中心的な生き方を，より高い次元の生き方へと転換させることである。全身を通して，世界の内にある「真・善・美」を把握し，世界と自己との一体感を感じさせることが重要である。そしてそれが結局はまた，自由の世界に子どもを導くことになるのである。

4．シュタイナーにおける発達段階説

　シュタイナーは，人間の発達段階を，人間の歴史と呼応させて考えた。3歳頃の子どもたちは，主客合一の太古の時代を生きている。そして魂が目覚め反抗を始めると，感覚が鋭くなっていく。それはエーテル体が育まれる時期であり，エジプト・カルデア期の時代と呼応する。6歳，7歳からは，アストラル体が活発になる。それはギリシャ・ローマ期の再現である。15歳，16歳で子どもは自我というものを意識するようになっていく。この時期とは，自分自身の行為を自分で責任を負うことのできる頃である。教師は，子どもが，自我の持ち主であることを認識しつつ，表象活動を活発化させるよう働きかけていかなければならない。自分自身を意識した魂は，個々の人間が別の何かをそれぞれにもっていると感ずることのできる見地に達する。そして他者を愛し，自由を求めることこそ，望ましい人間の生き方なのである。

5．シュタイナーにおける教育課程論

　シュタイナーは幼児教育をことのほか重視した。なぜなら「幼児の力」を一生保つことが必要だからである。それは生まれてから7歳までの子どものなかで目覚め，働いている部分である。しかし7歳を過ぎると，この力はだんだんと眠っていき，14歳頃になると，それが分からなくなるほどになるとする。しかし彼は，ギリシャ的な体育を活用すれば，一生涯それが保たれるようになると見なすのである。身体を使うことを通じて，無意識のうちに心のなかに刻みつけられる精神がある。それを育むことこそ教育の課題である。

　シュタイナーは基本的に，教育において知的方向へ向かうことを憂慮している。むしろ意志的な方向をとることが必要なのである。シュタイナーは，著書『現代の教育はどうあるべきか』の中で，「現代の人間はあたかもスズメバチのようである」とし，知的発達に偏り，意志がともなわない状態を危惧した。当時の教育は知的に偏した教育だと見なされた。それは強制しながら型にはめら

れた人間をつくる教育にすぎないとされた。

そしてこの危惧から，シュタイナーは芸術を重視している。芸術は人間の四つの層に働きかけることができる。なかでもシュタイナーは「オイリュトミー」(Eurhythmie) を授業に取り入れたことで知られる。それは音楽のリズムに従って美しく歩いたり，詩を唱え，その言葉の音に従って身体を動かしたりする活動である。また「層技法」や「にじみ絵」と呼ばれる水彩技法もシュタイナー教育に取り入れられている。

とはいえ，知育についてもシュタイナーは考慮している。算数や国語のような，知育の分野でも意志を通じて教育することが，特に小学校低学年までの教育において効果的である，と彼は見なしている。「フォルメン」(Formen) は，有機的な動きの「形態」(Form) を把握する活動であり，図形学習の前段階に位置づけられている。いずれの教育課程でも重要なのは，教育者の共感をともなった繰り返しによる働きかけである。

6．シュタイナーの教育者論

シュタイナーは，人間らしい立場を復活させる基本的な場所こそ，学校であると考えた。そして学校は，大人の魂と子どもの魂のぶつかり合う場所でなければならないと考えた。必然的に教師は，子どもの魂をひたすら理解しようと徹することが求められる。

シュタイナーにとって教育者の理想は，芸術家となることである。彼は「教育芸術」という言葉を使っている。教師は決して衒学者的な態度をとってはならない。それは杓子定規に細かいことを気にして，子どもの様子がよいか悪いかなどを批評する態度のことである。その代わり，教師に重要な要素は三つ挙げられる。一つは，生き生きした創造的な構想をもつこと，二つ目は，未知の真理への愛と勇気をもつこと，三つ目は真実に対して責任感をもつことである。教師は，教育が究極のところ「すべて自己教育である」ことを熟知していなければならない。

7．「自由ヴァルドルフ学校」の創設――教育実践

シュタイナーは，1919年に「自由ヴァルドルフ学校」(=「シュタイナー学校」) を創設した。彼は晩年，シュタイナー学校が100まで増えたら，大きな社会的影響力をもつようになると考えていた。実際に1984年の調査では，世界のシュタイナー学校は，およそ300校あった。現在，国際自由ヴァルドルフ

教育連盟が設立され，欧米を中心にシュタイナー学校は900校以上にものぼっている。

我が国でも，シュタイナー教育を実践している幼児教育施設は数多い。またシュタイナー教育に関心のある小学校，中学校，高等学校の教員が授業のなかで，シュタイナー教育を実践していることも報告されている。現在では，実際にシュタイナーの名を冠した学校法人も運営されている。

8．シュタイナーに対する評価

シュタイナーの人間観，教育観は独特である。なぜなら，彼はこれまでの教育思想の流れとは必ずしも一致しない，固有の人間観，教育観をもっているからである。もちろん共通点もある。それは，多くの教育思想家が唱えているように，知育偏重の教育に警鐘を鳴らし，芸術教育にことのほか力を入れ，個々の人間の存在意義を認めていることである。シュタイナー教育は，教育者の根本的な魂の在り方を指示しているととらえる限り，単なる方法論ではないといえる。

また，結果として子どもの内部衝動がよりよく生かされる教育，つまりシュタイナーの教育は，自己活動性を前提としている。シュタイナーの教育が結局，彼自身が考えているように，性善説に基づく教育全体に関わると幅広く解釈すれば，彼の教育論は特殊なものではなく，普遍的な意義をもっているといえよう。

学習課題
1．リーツの田園教育塾の特徴をまとめなさい。
2．メルツの考える教育理念と教育課程の特徴を説明しなさい。
3．シュタイナーの人間観と教育論の特徴を関係づけてまとめなさい。
4．ドイツの新教育運動の傾向について概説的にまとめなさい。

参考文献
・篠原助市『欧洲教育思想史　上・下（復刻版）』玉川大学出版部，1972。
・シュタイナー，R．，佐々木正昭訳『現代の教育はどうあるべきか――現代の精神生活と教育』人智学出版社，1985。
・シュタイナー，R．，新田義之訳『教育の基礎となる一般人間学』イザラ書房，2003。
・皇至道『西洋教育史』柳原書店，1952。

- 高橋巖『シュタイナー教育入門──現代日本の教育への提言』角川書店，1984。
- ブレットナー，F.，中森善治訳『西洋教育史──人間形成過程の歴史的研究』新光閣書店，1968。
- リーツ，H.，川瀬邦臣訳『〈世界新教育運動選書14〉田園教育舎の理想──ドイツ国民教育改革の指針』明治図書出版，1985。

- Lietz, H., *Von Leben und Arbeit eines deutschen Erziehers. Lebenserinnerungen*, Verlag des Land-Waisenheimes: Beckenstedtam Harz, 1922.
- Merz, C., *Erziehung Bildung Kunst 90 Jahre Pädagogisches Gesamtwerk Merz*, Hohenheim: Stuttgart, 2008.
- Nilczewsky, R., *Albrecht Leo Merz ein pädagogischer Weg in die Zukunft*, Frommann Verlag: Stuttgart, 1978.
- Steiner, R., *Die Erziehung des Kindes vom Gesichtspunkte der Geisteswissenschaft*, Rud. Steiner-Vlg., 2003.

学習を進めるにあたっての参考図書
- シュタイナー，R.，佐々木正昭訳『現代の教育はどうあるべきか──現代の精神生活と教育』人智学出版社，1985。
- シュタイナー，R.，新田義之訳『教育の基礎となる一般人間学』イザラ書房，2003。
- リーツ，H.，川瀬邦臣訳『〈世界新教育運動選書14〉田園教育舎の理想──ドイツ国民教育改革の指針』明治図書出版，1985。

第12章　フランスにおける新教育運動

　19世紀後半から20世紀前半にかけて，欧米諸国で広く展開された新教育運動は，フランスにおいては，必ずしも大きな成果をあげたとはいえないかもしれない。しかしながら，多くの困難を克服したフランスにおける新教育運動は，今日においても，なお展開され続けている。
　本章では，フランスにおける新教育運動について，主著『新教育』と田園教育塾系の中等教育段階の新学校である「ロッシュの学校」の創設で知られるドモランと，民主主義の立場から新教育運動を推し進めた代表的人物であり，「学校印刷所」や「自由テキスト」などの教育の方法・技術で知られるフレネを取りあげ，彼らの新教育思想とその教育実践について具体的にみていく。

キーワード
ドモラン　ロッシュの学校　フレネ　新学校（フレネ学校）

第1節　ドモランの教育思想とその実践

1．フランスにおける新教育運動の起源とドモランの役割

　19世紀の後半から本格化したといわれるフランスの新教育運動は，ヨーロッパの他の国々やアメリカと比べたとき，必ずしも大きな成果をあげたとはいえないかもしれない。国家の利益と君主の利益を重視し，皇帝を頂点とするピラミッド型の教育体制の構築を意図するナポレオン学制の成立以降，フランスの教育は，強固な中央集権的管理のもとに置かれ続け，こうした全国一律の教育を誇りとするところもあったとさえいわれている。
　確かに，ナポレオンが没落してのち，フランス国内においても，彼がつくり上げた帝国大学による教育の独占が批判され，教育の自由を求める要求が強く叫ばれるようになった。併せて，労働者の社会的地位の向上を目指し，教育を公営化しようとする動きも次第に高まっていった。実際，これらの要求に応え，1883年に成立した「初等教育法」（「ギゾー法」）では，「初等教育は私的または公的である」とされ，一定の教育の自由が保障されるとともに，「最小限の初等教育は，すべての子どもに対するまさに国家の責任である」という観点から，

ドモラン

各市町村には少なくとも基礎初等学校を設置することが義務づけられている。しかしながら——このような政治的・社会的な変動や教育的な要求があっても——フランスの教育は、全体としてみれば、依然として保守的な傾向が強いままであった。とりわけ、中等学校においては、リセやコレージュと呼ばれる国公立学校が、相変わらず指導的な役割を担い続けていたのである。このようなフランス国家の状況下において展開される新教育運動は、それゆえに、「内発的であるよりも外圧によるもの」といわれる。このようなフランスの新教育運動において、その先駆者としての役割を担ったのが、「新教育」という名称の生みの親でもあるドモラン（Edmond Demolins, 1852-1907）である。

2．ドモランの生涯

急進的歴史学者、社会学者として知られるドモランは、1852年、港湾都市マルセイユに生まれた。プロヴァンス出身の医者である父と、レバノンのカトリック教徒の娘である母をもつ彼の家庭は、必ずしも経済的には恵まれていなかったが、ドモランは、宗教団体の経営するコレージュを卒業後、両親や親類の期待に背き、歴史研究の道を歩み始めた。ドモランは、21歳で故郷をあとにし、パリに出て『ユニヴェール』と題する歴史雑誌を創刊する。その後、社会学者として著名なル・プレー（Frédéric Le Play, 1806-1882）が主催する研究会で頭角を現し、1880年には、ル・プレーが創刊した『社会改革』の編集を任されている。その後、彼は、ル・プレーの「社会観察法」の体系化を試み、その成果を教育に応用するための公開講座を開くとともに、雑誌『社会科学』の創刊に尽力した。

こうして、ル・プレーの有力な後継者としての道を着実に歩んできた彼が、雑誌『社会科学』において、田園教育塾運動の創始者であり、最初の田園教育塾となるアボッツホルム校の創設者として知られるイギリスのレディとの会見の様子やイギリスの新学校についての報告文を発表したのは、1894年のことであった。その3年後にドモランが執筆した『アングロサクソン諸民族の優秀性は何に由来するか』（1897）への反響が非常に大きかったことから、彼は、イギリスの新学校を模した新しいタイプの学校を自ら創設することを意図した

とされる。翌1898年、『新教育――ロッシュの学校』において、ドモランはその反響を「学校改造の世論」として紹介するとともに、当時のフランスの中等学校に対する厳しい批判を行い、設立を目指す新しいタイプの学校における教授方法や教育課程などについて言及している。

　1899年には、計画どおり「ロッシュの学校」が創設され、彼はその経営に乗り出すことになった。その後の彼は、ロッシュの学校の経営者としての重責を担いつつ、この学校の生徒に対して社会科学の研究方法について指導を行うとともに、社会の発展要因をどのように把握すべきかをテーマとする研究活動に励んだ。しかし、その労苦がドモランの肉体を蝕み、1907年、55歳という若さで、世を去った。

3．ドモランの教育思想

　社会学的な観点に基づいて展開されるドモランの教育思想は、それゆえに、当時のフランスの社会の現状を色濃く反映するものであった。普仏戦争に敗れたのち、1871年から、3度共和政国家として出発することになったフランスは、著しい経済的発展を遂げ、資本主義国家としての地歩を着実に固めつつ、国際的な競争力の向上を目指していた。このような社会の要請に基づき、自らの社会的使命を果たすことのできる人間を育成し、「政治組織の重度の肥大症に冒されている」（『新教育』）フランスの社会の健全化を図り、激しい競争を勝ち抜くことのできる強い国家を形成することを、ドモランは意図していたのである。それゆえに、ドモランにとって、教育の改革――とりわけ、中等学校の改革――は、看過することのできない緊急の課題であった。ドモランによれば、当時のリセを中心とするフランスの中央集権的な教育は、「官僚候補者ばかりを作る」ものに他ならない。これを「農業人、工業人、商業人を作る教育」へと立ち戻らせること、言い換えれば、「人間を公的立場ではなく、私的立場によりよく適合させる方向で、教育を変えることが必要」であると、ドモランは考えたのである。

　このような教育の改革に取り組むにあたって、彼が手本としたのが、イギリスの教育システムであった。彼は、幾度となくイギリスに滞在し、アボッツホルム校の話をレディから聞くとともに、アボッツホルム校の教師であったバドレーの創設したビデールズ校に息子を入学させ、イギリスの教育システムについて、熱心な観察と分析を行っている。それは、教育の内容や方法、さらにはクラスの人数など、きわめて広範囲に及ぶ具体的なものであった。このような

成果に基づき，ドモランは，イギリスの教育システムを可能な限りそのままの形で，フランスに移植することを試みようとした。つまり彼は，イギリスの教育システムをなるべく純粋な形で移植することによって，これまでのフランスの教育におけるさまざまな問題の全面的かつ根本的な改善を目指したのである。

　ドモランにとって，教育の改革は，社会の改革を進めるにあたって不可欠な事柄であった。しかしながら，それを国家に任せていては，非常に多くの時間が費やされることになる。教育の改革は，フランスにおいて，緊急を要する課題であり，これを待っているわけにはいかなかった。「父親諸君，私たちは，自分たちの子どもを救済するのに，自分たちの力だけを頼りにすべきである。フランスに20世紀のタイプの学校を導入し，普及させることは私たちの義務である。この種の学校が，アングロ＝サクソン民族に比類なき力を与えている。私たちは，それを彼らに独占させておくべきではない」と，ドモランは『新教育――ロッシュの学校』で述べている。そして，このような思いから創設されたのが，ロッシュの学校なのであった。

4．ロッシュの学校の計画と実践

　ところで，ドモランは，ロッシュの学校の成功を，次のような事情によって，その計画の段階から，ほぼ確実なものであると考えていた。

1. 父親たちから送られてくるおびただしい数の手紙と，日に日に強まる世論の動き。
2. 本校の教育課程が，種々の学科の間により多くのバラエティーと，より公正な均衡を確保し，完全な人間と，いろいろな職業によりよく準備された資質とを同時に作るものであること。
3. 古典語と現代語の，より自然で，より迅速で，より実際的な教授方法の採用。
4. イギリスとドイツの同型の学校との協定。その目的は，生徒たちが外国に留学して支障なく勉学することができるように，かつそのことによって，現代語が実際に使えるようにしてやることにある。
5. 教師の選択。この教師たちは，フランスに導入すべき教育原理の実践をやっているイギリスの学校で，今のうちから研修する。
6. 身体のためにも精神のためにも，より自由で，より強化力のある生活。田園に建てられる本校では，生徒数が制限され，また，強制よりも説得

によって指導がなされる（『新教育』）。

　ここには，ロッシュの学校の基本的な性格がよく表れている。1899年ドモランは，計画どおり，パリの郊外120キロの田園地帯にロッシュの学校を建設した。ロッシュの学校は，高額な寄宿費を徴収するものであったにもかかわらず，入学希望者が定員を上回るほどの人気があり，その教育課程は，「生徒たちが，古典科もしくは近代科のバカロレア，および個々の学校への入学を準備すること，あるいは卒業後直ちに，農業，植民，工業，商業に就くことを可能にしている」ものであった。

　ロッシュの学校では，「できるだけ迅速かつ完全に道徳的，知的，身体的観点から人間を形成すること」が目的とされ，生徒たちは，自然科学や現代外国語をはじめとする知的学習に加えて，スポーツや手仕事，散策，文学，芸術などを学んだ。知的学習は午前に，スポーツや手仕事などの体験的学習は午後に，さまざまな芸能活動は夜間に，それぞれ振り分けられた。そしてこれらは，教師と生徒が共同生活を送るなかで，自然と深められた信頼関係に支えられ，優れた効果を生み出した。また，生徒の生活の場となる学寮は，教室棟の周りに放射状に配置され，それぞれの学寮を，責任者となる主席教授と1人の寮母，複数の教師が担当した。開校からわずか3年後となる1902年には，三つの学寮が整備され，150人の生徒を受け入れるまでに発展し，入学年齢の上限も14歳から12歳へと制限されるようになった。

　ドモランは，学校というものをあくまでも「子どもたちのもの」としてとらえていた。このことは，彼が，学校というものを，単なる知識を学ぶ場としてではなく，子どもたちが生活する場としてとらえていたということを意味している。それゆえに，ロッシュの学校では，生徒の生活と教育とが密接に関連づけられ，それぞれの生徒が，生き生きと生きることを可能にするような運営が行われたのである。

第2節　フレネの教育思想とその実践

1．フランスにおける新教育運動の展開とフレネの位置

　ところで，ドモランによって，フランスにもたらされた新教育運動が，上層階級の子弟を対象とする中等教育における変革であったのに対して，第一次世

フレネ

界大戦後に展開されたフランスの新教育運動は，一般民衆の子弟を対象とする初等教育における変革であったといえる。それはいわば，「民衆の中に根をおろし，社会の平和・民主的な発展を展望しつつ，労働と生活を軸にした集団活動を通して，子どもの学習・生活意欲をひき出し，子どもの中に未来の主権者としての自治能力をふくめた諸能力を全面的に開花させようとした新教育の運動」(『新教育運動の生起と展開』)である。

ここに，ドモランとは異なる，フランスにおける新教育運動の新たな系譜の誕生をみることができる。この新たな系譜は，1918年に統一学校の制度的な確立と教育内容・教育方法の刷新を目指して始められたコンパニヨン運動と表裏一体の関係をなすものであり，知能検査の創案者として知られる心理学者ビネーに代表される科学的な方法論に基づく児童研究の成果を取り入れながら展開されていく。そして，この過程において生み出された新たな理論と実践は，1937年の「ジャン・ゼイ改革案」や1943年の「アルジェ案」など，その後のフランスの教育改革にも積極的に取り入れられ，フランスにおける新教育運動の中心は，中等教育から初等教育へと推移していくのである。

佐藤栄一郎によれば，歴史的にはロックやペスタロッチー，そして同時代的には，ケルシェンシュタイナーやドクロリー，デューイ，リーツ，モンテッソーリなど，国外のさまざまな新教育思想が流入しつつあるなかで，独自の形態をとって進展していくフランスの公立小学校の新教育には，①初等視学官クージネー (Roger Cousinet, 1881-1973) による「班活動」の導入，②初等視学官プロフィ (Barthélemy Profit, 1867-1946) による「学校協同作業」の導入，③小学校教員フレネ (Célestin Freinet, 1896-1966) による「学校印刷所」の利用という三つの流れがあるとされるが，ここでは，フランスはもちろん我が国においても，今日なお広く注目を集めているフレネの教育思想と実践について，詳しく取りあげてみたい。

2．フレネの生涯

「革命的教育家にして教育的革命家」と呼ばれるフレネは，1896年，半農半

牧畜の小さな村ガールに生まれた。羊飼いと農業を家業とする家庭の一員として，南フランスの農村の豊かな自然のなかで，自由闊達な幼児期を過ごしたフレネにとって，小学校は，「劇的と言える程興味の存在しない世界」であったが，順調に小学校を卒業したフレネは，その後，グラースの小学校高等科の寄宿生となり，1913年には，ニースの師範学校に入学している。

　しかしながら，翌1914年には，第一次世界大戦が勃発し，彼は，戦地に赴くことになる。砲弾の破片を胸に受け，毒ガスにもさらされたフレネは，各地の病院で治療を受けながら，バルビュス（Henri Barbusse, 1873-1935）の主宰する「クラルテ」運動に参加していたが，1920年には，故郷に近いバール・シュル・ルーという村の小学校の教員に任命された。肺と喉の傷はいまだ癒えておらず，健康状態も十分に回復していなかったが，フレネは，実践上のさまざまな試みを模索するとともに，熱心に読書に励み，1924年には，学校印刷所の利用を始めた。この試みは大きな注目を集めることになり，1927年には，「学校印刷所」運動の第1回会議の開催と前後して，C・E・L（「新しい教育の共同組合」）が創設された。1928年，フレネは，サン・ポールの小学校に転任したが，一部の町民による中傷が，いわゆる「サン・ポール事件」へと発展し，1933年には，この学校を退職している。

　その2年後となる1935年，フレネは，ヴァンスの地に「新学校」（フレネ学校）を創設し，世俗的・革新的な実験を試みていたが，第二次世界大戦の混乱のなかで，収容所に収監されてしまう。この間に『仕事の教育』『思考錯誤の経験』『感覚心理学試論』などの執筆が始められ，1946年には，『仕事の教育』が出版された。翌1947年には，「新学校」が再開され，再び活動を始めたフレネは，その後，C・E・Lを幾度となく襲った危機を乗り越え，1959年には，「現代学校叢書」全15巻の出版を始め，当面の教育危機に対応するための実践的な手引きを示している。1965年には，20回目となる現代学校運動の会議を主宰したが，翌1966年，ヴァンスの自宅で永眠し，生まれ故郷のガールに埋葬された。

3．フレネの教育思想

　フレネの教育思想において核心となるのは，子どもの生活を重視し，彼らの表現そのものを学習の中心に置くということである。それは，戦地で傷を負った彼自身の身体的なハンディキャップから，必然的に導き出されたものであるということは否定できないが，それ以上に，フレネ自身の幼少期の生きた体験

から，生み出されたものであるといってもいいであろう。師範学校に在籍中，教育理論と実習の経験もないままに戦地に赴き，教壇に立つことになったフレネが，「教師の仕事をしながら，私には自分の子ども時代の学校の思い出がくりかえしよみがえってきた」(『フランスの現代学校』)と語っているように，彼は，いわば「羊飼いの「嗅覚」」(『仕事の教育』)をもとに，教育実践を展開したのである。

　子どもたちを教室から屋外へと連れ出し，そこで見聞したさまざまな事柄を，教室に戻ったあと自由に表現させ，それを黒板にまとめていくことによって編纂される「自由テキスト」に基づく学習は，彼の教育思想の根幹をなすものである。フレネが学級に印刷機を持ち込んだのは，もともと子どもたちの自由な表現を活字として残すためであったが，このことによって，彼の教育思想は，体系づけられていった。①「自由テキスト」を印刷するための作業にともなう取り決めが子どもたちによって定められる（「学校共同組合」）とともに，②印刷されたテキストが他校に送られるようになる（「学校間通信」）。さらに，③これまでの教科書に代わって，子どもたちが自由に利用することのできる新たな教材が開発される（「協同的学習カードの考案」）。これらがまさに，(1)教師の権威や罰などの外的な強制力に基づく「強制された規律」から，子どもたちの心理的・身体的な欲求を満たす活動を与えることによって自然に生じてくる「自由な規律」を尊重すること，(2)見たこともない地方の見たこともない子どもたちから送られてくるテキストを熱心に読み込み，これに返信することによって，読み書きの能力を自然に伸長させるとともに，集中力や注意力を磨くこと，(3)学習を個別化し，自らの学習計画を作り上げることへと深化・統合されるのであった。

　それはまさに，子どもを基点とし，子どもを主体とする教育であった。「子どもの生活の中には，確かに，彼をびっくりさせ，震えあがらせ，感動させ，あるいは魅了する出来事，彼が仲間やおとなたちに話して聞かせたいという燃えるような欲求にかられる思いがけない出来事がおこる」(『フランスの現代学校』)ものである。フレネは，これを教育実践の出発点としてとらえ，ここから，子どもたちの労作活動と自由な表現活動との統合を目指したのである。ここに，フレネの教育思想が，教師としての彼の実践に基づいて，構築され，論理づけられていったことが明らかになる。

4．新学校（フレネ学校）の計画と実践

バール・シュル・ルーの小学校に勤務していた時には，すでに小さな印刷機を学級に持ち込み，「自由テキスト」を活用する実践活動に取り組み始めていたフレネが，「サン・ポール事件」のあと，提案されていた転勤を断り，自らの学校の開設に踏み切ったのは，C・E・Lの実験学校を創設しようという仲間からの提案に応えるためであった。ヴァンス郊外の寂々とした丘の斜面に建てられた「茂みと林に囲まれ，粗雑に石灰を縫って作られた小さな家」を改造した新学校は，フレネ夫妻と彼らの一人娘を含む16人の子どもと3人の青年というきわめて家族的な寄宿学校として，1935年に開校を迎えた。

新学校の教室は，一斉授業を前提とした従来の形式とは全く異なり，子どもたちが自由に手仕事や学習，共同討議ができる「アトリエ」（作業場）として設計されていたが，いわば未完成な状態であった。それゆえに，フレネと子どもたちは，自らの手によって，校舎や寄宿舎を増築し，道を切り開いていったのである。もちろん，印刷機は，あらゆる活動の中心に置かれていた。

若き教師たちに向けた「実践への案内書」として著された『学校を現代化する』（1960）において，フレネは，自らの学校を「子どもの環境の中で，子ども自身の生活につねに依拠し，自分たち自身の中に動機づけられた創造的な仕事（学習）を呼び起こすような学校，子どもの人格に中心を置き，子どもたちに自分の責任を持たせ，人間として自己を導くような学校」（フレネ，1986，p.231）であると語っている。この著作で紹介されている「現代学校のある学級の活動の総合的局面」によれば，現代学校では，家で書いてきたテキストや道でつかまえた昆虫や化石など，それぞれの子どもたちが自宅から学校へと持ってくるものと教師が対面し，朝のあいさつを済ませたあと，午前は「自由テキスト」による学習と歌や計算を，午後は「学習計画表」に基づく自由な勉強と教師への報告，さらにはその成果発表をそれぞれ行うことが，一般的な図式であるとされた。このような実践はまさに，「分化され，機械化された世界」のなかで，新たな時代を切り拓く"民衆ための教育"の在り方を描き出したものであった。

学習課題
1．フランスにおける新教育運動の展開とその特徴について，まとめなさい。
2．ドモランの教育思想と実践についてまとめたうえで，フランスの新教育運動におい

て，彼が果たした役割を明らかにしなさい。
3．フレネの教育思想と実践についてまとめたうえで，フランスの新教育運動において，彼が果たした役割を明らかにしなさい。

参考文献
・岩本俊郎・福田誠治編『原典・西洋近代教育思想史』文化書房博文社，1989。
・梅根悟監修，世界教育史研究会編『世界教育史大系10　フランス教育史Ⅱ』講談社，1975。
・江藤恭二他編著『〈教育演習双書9〉西洋近代教育史』学文社，1979。
・ドモラン，原聡介訳『〈世界教育学選集88〉新教育――ロッシュの学校』明治図書出版，1978。
・長尾十三二編『〈世界新教育運動選書　別巻1〉新教育運動の生起と展開』明治図書出版，1988。
・長尾十三二『西洋教育史（第2版）』東京大学出版会，1991。
・古沢常雄「新教育運動の現代的意義――フランスを中心に」『教育学研究』第67巻，第1号，日本教育学会，2000。
・フレネ，C., 石川慶子・若狭蔵之助訳『〈シリーズ・世界の教育改革7〉フランスの現代学校』明治図書出版，1979。
・フレネ，C., 宮ケ谷徳三著訳『〈世界新教育運動選書16〉仕事の教育』明治図書出版，1986。
・松島鈞編『〈現代に生きる教育思想3〉フランス』ぎょうせい，1981。
・横尾壮英編『〈講座現代教育学3〉西洋教育史』福村出版，1978。

学習を進めるにあたっての参考図書
・フレネ，C., 石川慶子・若狭蔵之助訳『〈シリーズ・世界の教育改革7〉フランスの現代学校』明治図書出版，1979。

第13章　アメリカにおける新教育運動

　アメリカにおける新教育を，一般には「進歩主義教育」と呼ぶ。正確には，「教育における進歩主義」である。1890年代から1920年代にかけて，社会と政治の改革が進んだ時代を「進歩主義時代」と呼ぶ。進歩主義は教育においても展開した。進歩主義教育が標榜したことも，ヨーロッパの新教育と同様に「子ども中心」であった。旧教育の内容・方法の画一性を批判し，子どもの自発性や興味を重視した教育を目指した。進歩主義教育も一つの教育運動として展開した。

　本章では，進歩主義教育運動として出発した新教育運動がどのようにして発展していったのか，また新教育運動の代表者としてパーカストとキルパトリックを取りあげ，2人の新教育思想とその実践をみていくことにする。

キーワード
進歩主義教育　ドルトン・プラン　プロジェクト・メソッド

第1節　進歩主義教育運動と新教育運動

1．進歩主義教育運動

　1919年に進歩主義教育協会（PEA, Progressive Education Association）が設立された。PEAは1924年から『進歩主義教育』（*Progressive Education*）を発刊し始めた。機関誌を通して，「ドルトン・プラン」「プロジェクト・メソッド」などによる教育実践を紹介した。それは，各国の新教育実践に影響を与えた。

　PEAは次の七つの綱領を提出した。
1．自然に発達する自由
2．すべての学習の動機は興味
3．教師は仕事割り当て人ではなくガイド
4．子どもの発達に関する科学的研究
5．子どもの身体的発達に影響するあらゆるものへの配慮
6．子どもの生活の必要性に応えるための学校と家庭の協力
7．進歩主義学校は教育運動のリーダーとなる

これらは，進歩主義教育運動の基本指針となった。ところが1955年にPEA

は活動を停止し，1957年には『進歩主義教育』の発行も停止した。歴史的にいえば，これが進歩主義教育運動の終焉であった。同年，ソ連が人類初の人工衛星打ち上げに成功した。アメリカを「スプートニク・ショック」が襲う。世論はこぞって，アメリカの教育の在り方に非難を浴びせた。非難の的となったのは，進歩主義教育や生活適応学習であった。このタイプの教育が「学力低下」の原因となったという非難であった。

2．アメリカにおける新教育の歴史

　ところで，アメリカにおいては，独自の歴史的事情から「子ども観の変容」が起こっていたし，新教育運動も起こっていた。簡単に振り返っておこう。

　17世紀北部ニューイングランドのピューリタン（清教徒）たちの植民地は，アメリカ社会の原型である。ピューリタンたちはその信条に基づき「子どもは生まれながらに罪深い存在」であるという子ども観をもっていた。それは権威的な教育を正当化した。

　植民地時代の絵入りの教科書『ニューイングランド・プリマー』の，アルファベットの最初のAにはこう書いてある。「アダムの堕落によって，我々は皆罪にまみれた」。つまり原罪を強調しているのである。

　ところが，17世紀の後半から18世紀にかけて，世代が代わり世俗化が進み始めた。また，ヨーロッパから啓蒙主義がもたらされ，信仰から理性に，宗教から科学に，神から人間に，その主役が転換し始めた。子ども観は「子どもはその興味や能力を教育のなかで与えられ，未熟な存在として扱われるべき権利をもっている」と変容した。さらに，19世紀初頭には，宗教的自由主義ユニテリアニズムが人間の完全可能性を前提として，それを後押しした。

　その頃，ヨーロッパの教育思想がアメリカに入ってきていた。ペスタロッチーの弟子，フランス人のニーフ（Joseph Nicholas Neef, 1770-1854）が1809年フィラデルフィアにペスタロッチー主義の学校を創設し，そこで実物教授を行った。

　1837年にマン（Horace Mann, 1796-1859）がマサチューセッツ州の教育長となった。のちに「アメリカ公立学校の父」と呼ばれる人である。彼は，ペスタロッチー，ルソー，フレーベルなどの教育理論を中心に据えて，教育方法を改善したとも指摘されている。

　1861年，オスウィーゴー師範学校の校長になったシェルドン（Edward Austin Sheldon, 1823-1897）がペスタロッチー主義を普及させた。「オスウィーゴー運

動」と呼ばれるものである。

「進歩主義教育の父」パーカーはベルリン大学へ留学し，ペスタロッチー，フレーベル，ヘルバルト派の教育思想の研究に従事した。帰国後，マサチューセッツ州クインシーの視学として，1875年からの5年間，これまでの教授法を抜本的に改革した。「クインシー運動」である。これがアメリカにおける最初の「新教育運動」であった。

第2節　パーカストの教育思想と実践

1．パーカストの教育思想

アメリカの進歩主義教育における代表的な実践の一つが，パーカスト（Helen Parkhurst, 1887-1973）による「ドルトン・プラン」（Dalton Plan）である。パーカストは1907年にウィスコンシン州立師範大学を卒業後，小学校やハイスクールの教師をしていた。教師としてのスタートは，農村の単級小学校からであった。そこで，現実的な難問に直面した。8学年にわたる40人の子どもたちを同時に教えなくてはならなかったのである。年齢も能力も異なる子どもたち一人ひとりを大切に指導する，という課題と直面したのである。

1908年，恩師のスウィフトの『精神の発達過程』から「教育実験室」という概念を学んだ。それは，子どもを教授の対象ではなく，学習の主体ととらえ，教師・生徒が共同して研究・学習をするという概念であった。彼女は具体案を作成し「実験室案」と名づけた。

パーカスト

1920年代パーカストはマサチューセッツ州ドルトンのハイスクールにおいて「実験室案」を実施した。それは，生徒の自主性と個性を尊重した教授法であった。同年，ニューヨーク市に私立小学校を設立し，子どもたちが自主的に学習に取り組むことから，この小学校に「児童大学」という名がつけられた。このようにパーカストは，ドルトン・プランを初等教育においても実践したのであった。パーカストは『ドルトン・プランの教育』で，この実験室案をこう説明している。

古いタイプの学校は文化を目標とし，新しい学校は経験を目標としている。ドルトン実験室プランはこれら二つの目標を調和的に達成させようとする方法である。

　ドルトン・プランでは，従来の学級を解体し，代わりに教科別の実験室を置く。実験室において，生徒は教師の指導を受けながら自学する。その根本原理は「自由」と「共働」である。
　第1の原理である自由とは，各人が自らを発達させる自由である。決して放縦や不規律ではない。むしろそれは不自由なのである。パーカストの言う自由には，二つの意味がある。一つは，生徒が勉強に没頭しているときに，それを制限せず，どこまでも継続させる自由である。生徒が没頭しているのは，興味をもっているからである。それが精神を鋭敏にする。そして，難問を克服できるようになるからである。もう一つは，自分の時間に従う自由である。勉強をどのようなペースで行うか，いつまで行うか，それを決めるのは生徒である。始業・終業ベルによって，別の教科へと生徒を向かわせてはならない。徹底的に学ばせるためである。パーカストは「他人の時間でするのは奴隷である」とすら言う。
　第2の原理である共働とは「集団生活の交流」である。それは，真の社会生活を意味した。学校は社会的実験室であり，生徒自らが実験者であった。学校全体が社会となり，社会生活と同一の原理に基づき運営された。この点について『ドルトン・プランの教育』で，パーカストはこう言う。

　　学校は生徒も教師も，決してバラバラであってはならず，また，他の人々の活動や困難に対して，当然かかわりをもつことを避けられないように組織させられなければならない。

　このような学校においては，学習は社会生活における仕事のように，生徒の自主的な仕事となる。学校は社会であり，教師はアドバイザーとなる。つまり，それは教師主体であった学校からの生徒の解放であった。

2．パーカストの教育実践──ドルトン・プランの実際

(1) ドルトン・プランの概要

> 第○学年の私は，第○月割当の仕事をすることを契約します。○月○日　○学年　氏名

　これは，主に低学年の子どもが提出する「請負契約書」である。請け負うのは，カリキュラムをいくつかの仕事に分けて，それぞれのクラスに課せられた仕事である。この仕事は1か月分である。毎月，割り当てられた仕事がある。

　教育内容は伝統的な教科カリキュラムを踏襲している。数学・歴史・科学・英語・地理・外国語を「大科目」，音楽・芸術・手芸・家事・手工・体操を「小科目」とした。この「大科目」「小科目」の分類について，パーカストは「便宜上」としている。「大科目」は「たいていの学校ではこれらが進級の基準になっているのと，大学入学試験はこれらによるので，多くの時間を注ぐ必要がある」ために「大科目」と分類していた。

　実際の勉強の進め方として，特筆すべきは「アサインメント」である。アサインメントは「学習の割り当て」である。「大科目」の場合，生徒はアサインメントを「契約仕事」として，教師の指導を受けながら，実験室において個々に進める。「小科目」の場合，学級ごとに学習を行う。実験室は各教科別にある。そこには，その教科に関する参考書や教具がある。教科専門の教師もいる。生徒の自学の個別指導や助言を行う。また，生徒同士の協同学習を奨励する。どの実験室を選ぶか，どれくらいの時間をかけるかは生徒の自由である。

　アサインメントは，教科別に1か月（4週）単位で作成する。生徒は月初めにそれを「契約仕事」として引き受ける。そこには，各教科の学習主題，問題，記述や記憶作業，参考書が記載してある。生徒は，自分自身で計画を立て，各実験室において自学する。

　パーカストは「ドルトン実験室プランの成敗はアサインメントのいかんによって定まるといってもあえて過言ではない」と言う。それは，生徒にとって，自分に要求されている仕事を理解するためには，アサインメントしかないからである。各教科のアサインメントを集めると，それが生徒の請負仕事になる。

　よいアサインメントの第1条件は，生徒が到達しなければならない事柄を明瞭に書いて示す，という点である。しかも，それは生徒の立場から編成されなくてはならない。アサインメントに記入されなくてはならない項目はおおむね次のようである。項目とともに，記入すべき内容を簡単に紹介しておこう。

(2) アサインメント

教科名

学年

学科

第○アサインメント：アサインメントの番号は，その学年の月数によって定まる。

その月の研究の序言：その仕事を提出する理由を述べる。特に「興味の泉」となるように書く。

第1週　（第2，第3，第4週にはこれらの中の幾つかを入れればよい。）

1．題目：仕事の主題を記す。低学年の子どもには必ず与えなければならない。例えば，地理科ならば「中国」とか「石油」といったように書く。
2．問題：ここにはいろいろな問題を記す。例）「バラ戦争」についてできるだけ多く読んで，それから読んだことについて口頭試問を受けに来なさい。独立宣言に関する次の問いについて作文しなさい。①大陸会議にはどんな人々が出席したか②……③……。
3．記述作業：記述しなければならない事柄を記し，提出期限を決めておく。
4．記憶作業：記憶しなければならない詩，規則，統計，動詞の変化，歌，定理，条約文等。
5．会議または講義：講義の時にある問題について討論する日時を定めておいて，討論の準備，展示物を用意させる。
6．参考書：参照しなければならない書名，ページ数，それらのもののありかなどを知らせる。
7．適当時間：生徒が自分の進度を進度表に記入するためには，不可欠な項目である。例）読書1日分の仕事，問題2日分の仕事，記憶2日分の仕事，報告3日分の仕事……。
8．提示研究：実験室の掲示板に，その学科に関連して研究しなければならない地図や，絵画を示すときには，それを記す。
9．他教科との関係：ある教科を研究して，その成績が他の教科の仕事をしたことにもなるような時には，その成績をもって他の教科の成績にもする。例えば，理科の答案が英作文の仕事と認められるような良い英語でかかれている時には，それで英作文の仕事も完成したことにする。

（3）　進度表

1日の流れとしては，午前中，生徒は自己の「進度表」に従って，実験室において自由に学習する（3時間）。教師は助言をし「進度表」の点検をする（30分）。その際，困難な問題や興味のある点について討議したりもする。午後は小科目を学習する。

ドルトン・プランにおいて，もう一つ特筆すべきは，3種類の「進度表」である。

1．「教師の実験室進度表」とは，実験室に置いておく，担任教師が記入法を指導するための進度表である。

教師にとっては，その教科における各生徒の進度が分かる。他の実験室における，その生徒たちの進度が分かる。また，それぞれの生徒の興味をもつ教科や，アサインメントの発達への影響なども分かる。

生徒は，すでに済ませた仕事とこれからしなければならない仕事を知る。また自分と他の生徒との比較が可能になる。ある教科が遅れていたとしても，他の教科では進んでいる，といったような発見もある。

2．「生徒進度表」とは，生徒が自分に割り当てられた教科の進度を記入する進度表である。進度表には，教科を記入する欄が10ある。それぞれの教科について，どれほど仕事を進めたのか，グラフとして記入する。時間の管理をするのである。

生徒は，毎朝，仕事を始める前に，この進度表を見る。それによって，遅れている教科が分かる。すると，それを取り返すために，どのような時間の使い方をしたらよいのか，を考えなくてはならない。あるいは，難しい課題を解決するために，どう時間を使えばよいのか，も考えなくてはならない。

3．「学級進度表」とは，各生徒が仕事全体を完成させた週数を記入する進度表である。5教科の生徒であれば，20週，6教科であれば，24週である。毎週始めか終わりに記入する。すると，それぞれの学級や学校全体の生徒の進捗状況が分かる。

「進度表」の効果を端的にまとめれば次の3点である。①生徒の時間管理の適正化，②生徒の責任感の意識化，③教師の仕事の効率化，である。

パーカストは，ドルトン・プランによって，教授と学習の調和を実現しようとした。教師が適正に教え，生徒が適正に学ぶという教育計画を実現しようとしたのであった。

第3節　キルパトリックの教育思想と実践

1．キルパトリックの生涯

アメリカの教育学者キルパトリック（William Heard Kilpatrick, 1871-1965）は，ジョージア州の牧師の家に生まれた。師範学校の夏期教職講座を受け，パーカーと出会った。パーカーから，個性尊重や児童中心の思想などの影響を受けた。

キルパトリック

キルパトリックは，さらに1898年にシカゴ大学の夏期講座において，デューイの講義を受講し，実験主義理論について大きな影響を受けた。1918年には，デューイの後継者として，コロンビア大学の教授となった。1919年以降，PEAの活動に携わり，進歩主義教育運動の推進者となった。

キルパトリックは，1918年に「プロジェクト・メソッド」（Project Method）という教育方法を提唱した。それは，子どもたちの興味や必要感を大切にして，問題解決的に実際の作業の過程から学習する方法である。

ところで，「プロジェクト・メソッド」といえば，キルパトリックの代名詞とも言える。しかし，当時，20世紀初頭，すでに「プロジェクト」という言葉を用いた学習方法が各種存在していた。例えば，リチャーズによる手工的作業を生徒が自主的に進める学習活動，スティムソンによる自家農園において実習を行うという学習活動などがあった。「プロジェクト」の名において行われていた学習活動は，手技的活動か，ある教科目だけに限られた狭義の学習領域において用いられていたのである。

キルパトリックは「プロジェクト」という語を「目的ある行為」を表現するのに最適であると考えた。彼は，さまざまに解釈されていた「プロジェクト」の概念を統一した。その概念に哲学的・理論的基礎を与え「プロジェクト・メソッド」という教育方法を提唱したのである。

1918年キルパトリックはコロンビア大学の『教育学部紀要』第19巻第4号に「プロジェクト・メソッド——教育の過程における目的的な活動の効果」を

発表した。プロジェクト・メソッドにおける学習活動は生活経験学習である。つまり，現実の生活における経験的な活動を重視する学習なのである。

例えば，農作業，木工，工作，美的鑑賞などを通して，目標達成のプロセスやそこで必要となる知識・技術を学ばせる。理論的な背景には，デューイの問題解決学習がある。

キルパトリックは生活経験学習の過程を，次の4段階としている。つまり，①目的を設定し，②実現のための計画を立てる，③計画に従って実行する，④結果を評価する。

プロジェクトは，次の四つの学習領域に適用される。
1. 観念，計画を形象化するもの（生産プロジェクト）
    例）ボートを作る，手紙を書く，劇を上演する
2. 美的経験を享受するもの（鑑賞プロジェクト）
    例）音楽鑑賞，美術鑑賞，物語に耳を傾ける
3. 問題解決を目的とするもの（問題解決プロジェクト）
    例）ニューヨークはなぜフィラデルフィアよりも大きくなったか
4. 知識・技能の取得を目的とするもの（練習プロジェクト）
    例）フランス語の不規則動詞を記憶する

これら四つのプロジェクトについて，4段階の過程を通して生活経験学習を行う。つまり，社会的な環境において，全精神を打ち込んで行われる目的の明確な活動が進展し，目的が達成され，達成感とともに知識や技術として身につくことを目指すのである。

これに加えて，プロジェクト・メソッドを特徴づけているのは「附随学習」(concomitant learning) である。「附随学習」とは，端的にいえば，目的の明確な活動を通して，単に知識・技術が身につくだけでなく，人間形成に関わる学習もなされる，という考え方である。例えば，そこで身につくのは，態度や性格などである。

キルパトリックは，このプロジェクトを「為すことによって学ぶ」ということわざにおいて意味づけている。また，日本では，戦後の新教育において身体を使っての実践的・実際的な活動が重視された。

2．キルパトリックの教育思想

（1） アレクサンドリア的教育

1918年にキルパトリックが提唱した「プロジェクト・メソッド」は，1951

年に著した『教育哲学』の思想的な基盤となっている。『教育哲学』によって，彼の教育思想の一端を紹介しておこう。

　キルパトリックの教育哲学は，換言すれば「教育過程の哲学」である。その出発点がプロジェクト・メソッドであった。プロジェクト・メソッドは「古い教育」の否定から始まった。古い教育を彼は「アレクサンドリア的教育」と呼ぶ。

　アレクサンドリアとは，前332年に，アレクサンドロス大王によって建設され，プトレマイオス朝において古代エジプトの首都として発展した都市である。それは学問の首都であった。

　「アレクサンドリア的教育」は書物の内容を教えるという方法である。つまり，教育における人文主義的伝統を指す。換言すれば，画一的な教育内容を，画一的な方法において教え込もうとする教育であった。それは，歴史を通して，学校教育の主流の方法となった。キルパトリックは『教育哲学』のなかで「アレクサンドリア的教育」を支持するマーク・ヴァン・ドーレンの次の言葉を引用している。

　　初等教育は価値あることがらについての記憶の貯蔵以上に児童にとって望ましいことをすることはできない。児童がたとえ今は反抗しても，おとなになれば，そのことにたいして感謝するであろう。

　このドーレンの言葉に対して，キルパトリックは次のような，三つの問題点を指摘している。
1．子どもはどのように考えても現在に生活するものとは考えられずに，未来においてのみ生活するものと考えられている。
2．機械的記憶が唯一でないにしても，考慮されている主な教育の資源である。
3．もし我々がアレクサンドリア的学習を効果的にさえすることができれば，我々は現在教師に反抗することによって，また児童の生活に非常に縁遠いこのアレクサンドリアの学習にさからうことによって，おそらくまたこのような退屈なことが起こっている場所としての学校に反抗することによって児童のうちに築かれる態度のような，そういう附随してなされる学習を無視することができる。

　この三つの問題を端的に示せば，①現在の生活を無視している，②機械的な

記憶中心の学習である，③附随学習を無視している，となる。この「アレクサンドリア的教育」に対してキルパトリックは次のように反論することによって「よりよい型」の教育の特徴を明らかにしている。

1． 教育は基本的には，性格と行動を求めなければならない。すなわち適切な行動へと導かれるような円満な性格を求めることが必要である。事実，すべて，他のものの基礎になるこの性格の重要な面は，よく適応している人格である。それとともに，そしてそれ以上に，我々は思考の後に血の通っている人間の価値というところから行動し，自己，他者，そして社会との適切な関係を踏まえて，感じ行動する活気に満ちた有能な性格を望む。
2． 教育の基本的な構成要素の学習ということは，行動的な意味において理解されなければならない。学習は，学習者のうちに残り，次の経験や行動に適当に入りこんでゆくような傾向という点で評価されるべきである。どんなものでも，このように本当に学習されるためには，そのことがまず生活されなければならない。
3． 附随学習は，特に継続的に起こる諸経験を通して累積される場合，一切の指導されもしくは指示された学習すべてにおいて十分に考慮されなければならない。これらの附随学習は，もっぱら追求されてきた知的な知識よりも，一般的にはおそらく性格と生活にとっていっそう重要なものであることが多いであろう。

対立させた「よりよい型」の教育の特徴を，端的にまとめればこうなる。①人格，性格，行動に力点を置く。②生活する事柄を学習する。③附随学習が重要である。

(2) 「生きるに価値ある生活」
この「よりよい型」の教育は，キルパトリックにとって何を目的とするのか。それは「生きるに価値ある生活」(the life good to live) である。キルパトリックはこう述べている。

　　教育とは，その言葉が，いかに本来の意味において理解されようとも，青少年を――その他われわれすべての者も――生きるに価値ある生活を学習させ生活させるよう指導することを，その目的としているのである。

「生きるに価値ある生活」を構成する「心理学的満足に関する型」を，キル

第13章　アメリカにおける新教育運動　161

パトリックは五つ提示している。ポイントのみ示しておこう。
1．我々が欲求するものを獲得し享受する満足。それには，その欲求を感じる程度が強いほど，そこに結果する満足感はそれだけ大きなものになる（欲求の満足）。
2．努力からの満足。それは，望ましい目的あるいは目標を追求する手段を考案し利用することから得られる。
3．ある企図が，努力により成就してゆく場合に，付加的に生起する満足。
4．満足は，多様性により増大する。
5．自らが個人的に抱く基準によって行動することに由来する満足。

続いて，彼は，ここに提示した五つの満足，さらにはそれよりも意義のある生活上の価値を見いだせる生活領域を12個挙げている。列挙しておこう。①身体の健康②精神的完全性，よく適応した人格③満足のゆく対人関係④責任ある自我としての選択の機会⑤意義ある仕事（閑暇との対比）⑥創造の機会⑦先開き（leading on）⑧興味の範囲⑨審美⑩音楽⑪充実した社会生活の課程⑫宗教。

「生きるに価値ある生活」は，道徳においても民主主義においても，最も重要な基準なのであった。

学習課題
1．パーカストの教育思想を簡潔に説明しなさい。
2．キルパトリックの教育思想を簡潔に説明しなさい。
3．進歩主義教育を簡潔に説明しなさい。

参考文献
・麻生誠・潮木守一編『ヨーロッパ・アメリカ・日本の教育風土』有斐閣，1978。
・オールストローム，S. E.，児玉佳與子訳『アメリカ神学思想史入門』教文館，1990。
・カッツ，M. B.，藤田英典他訳『階級・官僚制と学校——アメリカ教育社会史入門』有信堂高文社，1989。
・亀井俊介編著『アメリカ文化史入門——植民地時代から現代まで』昭和堂，2006。
・苅谷剛彦『〈シリーズ生きる思想7〉教育の世紀——学び，教える思想』弘文堂，2004。
・北野秋男『アメリカ公教育思想形成の史的研究——ボストンにおける公教育普及と教育統治』風間書房，2003。
・キルパトリック，村山貞雄他訳『〈世界教育学選集47〉教育哲学1』明治図書出版，1969。
・キルパトリック，村山貞雄他訳『〈世界教育学選集48〉教育哲学2』明治図書出版，

1969。
- 佐藤隆之『キルパトリック教育思想の研究――アメリカにおけるプロジェクト・メソッド論の形成と展開』風間書房，2004。
- パーカースト，赤井米吉訳，中野光編『〈世界教育学選集80〉ドルトン・プランの教育』明治図書出版，1974。
- バッツ，R. F.／クレメン，L. A.，渡部晶他訳『アメリカ教育文化史』学芸図書，1977。
- 東岸克好他『〈玉川大学教職専門シリーズ〉西洋教育史』玉川大学出版部，1986。
- フィンケルスタイン，B. 他，田甫桂三監訳『子どもの時代――1820-1920年のアメリカ』学文社，1996。
- 伏見猛弥『児童の半世紀』明治図書出版，1951。
- ボイド，W.／ローソン，W.，国際新教育協会訳『世界新教育史』玉川大学出版部，1966。
- 細谷俊夫他編『新教育学大事典』第一法規出版，1990。
- 三井善止他『西洋教育史（9版）』玉川大学通信教育部，1994。
- 南新秀一『アメリカ公教育の成立――19世紀マサチューセッツにおける思想と制度』ミネルヴァ書房，1999。
- 森本あんり『アメリカ・キリスト教史――理念によって建てられた国の軌跡』新教出版社，2006。
- 渡部晶『ホーレス・マン教育思想の研究』学芸図書，1981。

学習を進めるにあたっての参考図書
- 苅谷剛彦『〈シリーズ生きる思想7〉教育の世紀――学び，教える思想』弘文堂，2004。
- キルパトリック，村山貞雄他訳『〈世界教育学選集47〉教育哲学1』明治図書出版，1969。
- キルパトリック，村山貞雄他訳『〈世界教育学選集48〉教育哲学2』明治図書出版，1969。
- パーカースト，赤井米吉訳，中野光編『〈世界教育学選集80〉ドルトン・プランの教育』明治図書出版，1974。
- 南新秀一『アメリカ公教育の成立――19世紀マサチューセッツにおける思想と制度』ミネルヴァ書房，1999。

第14章　文化教育学

　本章では，文化教育学の思想をみていく。文化教育学とは，歴史のなかで人類によって創造・蓄積されてきた文化遺産を，次の世代へと伝達するなかで，個人の内なる才能の発達を図ることを教育の中心課題とする教育観である。文化の伝達とは，受動的に知識を詰め込むことを意味するのではなく，主体的に知識を受容していく，文化に対する人格的な関係を意味している。こうした歴史的，文化的立場を重視する教育学の背景には，過度の論理主義に陥った新カント派などの教育学に対する批判がある。また文化教育学の特色である，生命をもつ実在としての生身の人間を重視する立場は，ペスタロッチーやフレーベルなどの新人文主義の教育思想にも通じるものである。

　文化教育学は，以下に述べるケルシェンシュタイナー，リット，シュプランガーなど，ディルタイの精神科学の思想を受け継いだ思想家たちによって提唱された。ケルシェンシュタイナーの「労作学校」をはじめとする文化教育学に基づく実践活動は，ドイツにおいてだけでなく，我が国の新教育運動にも大きな影響を与えた。

キーワード
文化と歴史　主観的精神と客観的精神　人間類型　公民教育　労作学校

第1節　ケルシェンシュタイナーの教育思想

1．ケルシェンシュタイナーの生涯

　ケルシェンシュタイナー（Georg Kerschensteiner, 1854-1932）は，ミュンヘンに生まれ，国民学校教員養成ゼミナールに学び，国民学校の教員を務めた。その後，教員を辞め，大学進学コースであるギムナジウムで学び，卒業後はミュンヘン大学で数学と物理学を専攻した。大学卒業後，ニュルンベルク，シュヴァインフルト，ミュンヘンのギムナジウム教員として数学などを教えた。1895年に，選ばれてミュンヘンの視学官に就任し，学校行政に携わり，数多くの学校改革を行った。1912年には帝国議会議員に選出された。1918年からミュンヘン大学名誉教授となり，数多くの学術的著作を執筆した。このように彼は，小学校から大学までの教員を経験するとともに，学校行政の面でも手腕を発揮するなど幅広い活躍をした。

2. 教育の理念

ケルシェンシュタイナーは，リット，シュプランガーと並び称せられる「文化教育学者」として著名である。主著の一つである『労作学校の概念』で，次のように言っている（訳書名は，藤沢法瑛訳『労働学校論』，東岸克好・米山弘訳『アルバイツシューレ』）。

> 教育とは，文化財を通じて喚起され，個々人によって体系化された価値意識である。
>
> 文化財，すなわち正当な価値に対する人間の積極的な姿勢こそが，すべての教育の基本的指標である。

ケルシェンシュタイナー

そして彼は，そうした「教育の基本的指標」は，「即事的態度」を育成することにより身につけることができると言っている。

それでは，「即事性」とは何か。同書のなかで，彼は「即事性とは，事物の法則にしたがう」ことを意味しているとして，次のように言う。

> 即事性とは，すべて倫理性である。それは主観的な性向，欲望，願望を自己抑制して，無条件に妥当する価値のために，一つの目的を完全に実現すること以外の何ものでもない。

要するに教育に求められるのは，「即事的態度」の育成であり，それは，子どもが外的世界の事物，対象を正確に認識し，その法則性に従って客観的な製作活動を行うなかで育成される，とケルシェンシュタイナーは考えるのである。こうした「即事性」を身につけるための手段を提供するのが，次に述べる「労作学校」である。

3. 労作学校

ケルシェンシュタイナーは，ペスタロッチーの思想と生き方に強い影響を受

けている。彼は1908年，チューリヒのペテロ教会で「ペスタロッチーの精神による未来の学校——労作学校」と題するペスタロッチー祭記念講演を行い，そこで「労作学校」（原語は「アルバイツシューレ」，「労働学校」「作業学校」とも訳される）という言葉を用いて，学校における労作教育の概念を明らかにした（この講演は，藤沢訳同上書，高橋勝訳『作業学校の理論』に所収されている）。

　彼はこの講演の冒頭で，ペスタロッチーの功績について述べている。その内容は，次のようなものであった。ペスタロッチーは，「人間の精神の発展が，その本性からして従わなくてはならない諸法則を発見しよう」と努めた。ペスタロッチーは「それらの法則が，物質的・感覚的な自然の法則と同一のものでなければならない」と悟り，「これらの法則の中に，一般的な心理的な教育方法を織りなす糸が必ず発見できる」と信じ，「直観のとらえたものこそ，あらゆる認識の絶対的な基礎」と見なした。

　こうしたペスタロッチーに倣い，ケルシェンシュタイナーは，ミュンヘンの視学官として教授プラン改革を行った。彼は国民学校（小学校）に，学校厨房，学校庭園，自然科学の授業のための実験室をつくった。彼は，この講演で次のようにも言っている。

　　手の労作のための広い場所，生活と連続している労作の諸分野，そして仲間の益となる労作，これらが労作学校に不可欠のものである。労作の場は，人間を教育し，国家の成り立つ原理と恵みを理解させ，感謝して国家に奉仕する人間を育てるために必要なのである。

したがって「われわれの書物中心の学校は，幼児期の遊び中心の学校に連続する労作中心の学校に変えられなければならない」と彼は強調するのである。

　ケルシェンシュタイナーにとって，児童期から思春期にかけての年齢の特徴は，「生き生きとした活動性」である。この時期の人間の本来の姿は，「労働すること，つくること，運動すること，試すこと，実践のなかで学ぶこと，生活のなかで学ぶことであって，たえず現実を媒介にして学習することなのである」。「作業場で，台所で，庭で，畑で，家畜小舎のなかで，漁船のなかで，彼らはたえず労働にたち向かっている。ここにこそ彼らの，もっとも豊かな学習の場がある」と言うのである。

　このように，ケルシェンシュタイナーはとりわけ「手の労作」に重要性を認めた。それは，スポーツとか遊戯とはまた別のものである。ケルシェンシュタ

イナーによれば，それは「即事性」に向けられなければならない。すなわち，「完成という目的にしたがって客観的に形成され，同時に不断の自己点検のなかでしだいに即事的な態度に近づいていくことのできる労働」でなければならない。そうすることで，「手の労作」はすべて，「陶冶価値をもつ」というのである。

ケルシェンシュタイナーによれば，労作学校では，「手の労作」は強制されることなく，自発的に，自律的に行われるものでなければならない。それは生徒により自己検証されるものであり，最終的には生徒の判断力の形成に資するものだからである。労作学校は性格形成を意図するものであり，その学校の意味は，「知識素材の最小量でもって，技能，能力そして労働の喜びの最大量を公民の考え方のために引き出すこと」にあるといえる。したがって「すべての作業が，教育的意味をもつわけではない。教育的意味での作業が成立するのは，その活動を通じて，子どものなかに即事的な関心，つまり他者中心的な関心が呼び覚まされる場合だけ」なのである。

ケルシェンシュタイナーにとって，労作学校の教育は，共同作業を通して，社会性や倫理性，特に集団への協力・奉仕の精神などを育む教育であり，その目指すところは，手工的労作と精神的労作との結合のうえに構築される公民教育であった。

4．公民教育

労作教育とは，ケルシェンシュタイナーにとって，手工的熟練を身につけさせ，将来の職業に就くための手ほどきを施し，正しい労働精神の涵養と人格の精神的陶冶へと導く教育であり，それは最終的に「よき公民の育成」を目指すものであった。彼は，公民教育の目標は「国民的な文化国家と法治国家の理想のうちに，道徳的な共同体の理念を実現すること」であると考え，次のように言っている（玉井成光訳『公民教育の概念——道徳教育への指針』）。

> 公民教育の課題は，したがって市民を次のように教育することである。すなわち，市民の活動が意識的にせよ無意識的にせよ，また，直接的であれ間接的であれ，自分たちが作りあげる現在の立憲国家をして，道徳的な共同体という永遠無窮の理想に近づけることに役立つ，というように市民を教育することである。

すなわち，それは，「国家的な法秩序がもはや何らの強制力をも必要としないような市民社会」なのである。それゆえに「公民教育の究極の目標は，道義的な国家に対する信念への教育」であり，教育の目的は「精神の独立と調和的発達と崇高な精神にもとづいて理想的民主社会の建設にたずさわることのできる人間の育成」なのである。

ケルシェンシュタイナーにとっては，公民教育が教育の目的原理であり，労作学校はその方法原理であった。

第2節 リットの教育思想

1．リットの生涯

リット（Theodor Litt, 1880-1962）は，デュッセルドルフで生まれ，ボン大学，ベルリン大学で，古典語，哲学，歴史学などを学んだのち，1904年から1918年まで，ケルン，ボンのギムナジウムで古典語や歴史学の教師を務めた。

リット

1918年にボン大学の哲学および教育学担当の員外教授となり，続いて1920年に，ライプツィヒ大学の哲学および教育学の正教授に招聘された。1931年には，ライプツィヒ大学の学長に就任する。しかしこの頃急速に勢力を拡大してきたヒトラーの率いる国家社会主義ドイツ労働党（ナチス）の民族主義的全体主義に反対し，1937年，自発的に大学を退いた。以後，終戦まで一切の公職から離れた。第二次世界大戦終了後，ライプツィヒ大学に復職するが，東ドイツの共産主義のなかにナチズムと同じ全体主義をみて，1947年から西ドイツのボン大学に移り教授を務めた。以後，亡くなるまでボンで過ごした。

2．教育作用としての文化

リットは，「子どもから」をモットーに掲げた改革教育学運動（＝新教育運動）は，子どもの自由や自主性の一面的尊重で終わってしまったと批判した。彼は文化という「客観的精神」を強調することによって，こうした運動のもつ

教育的主観主義を克服することを主張した。リットによれば，「主観的精神」である人間の行為が，普遍化され，価値づけられたものとして「客観的精神」である文化が存在する。人間は，文化によって制約され，かつ規定された文化的存在である。それゆえ教育は，子どもたちのもつ自然的な素質を単に成長させるだけに留まるものではない。文化と伝統が，前の世代からの教育的行為を通して，次の世代へと伝達されるものでなければならない，と彼は考えるのである。

　人間も，文化も，そのなかに自由と個性をもち，多様に変化し，流動しながら，常に生成し続ける「歴史的な存在」である。教育的現実も，常に具体的で，歴史的な状況のなかで，しかも文化全体の複雑な連関のなかで生じており，何らかの程度でそれらに依存するものである。加えてこうした教育的行為は，常に「ただこの時，一回限りのもの」として，ある特定の歴史的，文化的状況のもとで現れるものである。人間はかけがえのない独自の「人格的存在」であり，教師と子どもの関係も，「一回的」な「人格的個性」をもつ者同士の関係である，と彼は言うのである。

　さらにリットは，教育的現実を，個人と社会，現実と理想，事実と価値というような相対立する概念が同時に含まれたものとして把握している。このように相対立する概念を，一体的・総体的に「弁証法的な構造連関」のもとで「全体性」としてとらえる点に，リットの教育学の特徴をみてとることができる。こうした「弁証法的な構造連関」にあっては，諸々の事柄は，主観的であるとともに客観的であり，普遍的・合理的であるとともに個性的・非合理的であるという相異なる性格を同時に有している。その意味で，「主観的精神と客観的精神との間の緊張にみちた関係のなかにこそ，真の人間形成の根源がある」と，リットは言うのである。このようなリットの教育観は，彼の主著である『指導か放任か』のなかに集約されている（訳書名は『教育の根本問題』）。

3．指導か放任か

　以下，『指導か放任か』の記述に拠りながら彼の思想をたどってみよう。リットによれば，教育の課題は，成長しつつある子どもに対し，特定の生き方を指定し，それに従って，子どもを「指導する」ことにあるのではない。また子どもの生命を自然の成長に任せて「放任する」ことにあるのでもない。彼は「指導か放任か」という一面的な選択として教育の本質をとらえるのではなく，この二つの相対立する概念を「弁証法的な構造連関」のなかで把握することを

主張するのである。

　すなわち教育者は，客観的精神の所産であるさまざまな文化財から，子どもに対し，その成長にとって必要で望ましいものを選択し，提供する。この意味で教育者は，「客観的精神の代理者」ということができる。同時に教育者は，子どもという「主観的精神の代理者」でもある。教育者は，「成長しつつあるもの」に対して，直接的に教育的責任を負う者である。ある特定の価値観や「理想的人間像」などを子どもに注入し，強制することを教育者は慎まなければならない。

　したがって教育者の課題は，子どもたちを，客観的精神の世界のなかにあるさまざまな文化財のもつ多様な価値，さまざまな問題へと案内することであり，子どもたちがそれらと出会い，そのなかで学び，それらと対決しつつ，自己の精神的形成を，自らで創造していくことができるよう，子どもたちを助けることである。

　リットによれば，「今日ほど，教育の担い手としての成人の世代が，成長しつつあるもの，否，成長すべきものに対して，重大な侵害を意味している時代」はない。こうした時代にあってリットは，「世紀末的文化の堕落した精神が一刻も早く退き」，「醇化された心情や伝統の重荷にわずらわされない創造力」が，それにとって代わらなければならないと訴えた。

　それゆえ教育者は，「生成しつつある精神の活動」に対して，「責任を自覚して指導しながら，自己の根源から成長する生命のもつ権利を決して忘れず，畏敬と寛容の念をもって成長にまかせ，放任しながらも，教育的行為の意義の根源である義務を決して忘れてはならない」。このことが「教育学的知恵の究極の帰結である」とリットは結論づけている。

4．現代世界の教育課題

　リットは現代世界の教育課題について，自然科学・技術・労働世界を「人間精神の偉大な行為」の所産であるという立場から説き起こしている。しかし同時に，いわゆる科学万能主義に陥ることの危険性に対しても注意を促している。こうした彼の思想を反映した著作の一つに『ドイツ古典主義の教育思想と現代の労働世界』がある（訳書名は『現代社会と教育の理念』）。

　リットは，ここで「アンチノミー」（二律背反）という概念を提示して，自然科学・技術・労働世界がもっている陶冶価値に関して，これに積極的な評価をすると同時に，その限界についても述べている。リットによれば，どちらの

立場も，人間的生の基本的な事実である「アンチノミー」について理解していない。人間の「全体性」は，調和のなかにではなく，常に新たに現れ出る対立と格闘するなかで，成し遂げられなければならないものである。「アンチノミーの克服」というなかで，それは実現することができるのである。人間は「人間的に」行為すればするほど，「非人間的」な状況を招かざるを得ない。このことこそが，人間の実存に固有の「アンチノミー」である。以上のように考え，リットは，自然科学・技術・労働世界のもつ人間形成的意義を積極的に評価するとともに，そこに内在する人間疎外の危機についても忘れてはならないと強調したのである。

リットは，二度の世界大戦を挟んだ激動の時代を生きた。彼は，時代の歴史的，社会的所産と出会い，対決し，そのなかで自己を形成していった。彼の思想の歩みは，彼の歩んだ人生でもあった。

第3節　シュプランガーの教育思想

1．シュプランガーの生涯

シュプランガー（Eduard Spranger, 1882-1963）は，1882年ベルリン市郊外に生まれた。ベルリン大学に学び，ディルタイ，パウルゼンに師事。卒業後，ベルリン大学私講師となった。1911年からライプツィヒ大学教授となり，哲学，教育学を講じた。1920年リールの後任として，ベルリン大学の哲学と教育学の正教授に就任した。1936年には日独文化協会の主事に任命され，交換教授として来日し，翌年10月まで1年間，各地で八十数回にわたる講演を行うとともに，日本の教育事情を視察した。戦後は一時，ソ連占領軍統治下のベルリン大学の総長に任じられたが，間もなく辞し，1946年以降は，テュービンゲン大学教授を務めた。1963年に81歳で没した。

2．文化と教育

シュプランガーは，ディルタイの思想を継承する精神科学的教育学および心理学を代表する学者であり，ペスタロッチー，フレーベルらの影響を強く受けている。彼の関心は，哲学・教育・政治・経済・宗教・文学など，きわめて広範囲にわたっていた。彼は，文化哲学と教育学の結合を試み，文化の機能として教育を把握する「文化教育学」の思想を展開した。すなわち，文化は人間に

シュプランガー

より生み出され，形成される。同時に，個人は文化により形成される。教育の本質と目的は，シュプランガーによれば，文化的，精神的な価値の保持であり，伝授に向けられる。言い換えれば，教育の課題は，一方では文化的遺産を成長しつつある世代に引き継ぐことであり，他方では独自の文化を生み出す力を個人に目覚めさせることである。シュプランガーは，こうした個人と文化の関係を，「主観的精神」と「客観的精神」という言葉を使って説明する。すなわち，主観的精神である個人（文化の担い手）が文化の創造に関与することで生まれるのが客観的精神としての文化であり，主観的精神と客観的精神の間には相互作用が働いている。

教育とは，シュプランガーによれば，個人が文化を継承しながら，新たな文化を創造していく過程を援助していく行為である。文化は，教育によって，年長の世代から若い世代へと生き生きと伝達され，若い世代の発達を援助する。教育は，文化をその内容にもつことなしには成立しないのである。同時に文化の伝達は，単に一方的・受け身的な文化財の伝達を意味するものではない。重要なことは，文化の伝達を通して，人類の文化創造を自らも担っていこうという意欲を，個人のうちに覚醒することだからである。

3．人間の類型

シュプランガーは人間の精神作用に，個人的精神作用と社会的精神作用を認める。こうした精神作用は，それぞれ目指す方向をもっている，とシュプランガーは言う。すなわち，主観的精神と客観的精神との連関のなかで，シュプランガーは，個人的精神作用として，認識作用（理論的意義の方向：真理），経済的作用（経済的意義の方向：効用），美的作用（美的意義の方向：美），宗教的作用（宗教的意義の方向：聖）を考える。また個人が対他人的関係をもつ場合の社会的精神作用として，権力の支配作用（支配的意義の方向：権力）と愛の同情作用（社会的意義の方向：愛）とを考える。これらの諸作用はそれぞれの法則をもち，それぞれの価値領域と関係している。これらすべては，集まって人間の自我の働き（心）を構成しているが，どれもみな同じ強度をもつわけではない。そのなかの，ある作用が支配的なものとなり，他の作用は従属的な関係に置かれることになる，と彼は言うのである。

これらのなかのどの作用が支配的になるかによって，人間はいくつかの類型に分類される。すなわち，シュプランガーは主著『生の諸形式』(訳書名は『文化と性格の諸類型』)のなかで，次の六つの人間類型を導き出している。①理論的人間，②経済的人間，③審美的人間，④宗教的人間，⑤権力的人間，⑥社会的人間である。これらの人間類型には，それぞれの価値が対応して，それが支配的な位置を占めている。すなわち，理論的人間類型にあっては「真理」，経済的人間類型にあっては「効用」，審美的人間類型にあっては「美」，宗教的人間類型にあっては「聖」，権力的人間類型にあっては「権力」，社会的人間類型にあっては「愛」という価値が対応して支配的な位置を占め，他の価値は従属的なものとなっている。各人の精神構造においては，それぞれの支配的価値が，他の価値とどのような関係をもつかによって，その人格が形成される，とシュプランガーは言うのである。

4．教育の本質と教育の原理

　シュプランガーは教育の本質を，①発達の援助，②文化財の伝達，③良心の覚醒の三つの面からとらえている(シュプランガー，1990)。このなかで，中核となるのが「文化財の伝達」であり，究極的には「良心の覚醒」が教育の課題である。すなわち，シュプランガーによれば，人間存在には三つの次元がある。まず人間存在の生物学的な発達を促進する「発達の援助」がある。次に，「成長しつつある人間のなかに，もろもろの価値を，そこに生き続ける体験として植えつけようとする努力」があり，これが人間存在の文化的次元の生成に対する教育形態としての「文化財の伝達」である。それは，客観的精神である文化を，成長しつつある精神(主観的精神)の内に生かす教育作用である。しかし重要なことは，すでにみたように，文化を理解させることではなく，成長しつつある心のなかに，真の価値に向かって努力する意志，すなわち良心を生み出させることである。これが人間存在の精神的次元の生成に対する教育形態としての「良心の覚醒」である。

　このように「発達の援助」「文化財の伝達」を通して，人間の内面性にある「良心の覚醒」を図ることが教育の究極的な目標である。シュプランガーは，こうした主観的精神(人間)と客観的精神(世界)を統御し，究極的に「良心の覚醒」へと導くものを「規範的精神」と呼んでいる。それは，人間世界を導いてくれる神と言い換えることもできよう。

　こうした教育の本質へと導く方法原理として，シュプランガーは，講演「今

日の国民学校」(1950)のなかで，①郷土科の原理，②労作の原理，③共同社会の原理，④内的世界の覚醒の原理，という四つの「教育原理」を挙げている。すなわち，まず「子どもにとってもっとも身近な環境である郷土との密接な関係から，子どもの精神的発達を育成し，深化する」という「郷土科の原理」から出発する。その際，「労作の原理」が重要な位置を占める。労作学校は「農業と手工業を物質的な意味でとらえるのではなく，精神生活の源泉がまさしくそれと緊密に結ばれた人間の基本的活動が行われる」場所であり，そこで行われる労作教育は，教師と生徒との一方的な関係ではなく，ともに働き，生活するという「共同社会の原理」により行われるものでなければならない。このような過程を経て，最終的に目指されているのは「内面の覚醒への奉仕」である。すなわち「内的世界の覚醒の原理」が，学校教育の究極的な原理となるのである。「最も内面的なものの内に，地上的なものを越えた超越的なものへの道が開かれている」のである。

学習課題

1. 「文化と歴史」「主観的精神と客観的精神」などのキーワードを使って，文化教育学の思想の特色についてまとめなさい。
2. 高度情報社会と呼ばれる現代世界にあって，文化教育学の思想はどのような意味をもつのか考えなさい。

参考文献

※翻訳書として以下の図書がある。本稿執筆にあたりこれら訳書を使用した（ただし適宜改変している）。またそれぞれの訳書に掲載されている解説も随時参照した。

・ケルシェンシュタイナー，藤沢法暎訳『〈世界教育学選集58〉労働学校論』明治図書出版，1971。
・ケルシェンシュタイナー，G., 玉井成光訳『公民教育の概念——道徳教育への指針』早稲田大学出版部，1981。
・ケルシェンシュタイナー，G., 東岸克好・米山弘訳『〈西洋の教育思想18〉アルバイツシューレ』玉川大学出版部，1983。
・ケルシェンシュタイナー，高橋勝訳『〈世界新教育運動選書2〉作業学校の理論』明治図書出版，1983。
・シュプランガー，伊勢田耀子訳『〈世界教育学選集18・19〉文化と性格の諸類型1・2』明治図書出版，1961。
・シュプランガー，E., 村井実・長井和雄訳『〈西洋の教育思想20〉文化と教育』玉川大

学出版部，1983。
- シュプランガー，E., 村田昇・山崎英則訳『人間としての在り方を求めて——存在形成の考察』東信堂，1990。
- リット，石原鉄雄訳『教育の根本問題——指導か放任か』明治図書出版，1971。
- リット，T., 荒井武・前田幹訳『現代社会と教育の理念』福村出版，1988。
- リット，T., 小笠原道雄訳『技術的思考と人間陶冶』玉川大学出版部，1996。

※研究書として，以下の図書がある。
- 天野正治『シュプランガーの陶冶理想論』玉川大学出版部，2010。
- 西方守『リットの教育哲学』専修大学出版局，2006。
- 藤沢法暎・山崎高哉「ケルシェンシュタイナー」，村田昇「シュプランガー」，藤野堯久・長島啓記「リット」天野正治編『〈現代に生きる教育思想5〉ドイツ2』ぎょうせい，1982。
- 宮野安治『リットの人間学と教育学——人間と自然の関係をめぐって』溪水社，2006。
- 山﨑高哉『ケルシェンシュタイナー教育学の特質と意義』玉川大学出版部，1993。
- 山崎英則『シュプランガー教育学の研究——継承・発展過程と本質理論をたずねて』溪水社，2005。
- 山邊光宏『シュプランガー教育学の宗教思想的研究』東信堂，2006。

学習を進めるにあたっての参考図書
- 天野正治『シュプランガーの陶冶理想論』玉川大学出版部，2010。
- ケルシェンシュタイナー，G., 東岸克好・米山弘訳『〈西洋の教育思想18〉アルバイツシューレ』玉川大学出版部，1983。
- シュプランガー，E., 村井実・長井和雄訳『〈西洋の教育思想20〉文化と教育（新版）』玉川大学出版部，1983。
- 山﨑高哉『ケルシェンシュタイナー教育学の特質と意義』玉川大学出版部，1993。
- リット，T., 小笠原道雄訳『技術的思考と人間陶冶』玉川大学出版部，1996。

第15章　教育人間学の思想

　「教育人間学」（pädagogische Anthropologie）は，第二次大戦後の旧西ドイツとオランダを中心に展開されてきた教育思潮である。しかし，教育人間学のもとに，ある者は人間に関する個別諸科学の成果を教育の視点のもとで統合する試みと理解し，他の者は哲学的人間学の問題設定を教育学にとって有益なものにしようとする試みと理解する。このように教育人間学とは何かについての統一的な理解は得られていない。
　教育人間学の代表的人物には，最初に教育人間学的な問題設定を公にしたデップ＝フォアヴァルトをはじめとして，ロート，デルボラフ，フリットナー，ロッホなど多彩な顔ぶれがそろう。そのようななかから本章では，ドイツとオランダの教育人間学をそれぞれを代表するボルノーとランゲフェルトの2人を取りあげ，詳しくみていくことにする。

キーワード
教育人間学　人間学的教育学　哲学的人間学　子どもの人間学

第1節　ボルノーの教育思想

1. ボルノーの生涯

　ボルノー（Otto Friedrich Bollnow, 1903-1991）は，1903年3月14日，ドイツ領シュテッティン（現ポーランド）の代々続いた教員の家に生まれた。1921年からベルリン大学で，さらにグライフスヴァルト大学（1923）やゲッティンゲン大学（1924）で，数学と物理学を学んだ。なお，ベルリン大学では，当時すでにディルタイ学派のシュプランガーなどから哲学や教育学の講義も受講し，またゲッティンゲン大学でも，同じくディルタイ学派のミッシュ（Georg Misch, 1878-1965）とノールの講義やゼミナールにも参加していた。1925年，ゲッティンゲン大学のボルン（Max Born, 1882-1970）教授のもとで，「酸化チタン，ルティルおよびアナタスの結晶格子理論」の研究によって理論物理学の博士号を取得した。
　学位取得後はゲッティンゲン大学の理論物理学研究所で引き続き研究する予定であった。しかし，1925年から1926年の冬学期の間，恩師ボルンが客員教授として招聘されてアメリカへ赴くことになったため，この間，ボルノーはゲ

ヘープ（Paul Geheeb, 1870-1961）が創設した「田園教育塾」のオーデンヴァルトシューレ（Odenwaldschule）で教師体験をすることとなった。このことが彼にとって「人生のなかでの激しい転機」になったという（『思索と生涯を語る』）。彼は物理学よりも直接的に「人間的な事柄」のほうが自分には重要であると考えるに至った（『人間学的に見た教育学（第二版）』）。そして物理学から哲学・教育学へと転向し、1926年の夏学期、彼は再びベルリン大学のシュプランガーのもとで学び、さらに同年、ゲッティンゲン大学のノールのもとへ帰り、1927年からヤコービ（Friedrich Heinrich Jacobi, 1743-1819）の「生の哲学」に関する研究を開始した。

ボルノー

その一方でボルノーは、同じ1927年に出版された『存在と時間』の影響で「実存哲学」に関心をもち、ハイデガー（Martin Heidegger, 1889-1976）のあとを追って、マールブルク大学（1ゼメスター）およびフライブルク大学（2ゼメスター）で学んだ。しかし彼はやがて、ハイデガーの思想が「人間存在の深淵へのまったく新しい洞察」を開くものではあっても、しかし「それによって解明されるのはわれわれ人間存在の一面のみである」と考えるに至った（『思索と生涯を語る』）。そうして彼は、1929年の秋、彼自身「私の本来の師」（Bollnow, 1975）と呼ぶゲッティンゲン大学のミッシュとノールのもとに帰った。そして1931年、『F. H. ヤコービの生の哲学』によって、ゲッティンゲン大学で哲学・教育学の大学教授資格を取得した。

その後、1938年にギーセン大学で心理学と教育学の講座を担当することとなり、翌1939年、正教授に就任した。しかし、同年、第二次世界大戦が勃発し、「苦しみと絶望の中で、またたえず脅かされる破局を目の前にして、いわば私の精神的な遺書を作ること、すなわち、哲学的に私に重要と思われるものをすべてできるかぎり一冊の本にまとめ上げることを決心」（『人間学的に見た教育学（第二版）』）し、1941年、『気分の本質』を出版した。また「人間の最後の品位を保つために苦労して書いた」（同上）という『畏敬』は、脱稿しても出版できないまま、ボルノーは物理学者として軍隊に招集された。

1945年の敗戦後、彼は恩師ノールを頼ってゲッティンゲン大学へ行き、ノー

ルによって編纂されていた雑誌『ザンムルング』の共同編集者となった。岡本英明によると、この雑誌は、「すでに1946年夏には1万人の予約購読者と約5万人の読者を擁することができた」という。1945年から1946年にかけての冬学期の間、キール大学で代講した後、1946年春から新設のマインツ大学で教鞭を執るようになった。このマインツ大学時代の研究グループのなかから、彼の人間学的教育学研究の萌芽が生まれたとされている。1947年には、ようやく『畏敬』が出版され、また多くの理想が崩壊するなかで、「まだ信頼するに足る人間生活の究極の根底」(同上)を深く考え、同年、『素朴な道徳』も出版した。

その後、1953年、シュプランガーの後継者としてテュービンゲン大学の哲学および教育学の正教授に就任した。そこでは、マインツ大学で開始された人間学研究を着実に前進させ、哲学上の主著『新しい被護性』(1955) をはじめ、『人間と空間』(1963) など重要な著作を次々と発表した。また、実存哲学の視点から教育をとらえ直して、新たに教育の非連続的形式の意義を提起した書として、教育史上の評価が高い『実存哲学と教育学』(1959) や、教育を成立させる根源的条件について言及した『教育的雰囲気』(1964) など、教育学上の重要な著作を発表した。1965年には、「教育人間学」や「人間学的教育学」についての概念を整理した小著『教育学における人間学的見方』を出版している。

ボルノーは日本文化への造詣も深く、6度の来日と各地での講演などを精力的にこなし、日独文化交流に大きく貢献した。彼の主要著作のほとんどが邦訳され、広く日本の教育界に影響を及ぼしてきた。なお、玉川学園創立者・小原國芳との親交により、玉川学園40周年記念 (1969) のお祝いとして、彼の人間学的視点による研究成果を集大成した重要な著作『人間学的に見た教育学』が書き下ろされ、その邦訳版がまず1969年に、そしてドイツ語原典が1971年に、それぞれ玉川大学出版部から刊行されている。1986年、日本文化への長年の貢献によって、日本国政府から勲三等旭日中綬章が授与された。1991年2月7日、テュービンゲンで死去。

2．ボルノーの哲学的人間学と人間学的教育学

ボルノー自身の語るところによれば、彼にとって哲学と教育学は分かちがたく結びついており、この両者が結びつき、重なり合うところに彼独自の関心領域があるという (Bollnow, 1975)。また、彼が「哲学」(Philosophie) という言葉を使う場合、それは、「人間の生に直接かかわる「実践的な」分野」、すなわ

ち倫理学，美学，歴史哲学，精神諸科学の方法に関する諸問題，そしてとりわけ彼が「哲学的人間学」(philosophische Anthropologie) と呼ぶ分野を指している (Bollnow, 1975)。彼は，生の哲学と実存哲学，そして現象学と解釈学に影響を受けながら，彼独自の哲学的人間学を展開した。そして，さらにこの「哲学的人間学」と分かちがたく結びついた教育学，すなわち彼が「人間学的教育学」(anthropologische Pädagogik) と呼ぶ研究分野において多数の功績を残した。

以下では，まず彼の哲学思想の基本的立場となる「哲学的人間学」について，次にそれと分かちがたく結びついている「人間学的教育学」についてみていくことにする。

(1) 哲学的人間学

哲学的人間学とは，端的に言えば「人間とは何か」を探求する哲学の中心部門である。ボルノーは，シェーラー (Max Scheler, 1874-1928) やプレスナー (Helmuth Plessner, 1892-1985) らによって基礎づけられた哲学的人間学の成果を踏まえ，さらに彼独自の視点を加えて，哲学的人間学の方法原理を四つにまとめている。まず，「人間学的還元」の原理とは，「客観的精神の完成した形象つまり既存の文化領域を，人間の中にあるそれらの根源から把握しようと努める」原理である（『教育学における人間学的見方』）。ボルノーは，経済，国家，法律，宗教，芸術，学問等のあらゆる文化領域を，人間の創造的な営みとして把握し，それらを創造した人間の欲求や人間生活のなかで果たすべき役割から理解しようとする。次に，「オルガノンの原理」は，逆に「人間を彼によって作り出された形象から理解しようと試みる」ものである（同上）。つまり人間が創造した文化領域をオルガノン（機関，道具）として，それを手がかりに「人間とは何か」をとらえようとする。したがって，「人間から文化の役割を問う」人間学的還元の原理と，「文化から人間の本質を問う」オルガノンの原理は，本来不可分であり，思考過程においては連動するものである。

さて，これらに続いてボルノーは第3の原理として「個々の現象の人間学的解釈の原理」を挙げ，次のような問いの形に定式化した。すなわち，これは「生の事実に与えられたこの特殊な現象が，そこにおいて有意義かつ必然的な項として把握されるためには，全体としての人間の本質はいかなるものでなければならないか？」と問う原理である（同上）。ボルノーによれば，人間に関わる諸現象のすべてが，文化からとらえられるものではない。例えば気分，感情，衝動，人間の身体的・精神的構造などの多くの特徴がそれである。これら

もまた,「人間とは何か」を探る手がかりとなるものであり,ボルノーはこの第3の原理によって人間の文化領域を超えた広汎な人間の生の諸現象へと研究領域を拡大した。この第3の原理が哲学的人間学の「最も包括的かつ最も一般的な原理」(Bollnow, 1965)であり,ボルノー独自の哲学的人間学の立場を示す原理でもある。彼の哲学的人間学は,この原理を適用して,人間が何らかの理由で関心を抱く特殊な現象,例えば「不安,喜び,羞恥,苦労,愉快さなど」(Bollnow, 1983)が人間に果たす役割の解明を経由して,「人間とは何か」を問う点に特色がある。

(2) 人間の生の解釈学

ところで,ボルノーがこうした哲学的人間学への取り組みを具体的に遂行するにあたっては,その手法として現象学と解釈学を拠り所としている。まず,現象学的手法に依拠して,個々の現象の「入念かつ詳細な記述」が行われる(Bollnow, 1988)。次に,記述された現象を解釈学的手法によって「より大きな連関のなかの有意味な項として理解するということ」が目指されるのである(Bollnow, 1988)。この解釈学はテキスト解釈の手法として用いられてきたものであるが,哲学的人間学においては「人間の生という「テキスト」を,その有意味さを仮定して解釈しようと試みる」のである(Bollnow, 1969)。それゆえボルノーは,「哲学的人間学において形成された考察方法は,まさに解釈学的原理の具体化とみなすことができる」としている(Bollnow, 1969)。

しかし,テキスト解釈の場合と人間の解釈学的考察には,決定的な違いが生じる。テキスト解釈の場合には,固定したテキスト全体が現前にあり,テキストの個々の部分は,その全体との関連のなかで解釈され位置づけられる。それに対して,人間は固定したテキストではない。それゆえ,「人間とは何であり,人間からもう一度何が生まれてくるのか,ということを私どもは知らない」のである(『思索と生涯を語る』)。特定の固定した閉ざされた人間像を意図的に前提に置こうとするのでもない限り,人間は,特定の人間像に固定されるものではなく,むしろ「非像性」(Bildlosigkeit)や「底知れなさ」(Unergründlichkeit)によって特徴づけられる。ここに第4の「開かれた問いの原理」が登場する。この原理は,哲学的人間学の成果を無理に体系化しようとしたり,人間像を無理にまとめ上げようとするような「許容できない単純化を批判的に防ぐことに努める」原理である(『教育学における人間学的見方』)。我々は「人間とは何か」をまさに知らないのであり,固定した人間像から人間学的考察を開始すること

はできない。したがって，哲学的人間学から得られる成果もまた，いつも暫定的なものに留まり，完結しない。これは一見すると，哲学的人間学のもつ思想としての大きな弱点・欠点にさえ思われるかもしれない。しかし，この暫定性，未完結性にこそ，むしろボルノー思想の特質・価値が潜んでいるのである。

(3) 生の哲学と実存哲学の間

ボルノーは，ミッシュやノールによって媒介されたディルタイの生の哲学と，ハイデガーの実存哲学から大きな影響を受けたが，それら両哲学がもたらす人間の生への洞察が，単純には結びつかないものであることを認識するに至った。彼は自分の立場をよく「二つの椅子の間に座ること」(Zwischen-zwei-Stühlen-Sitzen) と表現している（『思索と生涯を語る』）。ドイツ語の"Zwischen-zwei-Stühlen-Sitzen"は，通常ならば，「虻蜂取らず」といったように訳出されるであろう（『独和大辞典（第2版）』）。「虻蜂取らず」とは，「あれもこれもとねらって一物も得られないこと」や「欲を深くして失敗する」ことである（『広辞苑（第七版）』）。ボルノーの場合，"Zwischen-zwei-Stühlen"（二つの椅子の間）とは，「具体的には生の哲学と実存哲学との関係」を指している（『思索と生涯を語る』）。この両者について，彼は「それぞれが人間の生の一つの面を示してはおりますが，しかしながら，異論なく一つの包括的な体系のなかにまとめあげることのできないものです」と述べている（同上）。

ボルノーの場合，生の哲学と実存哲学の二つを一つにまとめあげようと欲して「虻蜂取らず」になっているわけではない。彼の関心は，こうした二つの哲学思想を一つにまとめ上げることにあるのではない。むしろ，「人間の生」の実相をつかむことのほうにこそ，彼の関心がある。生の哲学や実存哲学は，なるほど生の一面をそれぞれ示してはくれるが，これらは「人間の生」の実相を十全にとらえ得る，いわば「生の論理」として満足のいくものではない。ましてや二つの哲学を安易に結びつけたところで，そのような「生の論理」になるはずもない。その意味で，ボルノーは生の哲学に対しても，実存哲学に対しても一定の意義は認めるものの，それらのいずれにも安住することができないし，それらを安易に体系化することもできないでいるのである。こうした彼の立場を表現したものが，"Zwischen-zwei-Stühlen-Sitzen"（「二つの椅子の間に座ること」）である。ここに，人間の生を信頼し，特定の哲学思想に拘泥せず，むしろ人間の生の実相にこそ忠実に向き合おうとし，人間理解の安易な単純化や人間像の固定化に堕せず，人間の生のもたらす新たな種々の可能性に対して開か

れていようとする，そうした彼の姿勢を読み取ることができる。ボルノーはこう述べている。「こうした完全な非像性においてのみ，人間はその生の見渡し難い新たな諸可能性に対して自己を開いていることができるのである」と（『教育学における人間学的見方』）。

(4) 人間学的教育学

すでに，ボルノーにおいては哲学と教育学が分かちがたく結びついていることを指摘したが，ボルノーの哲学的人間学もまた，教育学と不可分の関係にある。彼は「哲学的人間学の認識すべてが既に同時に直接的にまた教育学的意義をもつ」と指摘している（『教育学における人間学的見方』）。なぜならば，「人間についての知識に関する事柄は，同時にまた人間の本質実現に対しても当てはまるのであり，それによって同時に教育に対して示唆を与える」からである。哲学的人間学がもたらす「人間とは何か」という人間存在に関する知見は，そのまま，そのような人間に「なる」という人間生成と，そうした人間生成へと関与する教育へと示唆を与えるものである。したがって，ボルノーは，彼の立場を「哲学的・人間学的教育学，あるいはその代わりに，簡略化して人間学的教育学という言葉を用いる」と述べている（Bollnow, 1988）。ボルノー自身は，これまで「教育人間学」（pädagogische Anthropologie）という用語が研究者によってさまざまな意味で使用され，用語の混乱が生じていることを踏まえて，「教育人間学」と「人間学的教育学」（anthropologische Pädagogik）の区別を繰り返し提案している。彼が考える人間学的教育学は，教育学の一部門を担う教育人間学とは異なり，人間学的視点によって見通された教育学全体のことを意味しており，より慎重に彼は「教育学における人間学的見方」（anthropologische Betrachtungsweise in der Pädagogik）という表現を好んだ。そして彼は，人間の生の諸現象に対して人間学的考察を展開し，例えば「教育の非連続的諸形式」（危機，覚醒，訓戒，助言，出会いなど），教育的雰囲気，教育者における愛，信頼，忍耐，人間の時間性，空間性，言語性の教育的意義の解明など，多数の実り豊かな成果を残したのである。さらに，単なる教育テクノロジーに還元できない教授法の意義や，教育エンジニアの養成に堕することのない教員養成本来の使命についても解き明かしている（Bollnow, 1983; 1988）。

第2節　ランゲフェルトの教育思想

1．ランゲフェルトの生涯

　ランゲフェルト（Martinus Jan Langeveld, 1905-1989）は，1905年10月30日，オランダのハールレム（Haarlem）に小学校教師の息子として生まれた。1925年からアムステルダム大学で教育学，哲学，心理学等を学ぶ。とりわけ彼が「私の産婆」と呼ぶ，コーンスタム（Philipp Abraham Kohnstamm, 1875-1951）とポス（Hendrik Josephus Pos, 1898-1955）から大きな影響を受けた。彼はまた，この2人の紹介や勧めによって国外の大学で学ぶ機会を得た。特に，彼とドイツの大学との関係は深い。まず，フライブルク大学では西南ドイツ学派のコーン（Jonas Cohn, 1869-1947）や，現象学の創始者フッサール（Edmund Husserl, 1859-1938）の後任となったハイデガーに学び，ハンブルク大学ではシュテルン（William Stern, 1871-1938），ムホー（Martha Muchow, 1892-1933），ヴェルナー（Heinz Werner, 1890-1964）から心理学を，カッシーラー（Ernst Cassirer, 1874-1945）から哲学を学んだ。さらにライプツィヒ大学に移り，ディルタイ学派のリットからは教育学を学び，「生涯かたい師弟愛で結ばれることになった」という（和田修二「ランゲフェルドの人と思想」）。戦後ドイツの教育学界といち早く接触し，その復興と発展に貢献したのも，このような彼の経歴と関連している。

ランゲフェルト

　ところで彼は，単に教育学の理論研究に関心をもつだけでなく，また強く教育実践・教職への関心ももち，1931年からはギムナジウム教師となってオランダ語，歴史，哲学を教えた。そのかたわらで，彼は個人的に教育相談も開始した。それは彼が，教育者や教育学者にとって問題をもつ子どもたちについての経験が必須であると考え，また，1920年代からヨーロッパに導入されてきたアメリカの教育相談の技法に疑問を感じていたからであった。

　1934年，彼は言語と思考の発達の研究によって博士号を取得し，同年，アムステルダム大学非常勤講師となって発達心理学と教育学を講じることになっ

た。以後，ギムナジウム教師，アムステルダム大学講師，そして教育相談という三方向での活動を続けた。この間，彼は「非人間的な自然科学的方法で人間を理解することへの疑問」と，「第二次大戦前夜の不穏なヨーロッパの状況におかれた人間としての実存的懐疑」を抱き，そのことが彼の人間学的態度の形成に大きく影響したという（真行寺功「ランゲフェルト」）。1939年からは，ユトレヒト大学准教授となり，教育科学，一般教授学，発達心理学を担当した。また，ユトレヒト大学に教育学研究所を設立し，その所長となる。

1940年5月，ドイツ軍がオランダに侵攻し，オランダ政府はロンドンに亡命政府を設立。それから1945年5月までの5年間，オランダはドイツ軍に占領され戦場と化した。この間，ランゲフェルトは地下抵抗運動にも参加した。彼の恩師コーンスタムがユダヤ人であったため，1941年から師の代わりとなってアムステルダム大学教育学講座の准教授も兼任した。

1945年5月5日，オランダがドイツの占領から解放された。そして終戦と同時に，彼はそれまで兼務していたアムステルダム大学を辞任し，ユトレヒト大学で研究と教育に専念した。1946年1月，ユトレヒト大学の正教授に昇任。1971年10月に退職するまで，同大学において教育学，発達心理学，教育相談の分野など，多方面で活躍した。この間，リットの勧めによって彼の著作『理論的教育学提要』（1945）のドイツ語版（1951）が公刊された。それを皮切りに，『子供と信仰』（1956）のドイツ語版（1957），さらに『子供の道程としての学校』（1956），『教育学と現実』（1971）等々，彼の主要著作がドイツ語によって発表され，ドイツ教育学界でも確かな地歩を占めるに至った。

さらに彼は，ドイツ語圏に留まらず，国際的に幅広く活動し，教育学研究に関する国際的な団体の設立や雑誌の編集に多数関与し，西欧の教育学界の牽引役となった。そして，人間がその本質において「教育を必要とする動物」(animal educandum) であるとの主張や，子どもの発達をその固有性においてとらえる『子供の人間学的研究』（1956）は，人間一般を研究対象として扱ってきた従来の人間学研究と一線を画し，広く世界の教育界および人間学研究に大きな影響を及ぼした。1989年12月15日，ナールデン (Naarden) にて死去した。

2．ランゲフェルトの「子どもの人間学」とその方法

ランゲフェルトの教育人間学の特質は，教育学研究において人間学的視点と現象学的視点とが密接に結びついている点に求められる。しかも彼における人間学も現象学も，ともに彼固有の視点からとらえられている。以下で，それを

順次みていくことにしよう。

(1) 子どもの人間学

ランゲフェルトは，従来の人間学を批判して次のように述べている。すなわち，「人間はまず最初は子どもであるということが，そして人間がどのように子どもであるのかということが，人間学のなかでほとんど注目されなかった」と (Langeveld, 1959)。従来の人間学も当然のことながら「人間とは何か」を問い，論じてきた。しかし，そこで問われ，論じられる人間とは，いわば抽象的・超時間的な「人間一般」であった。人間がまずは子どもとして誕生するという事実や子ども固有の価値が，そして人間を生成や発達の相においてとらえる視点が，先駆的にはドイツ教育学内部で現れていたにせよ (Langeveld, 1978)，これまでの人間学的議論においてほとんど顧慮されてこなかったのである。ランゲフェルトは，こうした従来の人間学に対して，1950年代初めから「子どもの人間学」(Anthropologie des Kindes) という表現を用いて，彼固有の人間学研究を繰り広げていく。では，ランゲフェルトの人間学研究の固有性はいかなる点にみられるであろうか。

ランゲフェルトの解する人間学は，従来の人間学のように「人間一般」を扱おうとする学問ではない。彼にとって人間は，常に子ども，青少年，成人，老人として，つまりそれぞれ独自の存在様式においてとらえられる。しかも彼は，とりわけ，人間が「子どもであるという事実」からその生涯を始めることの重要性に着目する。彼の人間学は，したがって抽象的に「人間とは何か」を問うのではなく，まずもって「子どもであるとは，どのようなことなのか」を問うことから始めるのである。さらに，「人間が幼く歩み始めるという単純な事実は，人間であることが子どもであることから始まるという単純な事実は，いかなる意味を有しているのか？」(Langeveld, 1968) を問題とする。つまり彼は，人間一般から特殊な子どもという生の在り方を理解しようとするのではなく，逆に人間が子どもという生の在り方から人生を開始するという特殊な事実を出発点として，そこから人間一般について何がいえるかを明らかにしようとするのである。

ところで，このような特質をもつランゲフェルトの「子どもの人間学」は教育学研究にとっていかなる意義を有しているのか。彼は子どもという存在様式は「教育を必要とし，教育することができ，そして，いつもすでに何らかの仕方で教育された存在としてのみ我々が知っている存在」(Langeveld, 1959；

Langeveld, 1960）であることを明らかにした。子どもであるという生の在り方は，最初から教育との関連を抜きにはとらえられないものなのである。人間を「教育を必要とする動物」とする彼の次の有名なテーゼも，このような「子どもであること」への洞察がもたらした成果と見なすことができよう。

> 人間は，教育し，教育され，そして教育を必要とする存在であるということ，このこと自体が人間像の最も根本的な特徴の一つである（Langeveld, 1978）。

(2) 現象学的方法

さて，ランゲフェルトの「子どもの人間学」はどのような方法論を用いるのであろうか。彼の人間学は決して抽象的・観念的な思考の産物ではない。そうではなくて，彼は「子どもであること」の現実を日常の具体的な経験世界から出発して把握しようとするのである。その際，彼が用いるのが現象学的方法である。

ランゲフェルトは，教育現象を「原初的には，われわれにとって前＝理論的に明証な，経験的世界の部分を構成している一つの関係」ととらえ，それゆえ，こうした教育現象をとらえる唯一の直接的方法は，この「経験的世界」に入り込み，そこで繰り広げられる「日常的な経験」，殊に「おとなと子どもの基本的関係」を吟味する方法でなければならないとしている（『教育の理論と現実』）。この「日常的な経験」「おとなと子どもの基本的関係」の吟味を行ううえで，彼はフッサールの「現象学」に着目する。ただしフッサールにおいて「現象学」という言葉は，「現象学的方法」と「現象学的哲学」の両方を含む意味で使用されているが，ランゲフェルトは「現象学」をもっぱら「現象学的方法」という意味で用いる。しかも，ランゲフェルトが「現象学的方法」という場合，後期フッサールの概念の一つである「生活世界」（Lebenswelt）を援用している。この「生活世界」をランゲフェルトは「本質的に前＝概念的な世界における直接的なコミュニケイションの領域」や，「われわれがそこで物事のナイーヴな，ありのままの意味に向かって開かれているような世界」ととらえ，「教育学は，そもそもの起点を生活世界と呼ばれる人間の通常の世界にもっていることを自覚しなければならない」と主張する。彼は，「日常的な経験」「おとなと子どもの基本的関係」をとらえることのできる教育学は，前学問的で日常的な生きた「生活世界」から出発しなければならないと考えていたのである。このような

ランゲフェルトの視点は，現象学的手法を取り入れた教育学研究の発展に貢献した。

学習課題
1．ボルノーにおける哲学的人間学の四つの方法原理はどのような関係にあるか整理しなさい。
2．ランゲフェルトによる「子どもの人間学」は従来の人間学とどのように異なるのか考察しなさい。

参考文献
・岡本英明『ボルノウの教育人間学――その哲学と方法論』サイマル出版会，1972。
・国松孝二他編『独和大辞典（第2版）』小学館，1998。
・ゲルナー，B.，岡本英明訳『教育人間学入門』理想社，1975。
・真行寺功「ランゲフェルト――子どもの人間学の創始者」松島鈞・白石晃一編『〈現代に生きる教育思想7〉オランダ・スペイン・ベルギー・スウェーデン・チェコスロバキア・スイス・イタリア・アルゼンチン』ぎょうせい，1982。
・新村出編『広辞苑（第七版）』岩波書店，2018。
・ボルノー，O. F.，岡本英明訳『教育学における人間学的見方』玉川大学出版部，1977。
・ボルノー，O. F.，浜田正秀訳『人間学的に見た教育学（第二版）』玉川大学出版部，1983。
・ボルノー，O. F.／ゲベラー，H. P.／レッシング，H. U. 編，石橋哲成訳『思索と生涯を語る』玉川大学出版部，1991。
・ランゲフェルド，和田修二監訳『教育の理論と現実――教育科学の位置と反省』未来社，1972。
・和田修二「ランゲフェルドの人と思想」ランゲフェルド，M. J.，和田修二監訳『よるべなき両親――教育と人間の尊厳を求めて』玉川大学出版部，1980。
・和田修二『〈教育学大全集22〉子どもの人間学』第一法規出版，1982。

・Bollnow, O. F., „Methodische Prinzipien der pädagogischen Anthropologie", *Bildung und Erziehung*, 18, 1965.
・Bollnow, O. F., *Erziehung in anthropologischer Sicht*. Mit Beiträgen von Giel, K. u. Loser, F. u. a., Morgarten Verlag: Zürich, 1969.
・Bollnow, O. F., „Selbstdarstellung", *Pädagogik in Selbstdarstellungen*. Band I, hrsg. von. Ludwig J. Pongratz, Felix Meiner Verlag: Hamburg, 1975.
・Bollnow, O. F., *Anthropologische Pädagogik*, 3. durchges. Aufl., Paul Haupt Verlag: Bern und Stuttgart, 1983.

- Bollnow, O. F., *Zwischen Philosophie und Pädagogik. Vorträge und Aufsätze*, Weitz: Aachen, 1988.
- Langeveld, M. J., *Kind und Jugendlicher in anthropologischer Sicht. Eine Skizze*, Quelle & Meyer: Heidelberg, 1959.
- Langeveld, M. J., „Was hat die Anthropologie des Kindes dem Theologen zu sagen?" Diem, H.u. Langeveld, M. J., *Untersuchungen zur Anthropologie des Kindes*, Quelle & Meyer: Heidelberg, 1960.
- Langeveld, M. J., *Studien zur Anthropologie des Kindes*, 3, durchgesehene und ergänzte Auflage, Max Niemeyer Verlag: Tübingen, 1968.
- Langeveld, M. J., *Einführung in die theoretische Pädagogik*, 9. Auflage, Klett Cotta: Stuttgart, 1978.

学習を進めるにあたっての参考図書
・岡本英明『ボルノウの教育人間学――その哲学と方法論』サイマル出版会，1972。
・ゲルナー，B.，岡本英明訳『教育人間学入門』理想社，1975。
・ボルノー，O. F.／ゲベラー，H. P.／レッシング，H. U. 編，石橋哲成訳『思索と生涯を語る』玉川大学出版部，1991。
・和田修二『〈教育学大全集22〉子どもの人間学』第一法規出版，1982。
・和田修二他編『ランゲフェルト教育学との対話――「子どもの人間学」への応答』玉川大学出版部，2011。

第16章　第二次世界大戦後の教育

　ヨーロッパ諸国においてみると，第二次世界大戦後の大きな教育課題は，イギリス，ドイツ，フランスいずれの国々においても，いわゆる「分岐型」の教育制度の欠陥を克服し，すべての生徒が共通に通う中等教育を構築することであった。「機会の平等」の追求である。そのなかで，生徒の「能力・適性に応じた多様化」をいかにして実現するかをめぐってさまざまな試みが行われてきた。一方，すでに「単線型」教育制度が導入されていたアメリカにおいては，その制度のなかで，生徒の「平等」を保障しつつ，「卓越性」をどのように発揮していくかが追求されてきた。

　本章では，まず戦後の各国の教育政策に大きな影響を与えているユネスコなど国際機関が発信した主だった宣言，条約などをピックアップしてみる。次に，イギリス，ドイツ，フランス，アメリカの順で，それぞれの国の戦後教育の展開を概観する。併せてEU（欧州連合）の教育政策についてみていく。最後に，ヨーロッパとアメリカの大学タイプを比較しながら，それぞれの特色を浮かび上がらせる。

キーワード
機会の均等　能力・適性に応じた多様化　平等性と卓越性　質の保証　単線型と複線型

第1節　国際機関と教育

1．ユネスコ憲章と世界人権宣言

　1945年に国際連合が設立され，そのなかの経済社会理事会の専門機関として，1946年にユネスコ（国際連合教育科学文化機関，UNESCO）がパリに設けられた。「ユネスコ憲章」は，その前文において「戦争は人の心の中で生まれるものであるから人の心の中に平和のとりでを築かなければならない」と述べている。

　さらに1948年には，国連総会で「世界人権宣言」が採択された。その第1条にいう「すべての人は，生れながらにして自由であり，かつ，尊厳と権利とについて平等である」は，この宣言全体の根幹となっている。教育については「すべての人は，教育を受ける権利を有する。教育は，少なくとも初等および基礎的段階においては，無償でなければならない」（第26条）として，「教育を受ける権利」の保障が宣言されている。

2．子どもの権利条約

1959年に，国連により「児童権利宣言」が採択された。この宣言が具体化され，子どもの権利を保障する国際条約となったのが「児童の権利に関する条約」（子どもの権利条約）である。この条約は，1989年に国際連合総会で採択され，翌年（1990）から発効した。同条約では，18歳未満の子どもを対象として，子どもの権利が列挙され，保護者の権利・義務と締約国の義務が定められている。子どもの意見表明権を認めるなど，子どもを保護される対象としてだけでなく，権利行使の主体としての子ども観を打ち出している。

3．「教員の地位に関する勧告」

1966年に，教員の地位に関する世界で最初の国際的文書である「教員の地位に関する勧告」がユネスコで採択され，国連加盟各国政府に勧告された。この勧告は，ILO（国際労働機関）とユネスコが共同で作成したもので，「教育の仕事は専門職とみなされるべきである」として教職の専門性と専門職にふさわしい職業上の自由を保障することを教育行政に求めている。

4．生涯学習

年齢，性，職業などの区別なく，すべての人々が主体的に生涯を通じて学習し，自己形成に努める，というのが生涯学習の概念である。国は生涯学習の機会を国民に保障しなければならない。この概念は，1965年にパリで開催されたユネスコ・成人教育推進国際委員会で，ラングラン（Paul Lengrand, 1910-2003）により提唱され，広く世界に知られるようになった。

第2節　イギリスの教育

1．「1944年教育法」とその後の展開

イギリスの戦後教育の出発点になったのは，まだ第二次世界大戦が続いていた1944年に制定された「1944年教育法」（「バトラー法」）である。同法は，義務就学年齢を5歳から15歳までと規定し，すべての生徒に初等教育と前期中等教育を保障するものであった。ただし，それは共通する6年制の初等学校のあと，「11歳試験」（イレブン・プラス試験）の成績により生徒を選別し，彼ら

を三つの異なる中等学校（大学進学を目指すグラマー・スクール，社会の中堅層に技術系の教育を行うテクニカル・スクール，グラマーやテクニカルに入学できなかった生徒を中心に教育を行うモダン・スクール）へと振り分ける「三分岐型」の中等教育の制度であった。

1959年に，イギリス中央教育審議会（クラウザー会長）は，「15歳から18歳まで」と題する後期中等教育の改革案をまとめた（「クラウザー報告」）。このなかでは「すべての者に中等教育を」をスローガンに，15歳から18歳までの後期中等教育の充実を図ることが目指されている。具体的には，義務教育を1年間延長して16歳までとし，そのあと全日制の学校に学ばない者には，18歳まで定時制の学校に通学することを義務づけることなどが盛り込まれている。さらに1963年に発表された「ニューザム報告」のなかで，中等学校の総合制化を進めることが提言された。

2．中等教育の「総合制化」の実現

1964年に政権を取り戻した労働党は，「11歳試験」を廃止することを提案し，中等教育制度の平等化の理念を推進する政策を採った。その結果生まれたのが，地域のすべての子どもに，平等に中等教育を提供する総合制中等学校（コンプリヘンシブ・スクール）である。これにより，戦後のイギリス教育の大きな課題であった，中等教育の単線化とコンプリヘンシブ化が実現することになった。

1970年代に入ると，経済の低迷と高い失業率など，社会の活力低下が顕著になった。国家財政は大幅な赤字を計上し，これまでの福祉国家的な政策を維持することは困難となった。こうした状況は「英国病」と呼ばれた。教育分野においても，その非能率性や生徒の学力水準の低下が大きな社会問題となり，教育制度の抜本的な見直しが迫られた。そうしたなかで1976年に，労働党のキャラハン首相は，直接国民に教育改革を呼びかけた。こうしていわゆる「教育大討論」の口火が切られることになった。

3．サッチャー教育改革と「1988年教育改革法」

1979年に政権は，再び保守党に移った。「自由経済」と「強い国家」を標榜するサッチャーが首相となり，教育の面でも，新自由主義の理念に基づいた急進的な改革が断行されることになった。サッチャーは，「競争原理」と「市場原理」をその改革の理念に据え，学校制度の直接コントロールを強化するなど，従来の公教育の徹底的見直しを行った。「効率性の原理」に基づいた公教育の

スリム化と民間活力の導入が積極的に進められ，教育水準の向上を図る政策が次々に打ち出された。サッチャーのこうした一連の教育改革政策は，「1988年教育改革法」として具体化された。この法律には，全国共通カリキュラム（ナショナル・カリキュラム）の導入による教育内容の全国統一化，全国テスト（ナショナル・テスト）の実施，これまで地方教育当局がもっていた権限の縮小化と中央統制，学校のもつ管理運営の裁量権と自主性の拡大，学校選択制の採用，といった内容が盛り込まれている。

4．ブレア政権と「第三の道」

1997年に，労働党は18年ぶりに政権を奪取した。首相となったブレアは，所信表明演説のなかで，「政府の三つの優先課題は何かと聞かれれば，私はこう答えよう。それは，教育，教育，教育である」と演説して，教育政策を国の最重要課題に位置づけた。ブレアは，従来型の福祉国家を目指す「社会民主主義」か，それとも市場原理をもっぱら重視する「新自由主義」か，といった二者択一ではない「第三の道」が，今日の時代に求められているものであるとした。そのなかでブレアが進めた具体的な教育政策としては，学校監査による学校改善の促進，社会的，経済的に不利な状況にある教育困難地域での，民間手法を活用して学校改善を図る「教育改善地域」（EAZ）プログラムの実施などがある。

さらに2002年には，総合制中等学校のもつ画一性の見直し，全国共通カリキュラムの弾力化，アカウンタビリティの強化などの改革方針が盛り込まれた「2002年教育法」が成立した。

5．保守党の政権復帰と教育政策

2010年5月の総選挙で労働党は敗北し，政権党はキャメロンの率いる保守党へと移行した。新政権においても，従来からの懸案である，学校の裁量権や親・子どもの学校選択権の拡大，教育情報公開と透明性の促進などの主要な教育課題は引き継がれた。

2016年6月，イギリス国民はEU離脱を選択した。この選択が教育面でどのような影響をもたらすのか注目される。EU離脱を受けてキャメロンに代わりメイが新首相に就任した。メイは，選抜制のグラマー・スクールを拡大する方針を発表するなど，イギリスを「真に実力・能力主義」（メリトクラシー）の社会にすることを目指した政策を打ち出している。

第3節　ドイツの教育

1．西ドイツの教育の歩み

　第二次世界大戦の終結（1945）後，ドイツでは，東西の冷戦を背景に，西ドイツ（ドイツ連邦共和国）と東ドイツ（ドイツ民主共和国）という二つのドイツが建国され（1949），東西ドイツは，以後全く異なった体制のもとで，新しい国家づくりを行っていくことになった。

　西ドイツでは，憲法にあたる「ドイツ連邦共和国基本法」が制定され，教育制度の立法，組織，行政に関する権限は各州（Land）に委ねられた。その結果生ずる州間の相違をできる限り統一化するために，各州文部大臣会議が設置され，同会議がドイツ全体としての文教施策の調整にあたることになった。

　1955年に「学校制度の領域における統一化のための各州間協定」（デュッセルドルフ協定）が締結され，戦後の教育制度の大枠がほぼ固まった。また「ドイツ教育制度委員会」が1959年に提出した「普通教育公立学校制度の改造と統一化に関する大綱計画」（ラーメン・プラン）には，この時期の教育改革案がほぼ集約された形で盛り込まれている。

　1964年に，各州の首相は，先の「デュッセルドルフ協定」を改訂し，新たに，「ハンブルク協定」を締結した。この協定は，州間の制度上の相違を是正し，学校組織の統一化をいっそう推進することを目指したもので，今日のドイツの教育制度は，ほぼこの協定の内容を骨子としている。

　教育改革に関する広範な議論の沸騰は，1969年末に誕生した社会民主党（SPD）と自由民主党（FDP）の連立政権のもとで，70年代に入るとほぼ頂点に達する。その教育改革構想は，1970年にドイツ教育審議会が公にした「教育制度に関する構造計画」のなかに盛り込まれている。これは，それまでの分岐型の垂直的な学校区分に代わり，就学前段階，初等段階，中等段階，高等段階といった，水平的な教育段階の導入を提唱した教育制度の抜本的な改革案であった。とりわけ中等段階では，総合制学校の導入により，基幹学校，実科学校，ギムナジウムという従来の「三分岐型」の学校制度のもつ構造的欠陥を克服し，教育機会の平等化を実現することが目指された。しかし70年代後半になると，こうした提言は十分に実現しないまま，教育改革の気運は次第に低下していくことになる。総合制学校についても，広く普及しないまま現在に至っている（ただし，中等教育の最初の2年間は「オリエンテーション段階」という名

称の観察期間として、そのあとそれぞれの生徒の能力、適性、希望などに応じた進学校が決定されるという制度が多くの州では導入されている)。

2．東ドイツの教育の歩み

ソ連占領地域から出発した東ドイツは、社会主義国家として歩みを始めた。東ドイツにおける社会主義の教育の根本原則は、1965年に制定された「統一的社会主義的教育制度に関する法律」のなかで詳細に規定されている。東ドイツの教育制度では、生徒は満6歳になると10年制の「普通教育総合技術上級学校」に入学した。この学校に通学する10年間が東ドイツでは義務教育期間とされ、全国一律に社会主義のイデオロギー教育が施された。

1989年11月、東西を分断してきた「ベルリンの壁」は崩壊し、その翌年（1990）10月3日、東西ドイツは悲願であった統一を成就した。それに先立ち1990年8月に締結された東西ドイツの「統一条約」では、西ドイツの制度を基盤として、東ドイツの学校制度の改編作業を進めていくことが規定された。こうして統一後、旧東ドイツ地域では、旧西ドイツに合わせる形で新しい教育制度が構築された。

3．ドイツ統一後の教育課題

統一後現在に至るドイツでは、①旧東ドイツが旧西ドイツに吸収合併されたドイツ、②いろいろな国からの移民、難民などを多数抱え多民族国家化したドイツ、③ヨーロッパの統合に向けて国民国家の枠を超えつつあるドイツ、という三重に交錯した社会構造のなかで、教育の在り方があらためて問い直されているということができよう。それは、三つの統合に関わる教育課題と言い換えることができよう。すなわち、①東西ドイツの統合（東西ドイツは、40年間それぞれ独自の教育制度を構築してきたわけで、統一によって生じている問題は、いまだに教育の領域でも少なくない）、②外国人との統合（外国人人口の割合は約9%であるが、国籍はドイツでも移民の背景をもつ者も入れると、その割合は2割近くにまで達する。彼らは言語的にも、文化的にもなかなかドイツ社会に溶け込めないという状況がある）、③ヨーロッパの統合（このあと第6節でみるように、ひとつのヨーロッパへ向けて、ヨーロッパ・レベルで多彩な教育プログラムが推進されている）である。これらの課題は、いろいろな文脈のなかで複雑に絡み合いながら、日々の教育現実を形成している。

近年の動向としては、2000年に行われたOECD（経済協力開発機構）のPISA

（生徒の学習到達度調査）で，ドイツの生徒の成績はOECD諸国の平均を大きく下回り，国民に衝撃を与えた（PISAショック）。これに対応するため，これまで各州ばらばらであった教育目標，教育内容を連邦レベルで定めた「教育スタンダード」が作成された。またドイツでは，午前中で授業が終わる「半日学校」が一般的であったが，生徒の学力の向上のため，午後も授業を行う「全日学校」が普及するようになった。

さらに親や生徒が，より上級の修了証を取得しようとする傾向が強まっているなかで，特に基幹学校は，進学者の減少に見舞われ「問題校」というレッテルまで貼られている。こうしたなかで，これまで維持してきた三分岐型学校制度に対して，その見直しも議論されている。

今日目を広くドイツ社会に転じると，「ペギーダ」（西欧のイスラム化に反対する愛国的欧州人）による運動の活発化，極右的政策を掲げる政党「AfD」（ドイツのための選択肢）の躍進など，ゼノフォビア（外国人嫌悪）に傾く市民の動向も見逃すことができない。難民・移民をはじめとする多様な背景をもつ人々の受容と，彼らに対する反発のなかで，ドイツの教育現実は大きく揺れ動いているようにも見受けられる。

第4節　フランスの教育

1.「ランジュヴァン・ワロン改革案」と「ベルトワン改革」

フランスの戦後の学校制度改革は，理論物理学者のランジュヴァン（Paul Langevin, 1872-1946）と心理学者のワロン（Henri Pavl Hyacinthe Wallon, 1879-1962）が中心となってまとめた「ランジュヴァン・ワロン改革案」（1947）がその出発点となっている。そこでは，教育改革の根本原理を「正義の原則」に置き，「すべての子どもは，その家庭的，社会的，人種的出身の如何にかかわらず，その人格を最大限に発達させる平等な権利をもつ。能力以外のいかなる制限も受けない」とされた。具体的には，次のような提案が盛り込まれた。①6歳から18歳までを義務教育期間とする。②その全期間，学校種類に区分されない「統一学校制度」を採用する。③11歳から15歳の間は「進路指導期」，16歳から18歳の3年間は「進路決定期」とする。④進路指導期までは，すべての生徒に共通の教育を施す。⑤進路決定期においては，教科の選択などの多様化が考慮される。⑥義務教育期間の公教育の無償制を保障する。

しかしこの改革案は、フランスの政情の不安定な状況のもとで、結局実現されることなく終わった。この案に込められた提言に政府が本格的に取り組むようになるのは、ド・ゴール政権下に行われた「ベルトワン改革」(1959) 以降のことになる。
　国内外の政治情勢が比較的落ち着きを取り戻した1959年に、国民教育大臣を務めたベルトワン (Jean Berthoin, 1895-1979) の名前に由来する「ベルトワン改革」により、「ランジュヴァン・ワロン改革案」は日の目を見ることになる。まず「義務教育期間の延長に関する大統領令」により、義務教育期間が6歳から16歳までの10年間と定められた (18歳までとした「ランジュヴァン・ワロン改革案」より短いが、それまでは14歳までの8年間であった)。次に「公教育改革に関する政令」により、義務教育期間の10年間を、基礎課程 (5年)、観察課程 (2年)、完結課程 (3年) の3段階に区分し、観察課程までの7年間をすべての子どもに共通の教育期間とした。しかし、7年制のリセ、4年制のリセ、4年制の普通教育コレージュ、4年制の中等教育コレージュといった具合に分岐された、複線型学校体系を残しながら、教育内容面での単線化を図ろうという改革であったため、その成果を十分にあげることはできなかったとされる。全面的な制度面での単線化の実現は、次の「アビ改革」を待つことになる。

2．アビ改革

　1975年に、ジスカール・デスタン大統領政権下で国民教育大臣を務めたアビ (René Haby, 1919-2003) による「アビ改革」が行われた。その根拠となっているのが「アビ法」(1975年教育基本法) である。この改革により、小学校 (5年) の修了者はすべて、4年制の前期中等教育機関であるコレージュに受け入れられることになった。すなわち、前期中等教育機関は、生徒の学力、進路希望等に関わりなく、すべて「統一コレージュ」として一本化された。また後期中等教育は、「一般リセ」と「職業リセ」に分かれて実施するという現在の教育システムが採用されることになった。
　「統一コレージュ」が設けられたことにより、中等教育においてすべての子どもに教育の機会均等を保障するという、戦後懸案となっていたフランス教育の課題が実現することになった。しかし1980年代に入り、能力的にばらつきのある多様な生徒を一様に収容するこうした単線化は、生徒の学力低下、学業不振、留年者の増加など、深刻な社会問題を引き起こすことにもなった。

3．「ジョスパン法」と「フィヨン法」

　アビ改革に対する国民の批判を受けて制定されたのが，社会党のミッテラン大統領のもとで国民教育大臣に就任したジョスパン（Lionel Jospin, 1937-）の名をとった「ジョスパン法」（1989年教育基本法）である。この法律では，今後10年間でバカロレア（大学入学資格）取得者を同一年齢層の8割にまで拡大するという具体的な目標（「バカロレア水準80％目標」）が掲げられるなど，「21世紀フランスの学校づくり」の基本方針が示された。また，これまでの「普通バカロレア」に加えて，職業リセの生徒を対象とした「職業バカロレア」（1985）と，リセの技術教育課程に学ぶ生徒に付与する「科学技術バカロレア」（1986）の制度が創設され，バカロレア合格者を大幅に拡大する政策が採られた。なお1987年には，コレージュ（中学校）修了程度の学力を国が認定する「前期中等教育修了国家免状」（DNB）に関する制度が設けられた。

　1994年には，「ジョスパン法」による教育改革路線を発展させた「学校改革のための新しい契約――158の決定」と題する新たな指針がまとめられた。

　2000年代に入ると，「ジョスパン法」に基づく教育改革の成果が，いまだに十分達成されていないという認識のもとで，フィヨン（François Charles Amand Fillon, 1954-）国民教育大臣の名をとった「フィヨン法」（2005年基本計画法）が制定された。この法律では，義務教育段階に重点を置いた学力向上策が打ち出されている。また「ジョスパン法」に規定された「バカロレア水準80％目標」に加えて，「同一年齢層の50％を高等教育修了者とする目標」が掲げられた。なおこの法律に基づき，義務教育段階で生徒に習得させる「共通基礎知識技能」が定められた（2006）。

4．近年の動向

　2007年には，サルコジが大統領に選ばれ保守政権が誕生し，2012年からは，社会党のオランドが大統領に就任している。両大統領ともに就任後，教育者へ向けたメッセージである「教育者への手紙」を発表している。この間，2007年に「大学自由責任法」（LRU）が制定され学長の権限がより強化されている。オランド政権下では，学校の再構築のための基本法として，「学校再構築基本計画法」（ペイヨン法）が制定された（2013）。

　2017年には，新たな政党「共和国前進」（LREM）のマクロンがフランス史上最年少の39歳で大統領に就任した。新大統領は，義務教育開始年齢を6歳

から3歳に引き下げる案を打ち出すなど，教育改革にも意欲をみせている。

第5節　アメリカの教育

1．ブラウン判決

　アメリカの戦後教育の大きな流れを，「不平等の解消」「質の保証」「卓越性」といったキーワードを使用しながら，重要と思われるトピックを順次みていくことにしよう。

　まず挙げられるには，1954年の「ブラウン判決」である。これは，公立学校における人種に基づいた別学は，アメリカ合衆国憲法修正第14条に定める「法の下の平等」原則に違反するとした判決である。この判決は，人種上の差別に留まらず，性，障がい，年齢等の要因がもたらす教育上の「不平等の解消」へ向けたさまざまな運動に大きな影響をもたらすことになった。

2．スプートニク・ショックとその波及

　ソ連の「人工衛星打ち上げ成功」（1957）のニュースは，冷戦時代にあって，アメリカの科学技術の立ち遅れに警鐘と衝撃を与えた（スプートニク・ショック）。これをきっかけとして，アメリカは研究開発や科学技術教育の改革に努めることになる。その中核になったのが，1958年に制定された，卓越したアメリカ教育を追求した「国防教育法」であった。この法律は，初等教育から大学院レベルまでを包括し，教育が国の防衛の中核となることを謳ったものであった。

　同じ時期，カーネギー財団の援助を受けて進められていた高等学校（ハイスクール）に関する研究がまとめられた（『コナント報告』，1959）。これは，長年にわたってハーヴァード大学で学長を務めたコナント（James Bryant Conant, 1893-1978）が中心になり作成された報告で，そのなかで特に「上位15-20％」に属する優秀な生徒の能力を十分伸ばすための英才教育の実施などが提言されている。

3．「ヘッド・スタート計画」と1965年「初等・中等教育法」

　1964年に制定された「経済機会法」により，1965年から「ヘッド・スタート計画」が開始する。これは民主党のジョンソン政権が掲げた「貧困との闘

い」政策の一環として進められた政策である。それは，低所得家庭の子どもなど不利な出身階級の子どもたちに，特に就学前にさまざまな教育支援を実施することにより，貧富による不平等の解消を目指したものであった。

　また同じ1965年に「初等中等教育法」が制定されている。この法律も，教育の不平等を解消し，機会均等を実質化することを目的としたものである。特に，貧困生徒の多い地域の公立学校を支援するために連邦政府が積極的に財政援助することを規定している。

　なお1966年には，社会学者コールマン（James Samuel Coleman, 1926-1995）を中心に教育の機会均等に関するレポート（「コールマン報告」）も政府に提出されている。またシルバーマン（Charles Eliot Silberman, 1925-2011）は，『教室の危機』（1970）を著し，学校教育にみられる不平等，非人間的で管理主義的な現状を鋭く批判した（シルバーマン，C. E., 山本正訳『教室の危機——学校教育の全面的再検討』サイマル出版，1973）。

4．「危機に立つ国家」と卓越性回復へ向けての改革

　1980年代になると，産業の国際競争力の低下などから，将来の教育への危機感が強まり，基礎科目の学習の強化，教員の資質の向上などを図る改革運動が起こり，「貧困との闘い」に代表されたこれまでの「平等政策」は転換期を迎える。その流れのなかでまとめられたのが，1983年に公表された連邦教育省諮問委員会の報告書「危機に立つ国家——教育改革への至上命令」であった。それは「卓越性」回復へ向けて，アメリカ教育の再建を目指すものであった。この時期大統領であったレーガンは，イギリスのサッチャー同様，教育面でも「競争原理」と「市場原理」に基づいて「小さな政府」を目指した新自由主義の教育政策を推し進めた。

5．1990年代以降の動き

　1990年代に入り，共和党のブッシュ（第41代大統領）政権下で策定されたのが，21世紀へ向けた教育目標の「ゴールズ2000」（1991）である。これを受けて，民主党のクリントン大統領の時代に「2000年の教育目標——アメリカ教育法」が制定された（1994）。

　クリントンのあと大統領にブッシュ（第43代大統領）が就任する。ブッシュ政権2年目の2002年に，生徒の学力の底上げを目標とするNCLB法（落ちこぼれを作らないための初等中等教育法，No Child Left Behind Act）が制定された。こ

れは1965年の「初等中等教育法」の改正法である。このNCLB法は「落ちこぼれを作らない」とあるように、とりわけ初等・中等教育における生徒の学力格差の是正を最重要課題とした。

　この時代で、特に注目される制度として「バウチャー制度」と「チャーター・スクール」がある。バウチャー制度とは、バウチャー（クーポン券）を親に配布し、それを利用して親が自主的に学校を選択できる制度である。この制度は、低所得層の子どもがバウチャーを使って私立学校に通学することを可能とするものでもあった。チャーター・スクールは、公設民営の形をとった公立学校である。親や教員、地域の団体などが自分たちの考える教育計画を地方教育委員会に提出し、チャーター（設立認可状）が授与されれば、公費によって学校を運営することができるという制度である。

　2009年1月から共和党のブッシュ（第43代大統領）に代わり民主党のオバマが新大統領に就任した。オバマは、ブッシュ政権が、過度の競争政策などにより教育現場を疲弊、混乱させたことを批判し、奨学金の充実など教育機会の均等政策を重視した。

　2016年11月に行われた大統領選挙では、「アメリカ・ファースト」を掲げる共和党のトランプが大方の予想を覆し勝利を収めた。トランプは、女性実業家のディボスを新教育長官に任命した。彼女は、積極的な教育バウチャー推進論者でもある。今後トランプ政権のもとでどのような新たな政策が打ち出されるのか注目される。

第6節　EUの教育

1.「生涯学習の促進に関する統合計画」

　ここでは欧州委員会が策定した、2007年から2013年までの7年間の教育計画（「生涯学習の促進に関する統合計画」）について紹介する。この計画は、終章で取り上げる「ボローニャ・プロセス」「コペンハーゲン・プロセス」などの教育改革とともに、ヨーロッパ全体でその教育レベルの向上を図り、ヨーロッパの統合に寄与することを目指したものである。

　この計画は、これまで個別に進められてきた「コメニウス」「エラスムス」「レオナルド・ダ・ヴィンチ」「グルントヴィ」という四つの個別の計画を統合したものとなっている。

1．「コメニウス」（COMENIUS）は，初等・中等教育に関わる促進措置である。これは，『大教授学』を著した教育学者のコメニウスを念頭に置いてネーミングされている。
2．「エラスムス」（ERASMUS）は，大学教育に関わる計画である。これもルネサンス期を代表する人文主義者のエラスムスの名にちなんでいる。エラスムスは，国境を越えてヨーロッパ各地の大学を学生として，また教師として遍歴した。
3．「レオナルド・ダ・ヴィンチ」（LEONARD DA VINCI）は，職業教育，継続教育を促進することを目指している。これもルネサンス期を代表する芸術家のレオナルド・ダ・ヴィンチに由来している。
4．「グルントヴィ」（GRUNDTVIG）は，成人教育に関わる一連の施策を実施している。グルントヴィは，デンマークの宗教家，詩人で，政治家でもあった。彼は，誰でも，いつでも入学できる成人教育施設である国民大学を創設したことで知られている。

これに加えて，それぞれに全体的に関わり，これらを補充する横断的計画が設定されている。その重点となっているのは，生涯学習に関わる次の四つの行動である。①教育政策上の共同作業，②言語学習の促進，③革新的情報コミュニケーション技術（ICT）を用いた教育への助成，④教育的措置，成果等の普及，モデルとなる事例の交換。さらに，ヨーロッパ統合に関わる研究支援，高等教育機関，民間団体などへの援助を目的とした「ジャン・モネ・プロジェクト」もこの統合計画に含まれる。この名称は，欧州石炭鉄鋼共同体（ECSC）の初代委員長を務めたジャン・モネ（Jean Omer Marie Gabriel Monnet, 1888-1979）の名前を採っている。

このように「ヨーロッパ市民」の育成を目指したEUレベルの多彩な教育計画が実施されている。さらにその取り組みは，EU加盟国の枠組みを超え，ほとんどヨーロッパ全域を包括するまで拡大している。

2．最近の動向

2014年からは，2013年までの「生涯学習の促進に関する統合計画」が再編成され，新たに2020年までの7年間を期間とする統合教育計画「すべての人々のためのエラスムス（Erasmus for All）2014-2020」が進行している。

また2010年に，欧州理事会（EU加盟国の大統領，首相によるサミット）は，今後10年間をスパンに見据えた成長戦略である「欧州2020」を採択した。そ

こでは，知的な成長（Smart Growth），持続可能な成長（Sustainable Growth），包摂的な成長（Inclusive Growth）という三つの目標が設定されている。さらにこうした目標達成のベースとなる教育（Education）と訓練（Technology）の行動計画である「ET2020」が策定されている。そこには，生涯学習と域内移動の促進，教育・訓練の「質」と「効率性」の改善，公正・社会的結束（social cohesion）・アクティブ・シティズンシップ（active citizenship）の促進，創造性とイノベーションの拡充などが謳われている。

第7節　ヨーロッパの大学とアメリカの大学

1．各国の大学制度

イギリスの高等教育は，オックスフォードやケンブリッジなどのいわゆるユニバーシティーと，「ポリテクニク」と呼ばれる実学中心の非大学高等教育機関に区分されるというのが従来の特色であった。こうした高等教育のいわゆる二元制度が，1992年の「高等教育継続法」により一元化され，ポリテクニクも大学に移行した。

ドイツの大学の種類は，学術大学と専門大学の大きく二つのタイプに区分することができる。学術大学は，博士号や大学教授資格を授与できる大学である。専門大学は，これまでの技術者学校などの中等教育の学校が1970年代に大学に昇格したものである（なお従来のドイツの制度では，大学教授資格の取得が大学教授になるための前提条件となっていたが，「大学外において達成された同等の学問的業績によっても大学教授としての専門性を証明できる」と「大学大綱法」が改正され（1998），現在では大学教授資格をもたない有能な人材を教授に登用する道も開かれている。また近年，専門大学でも博士号を授与できるようになり，学術大学と専門大学の区分が薄れてきている）。

フランスには，修業年限が2年間の短期高等教育機関（IUT），一般大学（ユニヴェルシテ），「グラン・ゼコール」と呼ばれる専門大学がある。ユニヴェルシテには，バカロレア試験に合格していれば原則として無選抜で入学できるのに対し，グラン・ゼコールは，リセに付設されている「グラン・ゼコール準備級」と呼ばれる特設学級に進学し，激烈な入学試験を突破してはじめて入学できるエリート養成機関である。

アメリカの大学の種類としては，研究大学（リサーチ・ユニバーシティー），

大学院大学，総合大学，教養カレッジ（リベラルアーツ・カレッジ），2年制の短期大学（公立の機関は主としてコミュニティー・カレッジ，私立の機関はジュニア・カレッジと呼ばれている），専門大学（ビジネス・スクール，ロー・スクール，メディカル・スクールなど）等々，多様なタイプが存在する。

2．ヨーロッパの大学とアメリカの大学

　終章でもみるように，ヨーロッパの伝統的な大学像が，1980年代頃から始まった世界的な大学改革の潮流のなかで，大きな変貌を遂げている。それは，ヨーロッパの大学も，「評価」と「競争」を主体とするアメリカ型の大学へと徐々に移行しつつある，とみてとることもできる。これまでヨーロッパの大学では，アメリカの大学にみられるような「評価」とか「競争」といった考え方とは縁遠いものがあった。その理由として，次のような点が挙げられる。

　第1に，ヨーロッパの大学とアメリカの大学を比較すると，ヨーロッパ諸国の大学は，主要な大学の多くは国立である（あるいは国家が維持している）という点に特色がある。ヨーロッパの大学が主として政府によってその財源が保障されてきたのに対し，アメリカの大学は，私立大学を中心に発達してきた。私立大学は，もっぱら学生から徴収する授業料で主たる財政をまかなっており，そのためアメリカでは，できるだけ多くの学生を集めることが，存立の必須条件であった。したがって他の大学と比較して，少しでも抜きん出ることが，学生を獲得するための最も有効な手段であった。そもそもアメリカという社会が，ヨーロッパのような階級社会でなく，競争社会であったこともその背景として考えられるであろう。これに対し，例えば北欧の大学などでは，授業料が徴収されてきていないといった点に象徴されているように，学生が何人入学するかということは，大学財政の面に，基本的に特段の影響を与えるものではなかった。そうしたところからもヨーロッパの大学は，これまで市場経済的な競争原理から無縁なものとして発展してきたといわれている。

　第2に，アメリカの大学はヨーロッパと比較して，数が多いという点を挙げることができよう。1900年代の初頭，例えばドイツの大学は二十数校にすぎなかったが，アメリカではすでに500を超える大学が存在していたといわれている。このようにヨーロッパの大学は，少数であり，それぞれが独自の長い伝統をもち，大学間に格差は基本的にないものとされてきた。一方アメリカの大学は，数が多すぎて，質・量ともに，大学間に差がありすぎる。どこがどのような特色をもち，また本当にそこの大学できちんとした教育が行われているの

か等々，判断することが難しい。こうした点からアメリカでは，「アクレディテーション」（評価機関が行う基準認定）という考え方が発達してきたとされている。

　第3に，アメリカの大学は大学のタイプ，カリキュラムなど，ヨーロッパの大学と比べて非常にバラエティーに富んでいるという点が挙げられる。数が多いという特色を「大規模性」という言葉で呼ぶと，バラエティーに富んでいるという特色は「多様性」という言葉で言い表すとことができる。こうした点からも，それぞれの大学が，いわば消費者である学生に，どんな商品を提供できるかという具合に，マーケティングの手法に立った大学経営が，アメリカの大学ではヨーロッパ以上に求められることになる。したがってアメリカでは，このような多様な大学タイプのなかからどの大学を選択するかに資する，いろいろなガイドブックやランキング表が作成されている。

　第4に，ヨーロッパ諸国では，全国規模の資格試験，国家試験が発達し，大学卒業者のキャリアは，どこの大学を卒業したかによって規定されるというよりも，むしろどういう国家試験，学位試験に合格したかが大きな意味をもってきたといわれている。これに対し，アメリカではそうした全国規模の資格試験制度はそれほど整備されていない。したがって，アメリカでは出身大学の質ということがヨーロッパの大学以上に問われ，そこからまた大学間の優劣を争う競争が生まれている，という指摘がなされている。

　第5に，ヨーロッパの大学では，中世以来の伝統のなかで，学生は，ある特定の一つの大学にのみ在学するのではなく，むしろいくつかの大学を転学して学修するのが一般的であるとされてきた。その典型が第6節で紹介した「エラスムス計画」の名称に借用されている人文主義者のエラスムスである（彼はヨーロッパ各地の大学を転々と遍歴した）。ヨーロッパ型の大学の場合，「資格をもっている者に大学は開放される」という，いわばオープン・アドミッションのシステムが採用されている。同時に，例えばドイツでいえば，どこの大学を卒業したかというよりも，どんな資格，学位を最終的に取得したかが問われる社会意識がある。同じ大学に入学から卒業までいなければならないという必然性も，必要性もないという傾向がヨーロッパ型の大学には強い。これに対し，アメリカでは学生の移動は，質がよい，評判がよい，よりよい教育をしてくれるランクの一段高い大学に移動するケースであって，レベルの同じ大学間の移動はあまりみられないという特色がある。

　こうした，ヨーロッパとアメリカの大学にみられた，かなり際立っていた特

色が，グローバル化の流れのなかで薄まってきている。それは，「アメリカ化」の方向に向かっているというようにもいえるかもしれない。しかし，そのなかでヨーロッパにおいては「一つのヨーロッパ」を念頭に，ヨーロッパ全体の知識基盤のレベルアップを視野に置いた一連の高等教育改革が進行している点に大きな特色がみられるのではないかと思われる。

学習課題

1. イギリス，フランス，ドイツのなかから1か国を選び，「機会の均等」と「能力・適性に応じた多様化」をどのようにして保障しようとしているのかまとめなさい。
2. 単線型教育制度と複線型教育制度のもつそれぞれの長所と短所について比較しなさい。
3. 欧米の大学制度と比較しながら日本の大学のもつ特色について考えなさい。

参考文献

・天野正治編著『戦後教育の展開——一九六〇年版–一九九三年版まで　各年史（西）ドイツ・ドイツ（増補版）』エムティ出版，1995。
・今村令子編著『戦後教育の展開——一九六〇年版–一九九三年版まで　各年史アメリカ（増補版）』エムティ出版，1995。
・木戸裕『ドイツ統一・EU統合とグローバリズム——教育の視点からみたその軌跡と課題』東信堂，2012。
・手塚武彦編著『戦後教育の展開——一九六〇年版–一九九三年版まで　各年史フランス（増補版）』エムティ出版，1995。
・原田種雄・新井恒易編著『現代世界教育史』ぎょうせい，1981。
・本間政雄・高橋誠編著『諸外国の教育改革——世界の教育潮流を読む　主要6か国の最新動向』ぎょうせい，2000。
・水野國利編著『戦後教育の展開——一九六〇年版–一九九三年版まで　各年史イギリス（増補版）』エムティ出版，1995。
・文部科学省生涯学習政策局調査企画課編著『諸外国の教育改革の動向——6か国における21世紀の新たな潮流を読む』ぎょうせい，2010。
・文部科学省編著『諸外国の教育動向』（2007-2017年度版）明石書店，2008-2018。
・Commission of the European Communities, Commission staff working document, *Progress Towards the Common European Objectives in Education and Training*, Indicators and benchmarks 2010/2011（https://www.eqavet.eu/Eqavet2017/media/Policy-Documents/European-Commission-s-report-on-progress-towards-common-European-objectives-in-education-and-training.pdf?ext=.pdf）（最終確認日2018年11月23日）。

・European Commission, *Key Data on Education in Europe 2012*, Education, Audiovisual and Culture Executive Agency, 2012 (https://eacea.ec.europa.eu/national-policies/eurydice/content/key-data-education-europe-2012_en)（最終確認日2018年11月23日）.

学習を進めるにあたっての参考図書
・経済協力開発機構（OECD）編著，矢倉美登里他訳『図表でみる教育——OECDインディケータ2017年版』明石書店，2017。
・児玉善仁他編『大学事典』平凡社，2018。
・日本比較教育学会編『比較教育学事典』東信堂，2012。
・文部科学省編著『諸外国の教育動向』（2007-2017年度版）明石書店，2008-2018。
・文部科学省編著『諸外国の初等中等教育』明石書店，2016。

終　章　現在の西洋教育の潮流

　科学技術の発達による高度情報化社会の到来，知識基盤型経済への移行などを背景に，世界は急速にグローバル化を進展させている。ヒト，モノ，カネ，情報が国境を超えて移動するなかで，教育の領域においても，国際機関によるさまざまな協定の採択，批准などを通して，グローバル・スタンダードの開発が進められている。こうした「共通化」への流れと並行して，さまざまな文化，異なる考え方を容認し，異質なものとの共存を目指した「多様性」を尊重する教育も推進されている。

　本章では，まず新自由主義的な考え方の登場と新しい学力観の提唱など「グローバル化する世界と教育の潮流」を概観する。次にひとつのヨーロッパへ向けてヨーロッパ・レベルで進められているさまざまな教育上の試みを紹介する。続いて「外国人子女教育」「異文化間教育」「シティズンシップ教育」など，多文化社会としてのヨーロッパ教育の課題についてみていく。最後に，「持続可能な社会の構築」という視点からヨーロッパ教育の将来を展望し，全体のまとめとしたい。

キーワード
グローバル化　新自由主義の教育　ボローニャ・プロセス　異文化間教育　シティズンシップ教育　持続可能な社会

第1節　グローバル化する世界と教育の潮流

1．冷戦の終結と新自由主義の思想

　「ベルリンの壁開放」(1989)・「ドイツ統一」(1990)・「ソ連の崩壊」(1991) による東西冷戦の終結は，20世紀型システムの終わりを象徴する歴史の転換点であったといわれている。アメリカの政治学者フクヤマは，その著書『歴史の終わり』(*The End of History and the Last Man*, 1992) のなかで，それは，一つの時代の終わりであるとともに，新しい時代の始まりであったと述べている（フクヤマ，F.，渡部昇一訳『歴史の終わり』三笠書房，1992）。

　冷戦終結を大きな転換点として，さまざまな分野でグローバル化が一挙に進行した。第二次世界大戦後四十数年間続いてきた資本主義と共産主義の対立構造は終焉し，以後はグローバル化社会における価値観をめぐる考え方の相違がこれにとって代わることになる。特に1980年代以降，国際的な市場を舞台に

展開する経済競争が激化するなかで、新自由主義的な考え方が前面に登場した。

新自由主義の思想の源流は、ハイエク、フリードマンらの経済学者によって代表される。その中核となる理念は、①規制緩和（deregulation）、②自由化（liberalization）、③民営化（privatization）という三つのキーワードで表される。すなわち、「政府による規制の緩和」「市場における自由競争」「公共サービスの民間への移行」が、その主張の基本的原理となっている。世界的に経済の低成長が慢性化し、国の財政赤字が累積していくなかで、従来の「大きな政府」にみられた非効率性、官僚制などを排して、国家の管理をできるだけ小さなもの（「小さな政府」）にして、さまざまな問題の調整を「市場に委ねる」という市場原理に基づく競争こそが、結果として良質のサービスをもたらすという考え方に多くの支持が集まることになった。このように市場における個人の自己努力・自己責任を強調する新しいタイプの自由主義は、平等を志向する福祉国家の思想（社会民主主義）に対して、ネオ・リベラリズム（新自由主義）と呼ばれている。

2．新自由主義の教育への波及

こうした「自由競争」と「市場原理」に基づく「ニュー・パブリック・マネジメント」（民間的経営）の手法は、これまでそうしたものとは無縁の領域と考えられてきた教育、医療、福祉などの分野にも波及することになった。

その代表的な例として挙げられるのが、1980年代に政権を維持したアメリカのレーガン共和党政権（1981-1989）とイギリスのサッチャー保守党政権（1979-1990）である。レーガン、サッチャーが政策の基盤に据えたのは、新自由主義の理念であり、それは教育政策の基調にもなった。そこでは「自由競争」の「市場原理」を公教育の世界に導入し、公教育の「スリム化」を図ることにより、教育を活性化する政策が積極的に推し進められた。16章でみたように、サッチャー政権は「1988年教育改革法」によって、教育政策の根本原理を「平等志向」から競争を通しての「質の保証」へと大きく転換させた。レーガン政権も、その目標とする基本理念を、それまでの「平等な社会の実現」から「教育の卓越性（excellence）の追求」へと移動させた。『危機に立つ国家』（1983）はそうした背景のなかで発表されたものであった（橋爪貞雄『危機に立つ国家——日本教育への挑戦』黎明書房、1984）。

このような新自由主義の理念に基づく教育改革では、教育という公共的領域が市場原理により運営され、公教育の再編、スリム化などを通して、民間企業

の経営手法を用いた教育行政の効率化・活性化政策が推進されることになった。具体的には，学校選択制の導入，市場原理に基づく効率的な学校運営など，教育水準の向上を図るさまざまな政策が，競争原理に従って実施されることになった。なかでも，親の学校選択を大幅に自由化した学校間競争は，教育の「質保証」の鍵となる重要な要素として位置づけられた。

こうした新自由主義の理念に基づく教育改革は，確かに一定の成果をもたらせはしたが，そのあとに大きなひずみをもまた残すことになった。功利主義的な思考が重視され，非効率的なものは無駄として排除された。社会的な連帯は失われ，子どもや教師には重圧感のみが残ることになった。不平等をなくすための競争原理が，現実には社会的不平等をいっそう拡大させる結果をもたらすことになったといわれている。

3．アカウンタビリティと評価の概念

以上にみてきたような現代教育の潮流のなかで，キーワードとなる言葉に「アカウンタビリティ」と「評価」という概念がある。

教育機関，とりわけ大学においては，その維持のために，人的にも物的にも貴重な資源を大量に消費しなければならない。しかし各教育機関が，果たしてそれに見合った実績を残しているのか，そこに投じられた国民の税金が合理的に説明できる形で納税者に還元されているのかどうか。この点を，"value for money"（支出に見合った価値）という観点から，社会に対して納得のいく説明をしなければならない。このような「アカウンタビリティ」（社会的説明責任）という考え方はアメリカにおいて発達してきたものであるが，従来そうしたものとは縁遠かったヨーロッパの国々においてもこうした要請が広く浸透してきた点も見逃せないであろう。

これと併せて，学校，大学で行われている教育は，内部だけに留まらず外部からも「評価」されなければならないという考え方が一般的となった。各教育機関は，それぞれに投じられた公的資金の使い道について，広く社会の「評価」を受けなければならないという考え方である。

4．ランキングとリーグテーブル

アカウンタビリティと評価に関連して，近年 EU レベルでも，特に大学のランキングには大きな関心が払われるようになった。ランキングといった発想は，アメリカでは一般的であるが，これまでヨーロッパの大学ではほとんどそうし

たものは考えられてこなかった。しかし最近の欧州委員会の作業グループがまとめた報告書のなかなどにも「世界の大学ランキング」についての言及が見られようになった。現在，世界の大学ランキングとして最もよく知られているものとして「タイムズ高等教育版ランキング」(THE) と「上海交通大学作成ランキング」(ARWU) などがある。

　初等・中等教育でも「リーグテーブル」と呼ばれる「学校間の業績比較表」が，とりわけイギリスで大々的に導入されている。各学校が達成した業績を広く一般公開することで，保護者・生徒に学校選択に際して情報を提供すると同時に，各学校に対しては学校改善を促すデータとすることがその目的とされている。

5．知識基盤社会と新しい学力観

　グローバリゼーションのなかで，市場原理が大きなウエイトを占めることによって，高い市場価値をもつ能力やスキルの育成がとりわけ重要視されるようになった。そのために，国際機関がそうした新しい学力観のモデルを提示している。その顕著な例がOECDである。OECDは，「知識基盤社会」に適応する新しい学力観としてのキー・コンピテンシーを提唱している。すなわち，「知識や技能の習得に絞ったこれまでの能力観には限界があり，学習への意欲や関心から行動や行為に至るまでの，広く深い能力観，コンピテンシーに基礎づけられた学習が今後求められる」ことから，キー・コンピテンシーとして，具体的に次の三つのカテゴリーが挙げられている（文部科学省「OECDにおける「キー・コンピテンシー」について」）。

1. 情報それ自体の本質について，その技術的なよりどころや社会的・文化的な文脈などを考慮して，批判的に深く考えることができる能力。
2. 多様な社会グループにおいて，円滑に他者と人間関係を構築することができる能力。
3. 自らの行動や決定を，自身が置かれている立場，自身の行動の影響等を理解したうえで，自律的に，人生設計，個人の計画を実行できる能力。

第2節　統合へ向けてのヨーロッパ教育の課題

1．教育改革をめぐる大きな動き

　ヨーロッパの大きな動きをみると，1957年に「ローマ条約」が締結され，ドイツ，フランスなど6か国から出発したヨーロッパの共同体は，EU（欧州連合）として28の加盟国を数えるにまで発展した。東西冷戦で分断されていた戦後体制は終結し，これまでの国家の枠組みを超えた「超国家」という，いわば「ポスト国民国家」に向かって，ヨーロッパ全体が大きく動きつつあるという状況が存在する。2016年6月，イギリス国民はEU離脱を選択したが，ヨーロッパ全体としてみれば「ヨーロッパ・ネーション」を母国とするヨーロッパ国民というものを念頭に置いて，そのなかで学位，職業資格の相互承認など，いろいろな形で，教育における「ヨーロッパ次元」（european dimension）の確立を目指した試みが企てられている。

　最近のヨーロッパにおける大きな動きをみると，EUでは，2000年3月にリスボンで開かれた欧州理事会（ヨーロッパ各国首脳によるサミット）で「EUを世界でもっとも競争力のある，ダイナミックな知識を基盤とした経済空間とする」とした「リスボン戦略」が策定された。教育は，この「リスボン戦略」を達成する鍵を担う重要な要素として位置づけられている。

　高等教育については，「ボローニャ・プロセス」と呼ばれる高等教育改革が推進されている。これは，EU加盟国だけでなく，広くヨーロッパ各国が参加して，ヨーロッパの大学全体のレベルアップを図り，ヨーロッパの高等教育を世界最高水準に高めようという試みである。ヨーロッパの大学の間を自由に移動でき，どこの大学で学んでも共通の学位，資格を得られるEHEA（ヨーロッパ高等教育圏，European Higher Education Area）を確立しようというものである。職業教育の面で「ボローニャ・プロセス」に対応するものとして，「コペンハーゲン・プロセス」を挙げることができる。両プロセスは，一体となって「リスボン戦略」で目指されている「知識を基盤とするヨーロッパ」の構築に寄与する，とされている。

2．「ボローニャ・プロセス」と「コペンハーゲン・プロセス」

　ドイツなど多くのヨーロッパ諸国の大学では，アメリカや日本にみられる学士，修士，博士というように段階化された高等教育の基本構造はこれまで採用

されてこなかった。所定の単位を取得して卒業するといった単位制度も設けられてこなかった。また大学で行われている研究と教育の質を評価するという考え方とも縁遠いものがあった。こうしたヨーロッパの伝統的な大学像に対し，1980年代頃から始まった世界的な大学改革の潮流のなかで，さまざまな改革が進められている。その流れのいわば中心に位置づけられるのが「ボローニャ・プロセス」であり，ヨーロッパの大学を大きく変革させようとしている。

「ボローニャ・プロセス」は，1999年に，ヨーロッパ29か国の高等教育関係の大臣が大学発祥の地であるイタリアのボローニャに集まり，大きく次の六つの目標が採択されたことに始まる。

1．容易に理解できて，比較可能な学位システムの確立。
2．2サイクルの大学構造（学部／大学院）の構築。
3．ECTS（European Credit Transfer System）という名称のヨーロッパ単位互換制度の導入と普及。
4．学生，教員の移動の促進。
5．ヨーロッパ・レベルでの高等教育の質保証の推進。
6．高等教育における「ヨーロッパ次元」の促進（カリキュラム開発，研究プログラムなどヨーロッパという視点に立った，高等教育機関間の協力・一体化）。

これらの課題を解決し，EHEAの実現に向けて一連の改革を進めていく過程が「ボローニャ・プロセス」と呼ばれており，ロシアも含むヨーロッパ48か国が現在これに参加している。

一方，職業教育については，2002年にコペンハーゲンで，EU加盟国，EFTA（欧州自由貿易連合）諸国を含むヨーロッパの教育関係大臣と欧州委員会とで，「職業教育におけるコペンハーゲン宣言」が採択され，この宣言に基づくその後の取り組みが「コペンハーゲン・プロセス」と呼ばれている。そこでは，ヨーロッパ33か国と欧州委員会が中心となり，ヨーロッパ全体に共通する「資格枠組み」の策定作業など，職業教育の面でのヨーロッパの一体化を志向した改革が進められている。

3．「ヨーロッパ資格枠組み」と「国の資格枠組み」

「ボローニャ・プロセス」と「コペンハーゲン・プロセス」との間に立って両者を結びつけているのが，EUが策定したEQF（生涯学習のためのヨーロッパ資格枠組み，European Qualifications Framework for lifelong learning）である。目下，このEQFに対応する各国ごとのNQF（国の資格枠組み，National Qualifications

Framework）の制定作業が進められている。

　EQFは，「レベル1」から「レベル8」の8段階に区分された資格枠組みで，各国は，このEQFに対応するそれぞれのNQFを策定しているところである。EQFに対応するNQFができると，下の図に示したように，A国のある資格は，A国の資格枠組みでは「レベル7」に相当し，それはEQFの「レベル6」と対応するとする。一方，B国のある資格は，B国の資格枠組みでは「レベル5」に相当するが，それはEQFの「レベル6」に対応するとする。そうすると，A国のある資格と，B国のある資格は，ともにEQFの「レベル6」に相当するということで，両者は同じレベルと見なされるという仕組みである。高等教育の「学士」「修士」「博士」は，EQFのそれぞれ「レベル6」「レベル7」「レベル8」に相当する。

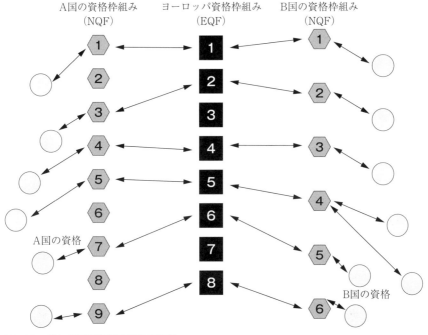

ヨーロッパと各国の資格枠組みの関係
（出典：Arbeitsunterlage der Kommisionsdienststelle auf dem Weg zu einem Europäischen Qualifikationsrahmen für Lebenslanges Lernen, SEK（2005）957, S.16.）

　こうした資格枠組みのシステムがうまく機能を始めると，例えば，職業教育のある資格が普通教育の中等教育学校修了証のレベルに相当するということに

なれば，その資格は，大学入学資格に相当することになる，といった具合に，普通教育と職業教育の間を相互に行き来できるフレキシブルな学習も可能となる。

4．生涯学習のための単位制度とラーニング・アウトカム

「ボローニャ・プロセス」では，ECTSというヨーロッパの大学間の単位互換制度が導入されている。一方，「コペンハーゲン・プロセス」ではECVET (European Credit system for Vocational Education and Training＝職業教育に関するヨーロッパレベルの単位互換制度) が開発されているところである。最終的には，ECTSとECVETが統合され，一体化したものとして機能する「生涯学習のための統合された単位制度」が目指されている。

上記の統合された単位制度の構築にあたり，キーワードとなるのが「ラーニング・アウトカム」（学習成果）という考え方である。従来の学習は，ラーニング・インカム，つまり，カリキュラムがどう編成されるかなどの教育の枠組み面，学習のインプットの面に目が向けられてきた。これに対し，ラーニング・アウトカムは，学習者が，学習プロセスの終了時点で，知り（know），理解し（understand），できる（be able to do）といった要素をどこまで達成したかという学習成果としてみる。そういう学習観のいわばパラダイム変換としてのラーニング・アウトカムに基づいているという点も注目されよう。

カリキュラム作りも，こうしたラーニング・アウトカムの考え方に立脚して行われるようになると，学習成果をどこで達成したのかといった学習場所は問われない。それぞれ異なる場所で取得された単位が，移転，換算，累積されて，最終的に一つの資格となるという考え方である。

5．ノンフォーマルな教育，インフォーマルな教育の承認

さらに2004年には，オランダのマーストリヒトにヨーロッパ32か国の教育関係大臣が集まり「マーストリヒト・コミュニケ」が採択されている。そのなかには，従来のフォーマルな教育に留まらず，ノンフォーマルな教育（正規の学校教育，職業教育ではないが体系的に行われる教育），インフォーマルな教育（家庭，職場，地域などで，あるいはテレビ，ラジオなどのメディアを通して，インフォーマルに，非体系的に行われる教育）で獲得された知識，技能（スキル），能力も，EQFのもとで相互に参照可能なものにしようという提案が盛り込まれている。このように，インフォーマルな教育，ノンフォーマルな教育により達

成された学習成果も，共通の基準と原則を設定することで相互承認し，生涯学習へのアクセスを促進していこうという仕組みづくりも考えられている。

第3節　多文化社会としてのヨーロッパ教育の課題

1．外国人子女教育の課題

　統合へ向けてヨーロッパ全体が大きく動きつつあるなかで，ヨーロッパの統合から疎外された集団によって醸し出される問題もまた同時進行的に噴出している。例えば，外国人労働者，移民労働者などの人々は，EUにも，国家にも，また地域にも，いずれにも帰属意識をもてないといった状況が存在することも見逃せない。親が移民など「移民の背景をもつ」生徒の割合は，EU全体で，第一世代が3.9%，第二世代が5.4%となっている（European Commission, 2012）。

　EU統合が，ヨーロッパ文化，キリスト教を背景に進行するなかで，文化，宗教を異にする人々に対して，どのような対応をしたらよいのか。例えばイスラム教徒が着用するヒジャブ（スカーフ）を，彼らの伝統的な流儀に従って，イスラム系の教員・生徒が学校でこれを着用することがよく問題になる。イスラム教徒にとっては，これはまさしく「宗教の自由」に関わる問題であり，これを禁ずることは彼らの信教の自由，表現の自由を侵害することになる。一方，学校当局の立場に立てば，その行動が学校の正常な運営の妨げとなる場合には，これを看過するわけにはいかない。こういう事例一つをとっても，日々思いもよらぬ摩擦が形を変えて顕在化している。

　外国人子女教育の課題として，次のような問題が考えられる。

1. 言語の問題：例えばドイツの学校では，外国人子女に対し，言語教育に関して「ベルリン・モデル」（統合型）と「バイエルン・モデル」（分離型）と呼ばれる大きく二つの教育方法が採用されているが，マイノリティ言語の授業語としての使用とマイノリティ言語によるユニバーサルな教育可能性はどこに見いだせるかといった問題などが考えられよう。
2. 決定への参加の問題：学校などの教育施設の設立にあたって，マイノリティに属する者はどのような役割を果たすことができるか，また学校運営にどこまで参加できるかといった問題が考えられる。外国人の公務就任権に関わる問題もこの範疇（はんちゅう）に入れてよいであろう。
3. 財政援助の問題：例えばドイツでは私立学校のタイプとして，「代替学

校」と「補完学校」という区分がある。前者は我が国のいわゆる「1条校」に相当し，公的財政援助を受けるが，後者には基本的にそうした措置はとられない。マイノリティ学校をマイノリティの保護との関連で，前者のタイプに組み入れられるかどうかという問題がある。
4．資格の相互認定の問題：学校間の教育修了証の相互乗り入れということでいえば，上に挙げた代替学校と公立学校の間では何ら問題はないが，外国人学校，マイノリティ学校において取得された資格をどこまで当該国の資格として認定できるかといった問題などが考えられよう。
5．アイデンティティの問題：例えば，ドイツのトルコ人を考えると，自分たちが属するのは，西欧社会なのか，それとも親の出身国なのかで悩むという，アイデンティティの危機・喪失の問題も出てくるであろう。

2．国際学力調査にみる格差

学力面でみると，例えばOECDのPISAの結果によれば「移民の背景をもつ」生徒の成績は，「移民の背景をもたない」生徒よりも平均点数が軒並み低い。学校中退者の割合も，移民生徒のほうが高くなっている。また親の収入が高い者のほうが，低い者よりも大学に進学する割合は高い。成績が同じ場合も，親の学歴，収入が高いほど，高いレベルの学校へと進学している。

例えばドイツでいえば，移民家庭の子どもが通学する学校タイプとしては，基幹学校が多く，大学進学コースであるギムナジウムに通学する生徒は少ない。その結果，移民を背景にもつ子どもの場合，大学入学資格を取得する者の割合も低い。また，基幹学校修了資格などの学校修了証を何ら取得することなく退学していく生徒は，移民家庭に多いといった結果が報告されている。このように，新しい貧困層としての移民生徒の学力の問題もEUとして解決しなければならない大きな問題となっている。

3．異文化間教育とシティズンシップ教育

外国人子女教育の概念についていえば，例えばドイツでは，1980年代では，外国人の「欠損を埋める」という考え方に立った「外国人・特殊教育学」という言い方がされてきた。しかし現在では，さまざまなタイプの外国人とドイツ国民との間で展開される「異文化間教育」という概念で把握することが一般的になっている。すなわち，外国人子女のみを対象とした教育ではなく，教育制度のあらゆる領域の生徒を対象とする「多文化共生教育」として位置づけられ

るようになった。

　こうした「多文化共生教育」の目指している方向は，より広く「市民性教育」（シティズンシップ教育）として把握することができるであろう。それは，社会の構成員として市民が身につけるべき市民性（citizenship）を育成する教育である。

　「市民性」を形成するシティズンシップの教育としては，次頁の図のようにいろいろな切り口がある。ドイツの教育学者ヒンメルマン教授によれば，シティズンシップ教育は，人権教育，政治教育・市民の（civic）教育，政治制度・政治体制の学習，道徳教育，社会学習，経済学習，異文化間学習，メディア教育，グローバル学習（国際政治），環境教育，ヨーロッパ学習，責任・市民としての勇気・リーダーシップの学習，平和教育，法教育，価値教育等々，多彩な内容が盛り込まれたものとなっている。そしてこうした分野横断的な，総合的な学習の目指すところは，「民主主義の学習」であり，それがシティズンシップ教育であるとしている。

　このようにみてくると，シティズンシップ教育は，「民主的な市民育成のための教育」というようにとらえてよいであろう。内容的には，広い意味での「政治教育」ということもできよう。その場合，ここでいう，政治教育とは，単に，政治機構，議会制度，選挙制度等々を学習するだけに留まらない。青少年は，社会のなかでどのようにして，アイデンティティを確立し，シティズンシップを形成していくのか，また社会は，それにどのように関与しているのか，そういう「民主主義社会における共同体の基礎となり，社会に対し責任をもって行動できる，市民が主体の社会を形成する」という意味での政治教育であり，それがシティズンシップ教育であるとまとめることができよう。

　今後ヨーロッパが本来の意味での市民の共同体になり得るか否かは，単に政治・経済上の問題に留まらず，ヨーロッパがもつ多様な民族・言語，宗教的，文化的な確執・葛藤等々の正確な把握と理解にかかっている。その意味でも，教育の果たす役割，とりわけヨーロッパの将来を担う青少年の教育こそは，EUの今後の発展を左右する最も重要な要素の一つであるといって過言でない。

4．持続可能な社会の構築へ向けて

　最後に，「持続可能な社会構築のための教育」という視点から，今後の教育の方向性を展望してみたい。

　「持続可能な発展」という概念が，「持続可能な発展戦略」として各国で策定

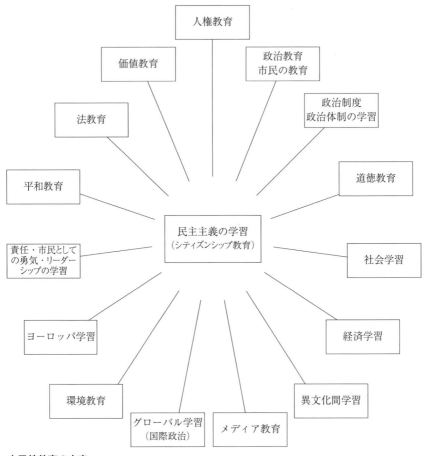

市民性教育の内容
(出典：Politische Bildung Schweiz, Was ist EDC?)
(http://alt.politischebildung.ch/schweiz-international/international/edc-demokratie-erziehungsprojekt-des-europarates/was-ist-edc/)

される直接的なきっかけをつくったのは，1992年に国連環境開発会議において採択された「アジェンダ21」である。このなかで「持続可能な発展」のためには，各国はそれぞれ「発展戦略」をもたなければならないとされた。さらに，これをきっかけとして，地方自治体が市民と一体となって活動する「ローカル・アジェンダ21」の取り組みも始まることとなった。そのなかで，EUでは，すでに「欧州連合条約」のなかで，「持続可能な発展」がその設立の基本

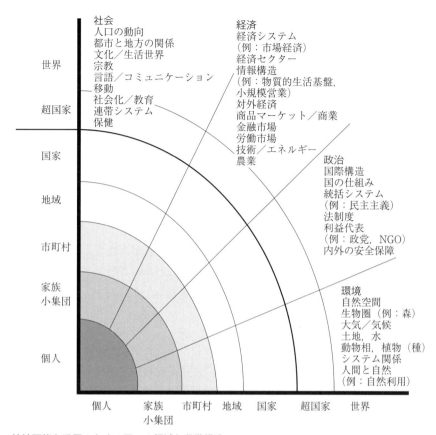

持続可能な発展のための四つの領域と段階構造
(出典：Dieter Appelt et. al., Orientierungsrahmen für den Lernbereich Globale Entwicklung im Rahmen einer Bildung für nachhaltige Entwicklung, Bonn: Kultusministerkonferenz (KMK) & Bundesministeriums für wirtschaftliche Zusammenarbeit und Entwicklung (BMZ), 2007, S.30.)

目的の一つに掲げられている。EUとしての「持続可能な発展戦略」は、2001年に策定された。

「持続可能な発展」という概念は、あらゆる政治領域を包括しており、連邦、州、市町村、市民社会すべてに関わる課題となっている。国だけの問題ではなく、広く公共的な対話が求められるとされている。ドイツの学校教育用にまとめられた資料では、上の図のように、持続可能な発展を、環境、経済、社会に政治を加えた四つの領域で、個人のレベルから国家を超えた世界規模で、共同

して取り組む課題として位置づけられている。

　ここで強調されているのは，「持続可能な発展」という意識の形成と，それを共同で支える重要な要素として「教育」が挙げられている点である。そのなかで2005年から開始された「国連持続可能な開発のための教育（ESD）の10年」が注目されよう。ESDの取り組み期間は2005年から2014年までの10年間であり，その成果を踏まえて今後さらなる充実が求められている。

　また世界の首脳は2015年9月国連に参集し，2030年までに国際社会が達成すべき「持続可能な開発目標」（SDGs）を採択した。SDGsには，「すべての人々に包摂的かつ公平で質の高い教育を提供し，生涯学習の機会を促進する」ことなど，今後15年間にわたる17の「持続可能な開発目標」（SDGs）が盛り込まれている。SDGsの理念は，2000年に世界各国が合意した15年間にわたる「ミレニアム開発目標」（MDGs）を引き継ぐものである。

　こうした「持続可能な社会の構築」という大きな枠組みのなかに教育を位置づけることにより，今後のヨーロッパ教育が進む一つの方向性が見いだされるのではないかと思われる。

　人間としての普遍的な共通性を前提としつつ，文化の違いによる人間の個別性，特性を生かす道はどこに見いだされるのか，これが現代教育に課せられた最も大きな問題の一つといえよう。世界の潮流をみるならば，グローバリゼーションが進むなかで，新自由主義的な市場経済の考え方が，教育改革の方向性にも大きな影響を与えている。そのなかでヨーロッパでは，ひとつのヨーロッパへ向けたさまざまな試みが教育面でも行われている。同時に日々の教育現実は，西欧的な価値観と非西欧のそれとの葛藤，緊張を常にはらみつつ重層的に展開されている。

学習課題
1．世界のグローバル化は，教育にどういう影響を与えることになったのか考えなさい。
2．ヨーロッパにおける多文化共生教育から，日本はどんな示唆を受けるか考えなさい。
3．持続可能な社会の構築にあたり，教育の果たす役割について考えなさい。

参考文献
・江原裕美編著『国際移動と教育――東アジアと欧米諸国の国際移民をめぐる現状と課

題』明石書店，2011。
- 木戸裕『ドイツ統一・EU統合とグローバリズム——教育の視点からみたその軌跡と課題』東信堂，2012。
- 坂井素思・岩永雅也編著『格差社会と新自由主義』放送大学教育振興会，2011。
- 深堀聰子編著『アウトカムに基づく大学教育の質保証——チューニングとアセスメントにみる世界の動向』東信堂，2015。
- 文部科学省「OECDにおける「キー・コンピテンシー」について」(http://www.mext.go.jp/b_menu/shingi/chukyo/chukyo3/039/siryo/attach/1402980.htm)（最終確認日2018年11月23日）。
- ライチェン，D. S.／サルガニク，L. H. 編著，立田慶裕監訳，今西幸蔵他訳『キー・コンピテンシー——国際標準の学力をめざして』明石書店，2006。

- Commission of the European Communities, *Progress Towards the Common European Objectives in Education and Training*, Indicators and benchmarks 2010/2011. Directorate-General for Education and Culture, 2011（https://www.eqavet.eu/Eqavet2017/media/Policy-Documents/European-Commission-sreport-on-progress-towards-common-European-objectives-in-education-and-training.pdf?ext=.pdf）（最終確認日2018年11月23日）。
- European Commission, *Key Data on Education in Europe 2012*, Education, Audiovisual and Culture Executive Agency, 2012（https://eacea.ec.europa.eu/national-policies/eurydice/content/key-data-education-europe-2012_en）（最終確認日2018年11月23日）。
- European Commission, The European Higher Education Area in 2018: Bologna ProcessImplementation Report, Luxembourg: Publications Office of the European Union, 2018（http://www.erasmusplus.it/wp-content/uploads/2018/05/bologna_internet_reduced.pdf）（最終確認日2018年11月23日）。
- Strategic framework: Education & Training 2020（欧州委員会ホームページから）（http://ec.europa.eu/education/policy/strategic-framework_en）（最終確認日2018年11月23日）。

学習を進めるにあたっての参考図書
- 木戸裕『ドイツ統一・EU統合とグローバリズム——教育の視点からみたその軌跡と課題』東信堂，2012。
- 国立教育政策研究所編『生きるための知識と技能』（1〜3）ぎょうせい，2002-2007。
- 国立教育政策研究所編『生きるための知識と技能』（4〜6）明石書店，2010-2016。
- 近藤孝弘編『統合ヨーロッパの市民性教育』名古屋大学出版会，2013。
- 杉村美紀編著『移動する人々と国民国家——ポスト・グローバル化時代における市民社会の変容』明石書店，2017。
- 田中治彦，杉村美紀編『多文化共生社会におけるESD・市民教育』上智大学出版，2014。

人物を中心としてみた西洋教育思想史年表

古代

西洋教育人名史

- **自然の哲学**
  - タレス（前624頃-前546頃）
  - ピュタゴラス（前582頃-前493頃）
- **ソフィスト**
  - プロタゴラス（前481頃-前411頃）
- **古代ギリシャの教育**
  - ソクラテス（前470/69-前399）
  - プラトン（前427-前347）
  - アリストテレス（前384-前322）
- **エピクロス学派**
  - エピクロス（前342-前271）
- **ストア学派**
  - （キュプロスの）ゼノン（前335-前263）
- イエス（前7/4頃-30頃）
- **新プラトン派**
  - プロチノ
- **古代ローマの教育**
  - セネカ（前4/5-65）
  - カトー（前234-前149）
  - キケロ（前106-前43）
  - クインティリアヌス（35-

政治・社会・教育事項（*印は教育事項）

- ペルシャ戦争（前500-前449）
- ペロポネソス戦争（前431-前404）
- *プラトン、アカデメイア学園を開く（前387頃）
- *アリストテレス、リュケイオンに学園を創設（前335）
- ポエニ戦争（前264-前146）
- アレクサンドロス大王東征を開始（前334）
- ギリシャがローマの属州となる（前146）
- ユリウス・カエサル、ガリア遠征（前58-前51）
- スパルタクスの反乱（前73）
- ローマ帝政始まる（前27）
- *マルコ伝福音書（新約聖書）成立（64）
- ネロ帝キリスト教徒迫害（64）

日本

縄文時代 ／ 弥生時代

東岸克好他『〈玉川大学教職専門シリーズ〉西洋教育史』玉川大学出版部, 1986を基に作成

	400	500	600	700	800	900	1000	1100	1200	1300	1400
						中　世					

前期スコラ哲学
　　アンセルムス（1033-1109）

フス
（1370頃-1415）

新教父哲学
アウグスティヌス
（354-430）

最盛期スコラ哲学　(アッシジの) フランチェスコ
　　　　　　　　　　　　（1182頃-1226）
　　　　　　　　アクィナス
　　　　　　　　（1225-1274）

ス（205-270）

**末期スコラ哲学・
ドイツ神秘主義**
　　　エックハルト
　　　（1260頃-1327）

宮廷学校
　アルクイヌス（735頃-804）
　　エリウゲナ（810-875）

イタリア：ルネサンス文学
　　　　ダンテ（1265-1321）
　　　　ペトラルカ
　　　　（1304-1374）
　　　　ボッカッチョ
　　　　（1313-1375）

人文主義の教育
　　ヴェルジェリウス
　　（1349-1428）
ヴィットリーノ・ダ・フェルトレ
　　　　（1378-1446）

頃-96頃）

ゲルマン民族ローマ領に侵入を始める（三七五）

ローマ帝国東西に分裂（三九五）
テオドシウス帝、キリスト教を国教化（三九二）

西ローマ帝国滅亡（四七六）

グレゴリウス一世、ローマ法王に即位（五九〇）

カール大帝、宮廷学校の主宰者となる（八四五）
フランク王国分裂、ドイツ、フランス、イタリアに三分（メルセン条約）（八七〇）
カール大帝、フランク国王に即位（七六八）

＊オットー一世、ドイツ国王に即位（九三六）
オットー一世、神聖ローマ帝国創立（九六二）

＊第一回十字軍出発（一〇九六）
＊伊、ボローニャ大学創立（一〇八八）

＊英、オックスフォード大学創立（一一六七）

＊仏、パリ大学創立（一二五七）

＊英仏百年戦争勃発（一三三九）

＊独、ハイデルベルク大学創立（一三八六）

＊東ローマ帝国滅亡（一四五三）
グーテンベルク「シビルの書」を印刷す（一四四五）

| 古　墳　時　代 | 飛鳥時代 | 奈良時代 | 平　安　時　代 | 鎌　倉　時　代 | 室町時代 |

	1500	1600	1700

近世

西洋教育人名史

宗教改革
- ルター（1483-1546）
- ツヴィングリ（1484-1531）
- カルヴァン（1509-1564）

プロテスタンティズムの教育
- メランヒトン（1497-1560）
- ブーゲンハーゲン（1485-1558）

リアリズムの教育
- コメニウス（1592-1670）
- ロック（1632-1704）

カトリシズムの教育

反宗教改革
- ロヨラ（1491-1556）
- ザビエル（1506-1552）
- サン・シラン（1581-1643）
- ラ・サール（1651-1719）

イタリア：ルネサンス美術
- ボッティチェリ（1444/5-1510）
- レオナルド・ダ・ヴィンチ（1452-1519）
- ラファエロ（1483-1520）
- ミケランジェロ（1475-1564）

人文主義の教育
- ロイヒリン（1455-1522）
- エラスムス（1464頃-1536）

モンテスキュ
ヴォルテー
コン

政治・社会・教育事項

＊印は教育事項

- ＊聖書、フランス語に翻訳される　コロンブス、アメリカ大陸を発見（一四九二）（一四九八）
- ＊カルヴァン、宗教改革に着手（一五三六）
- ＊ルター、新約聖書のドイツ語訳を完成（一五二二）
- ＊ルターの『キリスト教徒の自由について』（一五二〇）
- ルターの宗教改革始まる（一五一七）
- ＊聖書、英訳決定版が出る
- ＊メイフラワー号で英清教徒が北米に上陸（一六二〇）
- ＊＊コメニウスの『大教授学』（一六三七）
- イギリスにて、ピューリタン革命（一六四二）　米、ハーヴァード大学創立（一六三六）
- ＊ロックの『教育に関する考察』（一六九三）
- 大ブリテン王国成立（一七〇七）　プロイセン王国創立（一七〇一）

日本

戦国時代 | 安土桃山時代

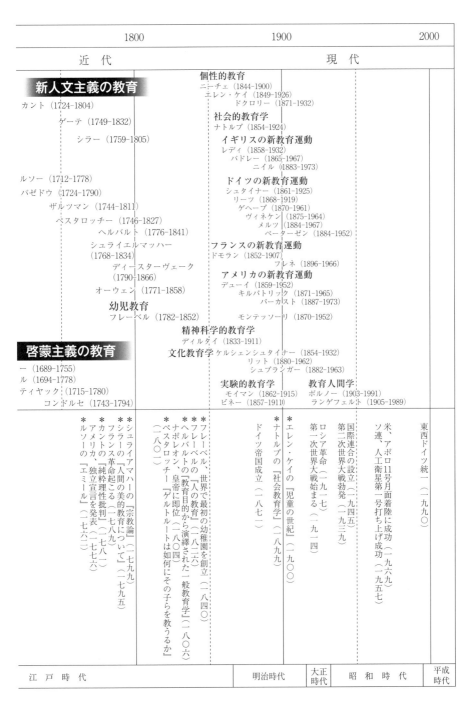

人物を中心としてみた西洋教育思想史年表

事項索引

ア行

愛（『ゲルトルート教育法』）　57
アカウンタビリティ　209
アカデメイア学園　8
アクレディテーション　204
アサインメント　155
アストラル体　136
遊び　60
アテナイ　5
アビ法（1975年教育基本法）　196
アボッツホルム校　116, 117, 142
『アリの本』　44
アンチノミー　170
イートン校　28
イエズス会　33, 34
生きるに価値ある生活　161
『一般教育学綱要』　76
一般ドイツ幼稚園　59, 61
一般リセ　196
イデア　8
イデア界　9
異文化間教育　216
『隠者の夕暮』　53
ウィーン大学　22
ウニヴェルシタス　21
永劫回帰　94
エーテル体　136
『エセー』　38
エピステーメー　7
『エミール』　43, 47
エロス　8
オイリュトミー　138
オックスフォード大学　21
オリエンテーション段階　193
『音楽の精神に発する悲劇の誕生』　92
恩物　61

カ行

外国人子女教育の課題　215
科学技術バカロレア　197
学芸学部　→自由七科
学習成果　→ラーニング・アウトカム
『学問の進歩』　39
学校印刷所　147
『学校と社会』　110
学校の近代化　83
『学校を現代化する』　149
『カニの本』　44
カロカガティア　6
カロリング・ルネサンス　17
感覚的リアリズム　39
感謝（『ゲルトルート教育法』）　57
基礎学校　89
基礎陶冶の理念　55
規範的精神　173
ギムナスティケー　5
客観的精神　172
95カ条の公開状　30
宮廷学校　18
教育科学　80
『教育学講義綱要』　76
『教育学と現実』　184
『教育学における人間学的見方』　178
『教育学について』　48
教育芸術　138
教育的教授　78
『教育的雰囲気』　178
『教育と社会学』　80
『教育に関する考察』　38
教育人間学　182
教育の機会均等　87
教育の非連続的諸形式　182
『教育目的から演繹された一般教育学』　75

教育を受ける権利　85
教育を必要とする動物　186
教員の地位に関する勧告　190
強固な道徳的品性　77
『教室の危機』　199
共同社会の原理　174
郷土科の原理　174
興味に基づく教育　125
興味の多面性　77
キリスト教学校同胞会　34
ギルド学校　84
クアドリウィウム　18
クインシー運動　153
グラマー・スクール　191
グラン・ゼコール　202
『経験と教育』　112
『形而上学』　47
『ゲルトルート教育法』　57
現象学的方法　186
ケンブリッジ大学　21
公教育　84
公教育の一般的組織に関する報告および法案　85
国際学校　125
『告白録』　42
国民学校　89
国民学校の父　57
個性尊重　158
5段階教授法　79
『国家』（ポリテイア）　8
子どもの権利条約　→児童の権利に関する条約
子どもの人間学　185
『子供の人間学的研究』　184
子どもの発見　43
コペンハーゲン・プロセス　200
コレージュ・ド・ギュイエンヌ　29
コレギウム　21

サ行

ザクセン学校令　32
サマーヒル　126
サマーヒル校　125, 126
サレルノ大学　21
産業革命　64
自我　136, 137
私教育　84
『思考の方法』　109
自己形成学校　133
『仕事の教育』　147
自助への援助　56
自然状態　54
自然的教育　49
持続可能な発展　217
実学主義　37
実験教育学　80
『実証哲学講義』　79
実践的教育　49
実存哲学　181
『実存哲学と教育学』　178
『失楽園』　37
シティズンシップ教育　217
『指導か放任か』　169
児童から　101
児童権利宣言　190
児童中心　158
児童中心主義　111
児童中心主義の教育　101
児童の権利に関する条約（子どもの権利条約）　190
『児童の世紀』　98
死の飛躍　55
『社会契約論』　43
社会的状態　54
社会的リアリズム　38
自由　51
自由ヴァルドルフ学校　135
宗教改革　29
従順（『ゲルトルート教育法』）　57

自由青少年　132
修道院　16
修道院学校　17, 84
自由七科（リベラル・アーツ，学芸学部）
　　12, 18, 28
自由の教育　125
『酒宴』（シンポジオン）　8
主観的精神　172
『種の起源』　104
生涯学習　190
消極教育　43
情欲（パトス）　9
助教法（モニトリアル・システム）　67
職業バカロレア　197
職業リセ　196
ジョスパン法（1989年教育基本法）　197
「自律的人間」への教育　126
思慮（フロネーシス）　10
『新エロイーズ』　43
『神学大全』　23
新学校　117, 147
『新学校の理想』　122
新教育協会　125
『神曲』　26
『紳士の作法と自由学習』　27
『新社会観』　70
神性　59
新生活協会　116
『新世紀』　125
身体　136
人智学　136
人智学協会　135
人文主義　26, 27
人文的リアリズム　37
『進歩主義教育』　151
進歩主義教育運動　110
進歩主義教育協会（PEA）　112, 151
信頼（『ゲルトルート教育法』）　57
スコラ学　23
ストア派　13

スパルタ　4
性格形成学院　69, 70
生活が陶冶する　56
生活世界　186
『聖書』のドイツ語訳　31
聖堂学校　17, 84
『生の諸形式』　173
生の哲学　181
生の論理　181
性白紙説　38
世界教育連盟　125
世界新教育学会　125
世界人権宣言　189
『世界図絵』　39
1988年教育改革法　192, 208
全校自治会　127
全人教育　118
全人的陶冶　133
全人的人間形成　55
セント・ポールズ校　28
専門大学　202
1944年教育法（バトラー法）　190
想起（アナムネーシス）　9
総合制学校　89, 193
総合制中等学校（コンプリヘンシブ・スクール）　191
即事的態度　122
『ソクラテスの弁明』　7
ソフィスト　7
『存在と時間』　177

タ行
ダーウィニズム　104
大学自由責任法（LRU）　197
大学の創設　20
『大教授学』　39, 88
対話法（ディアレクティケー）　8
多文化共生教育　216
単線型学校体系　87, 88
チャーター・スクール　200

索引　229

中庸　9
超人　95
直観　56
直観教授　40
『ツァラトゥストラはこう語った』　93
追随的教育　59
『デカメロン』　26
テクニカル・スクール　191
哲学すること　48
哲学的人間学　179
手の労作　124
デュオニソス的　95
田園教育塾　128, 130
田園教育塾運動　142
ドイツ語学校　32
統一学校　146
統一学校運動　88, 89
統一学校制度　195
統一学校連盟　89
統一コレージュ　196
洞窟の比喩　8
道徳的状態　54
道徳的品性　76
都市国家　→ポリス
トリウィウム　18
ドルトン・プラン　153
『ドルトン・プランの教育』　153

ナ行

内的自由の理念　77
内的世界の覚醒の原理　174
ナポリ大学　22
『ニコマコス倫理学』　9
2002年教育法　192
2000年の教育目標――アメリカ教育法　199
日曜学校運動　66
日曜学校連盟　67
人間学的教育学　179, 182
『人間学的に見た教育学』　178

『人間論』　41
認識と形成　134

ハ行

パイダゴーゴス　5
『パイドン』　7
バウチャー制度　200
『白鳥の歌』　56
発達の援助　173
パドヴァ大学　21
パブリック・スクール　28
パリ大学　21
パレストラ　6
汎愛派　44
反宗教改革　33
万有在神論　59
ビデールズ校　121
『人の教育』　59
ピューリタン（清教徒）　33
評価　209
フィヨン法（2005年基本計画法）　197
フォルメン　138
福音主義　30
複線型学校体系　87
附随学習　159
普通教育公立学校制度の改造と統一化に関する大綱計画（ラーメン・プラン）　193
普通国民学校　89
普通バカロレア　197
ブラウン判決　198
プラグマティズム　105
プラハ大学　22
プロジェクト・メソッド　158
文化財の伝達　173
文芸復興　26
『ペスタロッチーの近著，ゲルトルートはいかにしてその子供たちを教えるかについて』　75
『ペスタロッチーの直観のABCの理念』

75
ヘッド・スタート計画　198
ベルトワン改革　196
弁証法的な構造連関　169
『弁論家の教育』　27
法則的強制　51
『法の精神』　41
ポスト国民国家　211
ホメロスの選文　4
ポリス（都市国家）　3
ポリテクニク　202
ボローニャ大学　21
ボローニャ・プロセス　200, 211, 212

マ行
『民主主義と教育』　111
ミンデン地方学校令　42
ムシケー　5
『メノン』　47
モダン・スクール　191
モニトリアル・システム　→助教法

ヤ行
ユネスコ（国際連合教育科学文化機関）
　189
幼児学校運動　72
ヨーロッパ作業団　132
喜びの家　28
4段階教授法　78

ラ行
ラーニング・アウトカム（学習成果）
　214
ランジュヴァン・ワロン改革案　195
リアリズム　37
リーグテーブル　210
リケンティア・ドケンディ　20
理性（ロゴス）　9
リベラル・アーツ　→自由七科
リュクルゴスの憲法　4

良心の覚醒　173
ルーディ・マギステル　11
ルードゥス　11
ルサンチマン　94
ルネサンス　25
『歴史の終わり』　207
レスケー　4
労作学校　165, 166
労作教育　56
労作の原理　174
ロッシュの学校　143

欧文
ESD（国連持続可能な開発のための教育）
　220
『F. H. ヤコービの生の哲学』　177
PEA　→進歩主義教育協会
PISA（生徒の学習到達度調査）　194, 216
SDGs（持続可能な開発目標）　220

人名索引

ア行

アーノルド（Thomas Arnold）　118
アクィナス（Thomas Aquinas）　23, 34
アスムス（Walter Asmus）　79
アビ（René Haby）　196
アベラール（Pierre Abélard）　20, 23
アリストテレス（Aristoteles）　9, 20, 23, 32, 34, 47
アルクイヌス（Alcuinus）　18
アルステッド（Johann Heinrich Alstedt）　39
アルベルトゥス・マグヌス（Albertus Magnus）　23
アンセルムス（St. Anselmus）　23
アントニウス（Antonius）　16
アンドレーゼン（Alfred Andresen）　131
ヴァザーリ（Giorgio Vasari）　25
ウィクリフ（John Wycliffe）　30
ヴィットリーノ・ダ・フェルトレ（Vittorino da Feltre）　28
ヴィネケン（Gustav Wyneken）　98, 119, 131
ウィルダースピン（Samuel Wilderspin）　72
ヴィンケルマン（Johann Joachim Winckelmann）　58
ヴェルジェリウス（Paulus Vergerius）　27
ヴェルナー（Heinz Werner）　183
ヴント（Wilhelm Wundt）　80
エドワーズ（Jonathan Edwards）　103
エマソン（Ralph Waldo Emerson）　104
エラスムス（Desiderius Erasmus）　30, 201
エリオット（Charles William Eliot）　113
エルヴェシウス（Claude Adrien Helvétius）　41
エンゲルス（Friedrich Engels）　116
エンソア（Beatrice Ensor）　125
オイケン（Rudolf Eucken）　128
オーウェン（Robert Owen）　69
オクタウィアヌス（Gaius Octavianus Augustus）　11
小原國芳（おばら・くによし）　6, 178
オランド（François Gérard Georges Hollande）　197

カ行

カーペンター（Edward Carpenter）　116
カール大帝（Carolus Magnus）　17
ガイスラー（Erich E. Geißler）　79
カッシーラー（Ernst Cassirer）　183
ガリレイ（Galileo Galilei）　36
カルヴァン（Jean Calvin）　32, 33
カント（Immanuel Kant）　40, 46
キケロ（Marcus Tullius Cicero）　27, 29
ギゾー（François Pierre Guillaume Guizot）　86
キャメロン（David William Donald Cameron）　192
キルパトリック（William Heard Kilpatrick）　158
クインティリアヌス（Marcus Fabius Quintilianus）　13, 27
クージネー（Roger Cousinet）　146
グーツ・ムーツ（Johann Christoph Friedrich Guts Muths）　44
クラウゼ（Karl Christian Friedrich Krause）　59
クラパレード（Édouard Claparède）　81
クリーク（Ernst Krieck）　80
クリントン（William Jefferson Clinton）　199
グルリッド（Ludwig Gurlitt）　102
グルントヴィ（Nikolaj Frederik Severin Grundtvig）　201

ケイ（Ellen Key）98
ゲデス（Sir Patrick Geddes）116
ケプラー（Johannes Kepler）36
ゲヘープ（Paul Geheeb）119, 131, 176, 177
ケルシェンシュタイナー（Georg Kerschensteiner）88, 146, 164
ゴールドン（Sir Francis Galton）99
コールマン（James Samuel Coleman）199
コーン（Jonas Cohn）183
コーンスタム（Philipp Abraham Kohnstamm）183, 184
コナント（James Bryant Conant）198
ゴブレ（René Gobelet）87
コメニウス（Johann Amos Comenius）39, 88, 201
ゴルダマー（Hermann Goldammer）62
コレット（John Colet）28
コント（Auguste Comte）79, 128
コンドルセ（Marie Jean Antoine Nicolas Caritat, Marquis de Condorcet）41, 85, 88

サ行

ザイデル（Friedrich Seidel）62
サッチャー（Margaret Hilda Thatcher）191, 208
佐藤栄一郎（さとう・えいいちろう）146
ザビエル（Francisco de Xavier）33
サルコジ（Nicolas Sarkozy）197
ザルツマン（Christian Gotthilf Salzmann）44
サン・シラン（Saint-Cyran）34
シェークスピア（William Shakespeare）119
ジェームズ（William James）105, 109
シェーラー（Max Scheler）179
シェリング（Friedrich Wilhelm Joseph von Schelling）58, 104

シェルドン（Edward Austin Sheldon）152
ジスカール・デスタン（Valéry Giscard d'Estaing）196
ジャン・モネ（Jean Omer Marie Gabriel Monnet）201
シュタイガー（Karl Friedrich Steiger）75
シュタイナー（Rudolf Steiner）135
シュテルン（William Stern）183
シュトゥルム（Johannes von Sturm）29
シュトラウス（David Friedrich Strauß）96
ジュフェルン（Johann Wilhelm Süvern）86
シュプランガー（Eduard Spranger）171, 176, 178
シュミット（Joseph Schmid）53
シュライアマハー（Friedrich Daniel Ernst Schleiermacher）88
ジョスパン（Lionel Jospin）197
ジョンソン（Lyndon Baines Johnson）198
シルバーマン（Charles Eliot Silberman）199
スピノザ（Benedictus de Spinoza）99
スペンサー（Herbert Spencer）99, 104
スミス（Adam Smith）65
セネカ（Lucius Annaeus Seneca）13
ソーンダイク（Edward Lee Thorndike）80, 81
ソクラテス（Sokrates）7, 93
ソロー（Henry David Thoreau）104

タ行

ダーウィン（Charles Robert Darwin）99, 104
谷本富（たにもと・とめり）79, 119
タレイラン（Charles Maurice de Talleyrand）41
ダンテ（Alighieri Dante）26
チャニング（William Ellery Channing）104
ツィラー（Tuiskon Ziller）78

ツヴィングリ（Ulrich Zwingli）32
ツェドリッツ（Karl Abraham Zedlitz）48
ディケンズ（Charles Dickens）119
ディボス（Betsy DeVos）200
ディルタイ（Wilhelm Dilthey）171, 181
デップ゠フォアヴァルト（Heinrich Döpp-Vorwald）176
テニスン（Alfred Tennyson）119
デューイ（John Dewey）108, 146, 158
デュルケム（Émile Durkheim）79, 80
デルボラフ（Josef Derbolav）176
ドクロリー（Jean-Ovide Decroly）102, 146
ド・ゴール（Charles André Joseph Marie de Gaulle）196
ドモラン（Edmond Demolins）119, 141, 142
トランプ（Donald John Trump）200

ナ行

ナトルプ（Paul Natorp）88
ニーチェ（Friedrich Wilhelm Nietzsche）92
ニーデラー（Johannes Niderer）53
ニーフ（Joseph Nicholas Neef）152
ニイル（Alexander Sutherland Neill）123
ニュートン（Isaac Newton）36
ノール（Herman Nohl）79, 176, 177, 181
ノックス（John Knox）32

ハ行

パーカー（Colorel Francis W. Parker）158
パーカスト（Helen Parkhurst）153
パース（Charles Sanders Peirce）105, 109
ハイデガー（Martin Heidegger）177, 181, 183
ハウスクネヒト（Emil Hausknecht）79
パウルス三世（Paulus III）33
パウルゼン（Friedrich Paulsen）171
バゼドウ（Johann Bernhard Basedow）44, 47
バドレー（John Hadem Badley）119
バルビュス（Henri Barbusse）147
パルメニデス（Parmenides）75
ビネー（Alfred Binet）81, 146
ヒンメルマン（Gerhard Himmelmann）217
フィヒテ（Johann Gottlieb Fichte）75, 104
フィヨン（François Charles Amand Fillon）197
ブーゲンハーゲン（Johannes Bugenhagen）32
フェリー（Jules François Camille Ferry）86
フェリエール（Adolphe Ferrière）81
フォスター（William Edward Foster）86
フクヤマ（Francis Fukuyama）207
フス（Jan Hus）30
フッサール（Edmund Husserl）183, 186
ブッシュ（第41代大統領）（George Herbert Walker Bush）199
ブッシュ（第43代大統領）（George Walker Bush）199
プラトン（Platon）8, 47, 75
フランケ（August Hermann Francke）40
フリットナー（Andreas Flitner）176
ブルーノ（Giordano Bruno）58
ブレア（Tony Blair）192
フレーベル（Friedrich Wilhelm August Fröbel）53, 58, 153, 171
プレスナー（Helmuth Plessner）179
ブレツィンカ（Wolfgang Brezinka）80
フレネ（Célestin Freinet）145, 146
プロフィ（Barthélemy Profit）146
ヘーゲル（Georg Wilhelm Friedrich Hegel）97, 104
ベーコン（Francis Bacon）39
ペスタロッチー（Johann Heinrich Pestalozzi）52, 62, 68, 75, 146, 152, 153, 165, 166, 171
ヘッカー（Johann Julius Hecker）42

ペトラルカ（Francesco Petrarca）26
ベネディクトゥス（Benedictus de Nursia）16
ヘラクレイトス（Herakleitos）75
ベル（Andrew Bell）67, 83
ベルトワン（Jean Berthoin）196
ヘルバルト（Johann Friedrich Herbart）74, 153
ベンサム（Jeremy Bentham）68
ホイットマン（Walter Whitman）104
ホール（Graville Stanley Hall）81
ポス（Hendrik Josephus Pos）183
ボッカッチョ（Giovanni Boccaccio）26
ボッティチェリ（Sandro Botticelli）26
ボルノー（Otto Friedrich Bollnow）176
ボルン（Max Born）176

マ行

マーレンホルツ男爵夫人（Bertha Maria von Marenholtz-Bülow）62
マクドナルド（James Ramsay MacDonald）116
マクロン（Emmanuel Macron）197
マルクス（Karl Heinrich Marx）116
マン（Horace Mann）152
マンデヴィル（Bernard de Mandeville）41
ミード（George Herbert Mead）109
ミケランジェロ（Michelangelo Buonarroti）26
ミッシュ（Georg Misch）176, 181
ミッテラン（François Maurice Adrien Marie Mitterrand）197
ミル（James Mill）68
ミルトン（John Milton）37
ムホー（Martha Muchow）183
メイ（Theresa Mary May）192
メランヒトン（Philipp Melanchthon）31
メルツ（Albrecht Leo Merz）131
モイマン（Ernst Meumann）79, 80
モンテーニュ（Michel-Eyquem de Montaigne）38, 99
モンテスキュー（Charles Louis de Montesquieu）40
モンテッソーリ（Maria Montessori）102, 171

ヤ行

ヤコービ（Friedrich Heinrich Jacobi）177
ユリウス・カエサル（Gaius Julius Ceasar）11

ラ行

ライ（Wilhelm August Lay）79
ライン（Wilhelm Rein）79, 88
ラヴェット（William Lovett）72
ラガルト（Paul Anton de Lagarde）98
ラ・サール（Jean Baptiste de La Salle）34, 40
ラトケ（Wolfgang Ratke）39
ラファエロ（Raffaello Santi）26
ラブレー（François Rabelais）37
ランカスター（Joseph Lancaster）67, 68, 83
ラングベーン（August Julius Langbehn）98
ラングラン（Paul Lengrand）190
ランゲ（Friedrich Wichard Lange）62
ランゲフェルト（Martinus Jan Langeveld）183
ランジュヴァン（Paul Langevin）195
リーツ（Hermann Lietz）128, 146
リール（Alois Riehl）171
リット（Theodor Litt）168, 183
リンク（Friedrich Theodor Rink）48
ルソー（Jean-Jacques Rousseau）42, 47, 99
ルター（Martin Luther）30, 31
ル・プレー（Frédéric Le Play）142
ルペルチエ（Louis-Michel Lepeletier de Saint-Fargeau）85, 86
レイクス（Robert Raikes）41, 66

レイン（Homer Tyrrell Lane） 125
レーガン（Ronald Wilson Reagan） 199, 208
レーマン（Rudolf Lehmann） 131
レオ三世（St. Leo III） 18
レオナルド・ダ・ヴィンチ（Leonardo da Vinci） 26, 201
レディ（Cecil Reddie） 115, 120
ロイヒリン（Johann Reuchlin） 30
ロート（Heinrich Roth） 176
ロック（John Locke） 38, 103, 146
ロッホ（Werner Loch） 176
ロヨラ（Ignatius de Loyola） 33

ワ行

ワロン（Henri Pavl Hyacinthe Wallon） 195

図版出典一覧

p.42　ルソー　Wikimedia Commons: Allan Ramsay,《Portrait of Jean-Jacques Rousseau》, 1766, Scottish National Gallery.

p.47　カント　Wikimedia Commons: Hans-Jürgen Treder, Ein Kosmos - viele Weltmodelle, In *URANIA* 6/1980, Urania Verlag: Berlin, 1980, p.8.

p.53　ペスタロッチー　Wikimedia Commons: probably F.G.A. Schöner（Francesco Ramos）, late 18th century/early 19th century, Museo del Prado.

p.58　フレーベル　荘司雅子・茂木正年編著『フレーベル教育学への旅』日本記録映画研究所，1985，p.20。

p.69　オーウェン　Wikimedia Commons: H. F. Helmolt（ed.）, *History of the World: a survey of man's record*, Volume II, William Heinemann: London, 1903.

p.75　ヘルバルト　Wikimedia Commons: Georg Weiss, *Herbart und seine Schule*, E. Reinhardt Verlag: München, 1928.

p.93　ニーチェ　Wikimedia Commons: Gustav Schultze,《Portrait of Friedrich Nietzsche, one of five photographies》, Naumburg, taken early September 1882.

p.98　エレン・ケイ　東岸克好他『〈玉川大学教職専門シリーズ〉西洋教育史』玉川大学出版部，1986，p.163。

p.109　デューイ　村井実『教育思想——近代からの歩み　下』東洋館出版社，1993。

p.116　レディ　Wikimedia Commons: Cecil Reddie, The School at Abbotsholme, Conducted, In *The Elementary School Teacher*, Vol. 5, No. 6, The University of Chicago Press, 1905.

p.120　バドレー　Roy Wake, Pennie Denton, *Bedales school: the first 100 years*, Haggerston Press: London, 1993, p.26.

p.123　ニイル　ニイル，堀真一郎訳『ニイル選集4　問題の教師』黎明書房，2009。

p.129　リーツ　Roy Wake, Pennie Denton, *Bedales school: the first 100 years*, Haggerston Press: London, 1993, p.17.

p.132　メルツ　Wikimedia Commons: Leben u. Werk, Renate Milczewsky, *Albrecht Leo Merz: e. pädagogischer Weg in d. Zukunft 1884-1967*, Frommann: Stuttgart, 1979.

p.135　シュタイナー　Wikimedia Commons: 1905年頃。Wolfgang G. Vögele, *Der andere Rudolf Steiner - Augenzeugenbrichte, Interviews, Karikaturen*, 2005, p.116.

p.142　ドモラン　松島鈞編『〈現代に生きる教育思想3〉フランス』ぎょうせい，1981，p.228。

p.146　フレネ　Wikimedia Commons.

p.153　パーカスト　Wikimedia Commons.

p.158　キルパトリック　皇至道『西洋教育通史』玉川大学出版部，1962，p.170。

p.165　ケルシェンシュタイナー　皇至道『西洋教育通史』玉川大学出版部，1962，p.164。

p.168　リット　Wikimedia Commons: Fritz Eschen,《Portraitseire Theodor Litt》, 1956, Deutsche Fotothek.

p.172　シュプランガー　シュプランガー，村井実・長井和雄訳『〈西洋の教育思想20〉文化

と教育』玉川大学出版部，1983。
p.177　ボルノー　小原哲郎編『全人教育』No.513，玉川大学出版部，1991，p.2。
p.183　ランゲフェルト　世界教育日本協会編『世界新教育会議報告書』世界教育日本協会，1974，口絵。
p.213　ヨーロッパと各国の資格枠組みの関係　Arbeitsunterlage der Kommisionsdienststelle auf dem Weg zu einem Europäischen Qualifikationsrahmen für Lebenslanges Lernen, SEK（2005）957, S.16.
p.218　市民性教育の内容　Politische Bildung Schweiz, Was ist EDC?（http://alt.politischebildung.ch/schweiz-international/international/edc-demokratieerziehungsprojekt-des-europarates/was-ist-edc/）
p.219　持続可能な発展のための四つの領域と段階構造　Dieter Appelt et. al., Orientierungsrahmen für den Lernbereich Globale Entwicklung im Rahmen einer Bildung für nachhaltige Entwicklung, Bonn: Kultusministerkonferenz（KMK）& Bundesministeriums für wirtschaftliche Zusammenarbeit und Entwicklung（BMZ）, 2007, S.30.

執筆者紹介（五十音順）　2019年3月現在

石橋哲成（いしばし・てつなり）　**編著者，序章，2章，10章**
1948年生まれ。玉川大学大学院文学研究科教育学専攻博士課程修了。ドイツ，テュービンゲン大学留学。玉川大学名誉教授，田園調布学園大学大学院教授。著書に『ヨーロッパ教育史紀行』（単著，玉川大学出版部，1983），『ペスタロッチー・フレーベルと日本の近代教育』（共著，玉川大学出版部，2009），『教育原理』（編著，一藝社，2016）など。

大沢　裕（おおさわ・ひろし）　**4章，8章，11章**
1960年生まれ。玉川大学大学院文学研究科教育学専攻博士課程修了。聖徳大学短期大学部教授などを経て，現在，松蔭大学コミュニケーション文化学部教授。著書に『教育原理』（共著，保育出版社，2000），『ペスタロッチー・フレーベル事典』（共著，玉川大学出版部，2006），『幼児理解』（編著，一藝社，2017）など。

木戸　裕（きど・ゆたか）　**14章，16章，終章**
1949年生まれ。東北大学大学院教育学研究科博士課程中退。国立国会図書館勤務（専門調査員）を経て，大学入試センター客員研究員。東北大学大学院，上智大学大学院，東京大学大学院，国際基督教大学，早稲田大学などで非常勤講師。著書に『ドイツ統一・EU統合とグローバリズム』（単著，東信堂，2012），『大学事典』（共編著，平凡社，2018）など。

佐久間裕之（さくま・ひろゆき）　**編著者，6章，7章，15章**
1963年生まれ。玉川大学大学院文学研究科教育学専攻博士課程修了。ドイツ，ミュンスター大学留学。横浜美術短期大学助教授を経て，現在，玉川大学教育学部教授。著書に『教職概論』（編著，玉川大学出版部，2012），『教育原理』（編著，玉川大学出版部，2015），『教育のイデア』（共著，昭和堂，2018）など。

杉山倫也（すぎやま・みちや）　**1章，9章，13章**
1968年生まれ。玉川大学大学院文学研究科教育学専攻博士課程修了。横浜美術大学教授を経て，現在，玉川大学教育学部教授。著書に『教育原理』（共著，一藝社，2012），『しつけ事典』（共著，一藝社，2013），『幼児理解』（共著，一藝社，2017），『教職のための道徳教育』（共著，八千代出版，2017）など。

山口圭介（やまぐち・けいすけ）　**3章，5章，12章**
1967年生まれ。玉川大学大学院文学研究科教育学専攻博士課程修了。東北女子大学准教授を経て，現在，玉川大学教育学部教授。著書に『ペスタロッチー・フレーベル事典』（共著，玉川大学出版部，2005），『新版 保育用語辞典』（共著，一藝社，2016），『新教科「道徳」の理論と実践』（共編著，玉川大学出版部，2017）など。

西洋教育史 新訂版

2019年3月10日　初版第1刷発行

編著者̶̶̶̶石橋哲成・佐久間裕之

発行者̶̶̶̶小原芳明

発行所̶̶̶̶玉川大学出版部

〒194-8610　東京都町田市玉川学園6-1-1
TEL 042-739-8935　FAX 042-739-8940
http://www.tamagawa.jp/up/
振替 00180-7-26665

装　幀̶̶̶̶しまうまデザイン
印刷・製本̶̶藤原印刷株式会社

乱丁・落丁はお取り替えいたします。

Ⓒ Tetsunari ISHIBASHI, Hiroyuki SAKUMA 2019　Printed in Japan
ISBN978-4-472-40559-4 C3037 / NDC372